인생의 무기가 되는
히든 스토리

인생의 무기가 되는
히든 스토리

Choose Your Story, Change Your Life

킨드라 홀 지음 ◆ 이은경 옮김

나만의 이야기가
'나'라는 브랜드를 만든다

윌북

『히든 스토리』에 쏟아진 찬사

심리치료사인 나는 스스로 만들어낸 자신만의 스토리가 각 개인의 삶에 얼마나 큰 힘을 발휘하는지 잘 알고 있다. 『히든 스토리』는 서사를 바꾸는 방법을 가르쳐주는 책이다. 스스로를 위해 다른 길을 개척하고 싶은 사람이라면 누구나 읽어야 할 필독서다.

- 에이미 모린, 『나는 상처받지 않기로 했다』 저자

나는 오래전부터 나의 스토리를 통제해왔다. 내가 성공한 이유는 바로 여기에 있다. 나만의 스토리는 다른 사람들을 격려하고 내 편으로 끌어들이는 강력한 힘이 있기 때문이다. 『히든 스토리』는 나만의 스토리를 분석하고, 창조하며 설계하는 방법을 알려주는 지침서다.

- 라이언 서핸트, 서핸트. 설립자 겸 『빅 머니 에너지』 저자

킨드라 홀은 『히든 스토리』에서 내면의 힘을 활용하는 심오하면서도 단순한 접근법을 설명한다. 그가 이끄는 대로 나아가기만 한다면

자기 자신과의 관계를 돈독히 하고, 스스로 변화를 가져올 수 있을 것이다.

-가브리엘 번스타인, 『우주에는 기적의 에너지가 있다』 저자

목표를 이루지 못하게 발목을 잡는 대상이 외부의 장애물이 아니라 내면에 있다고 느낀 적이 있다면, 혹은 내 안의 무엇인가가 나를 계속 그 자리에 붙들어두는 듯한 느낌을 받은 적이 있다면 이 책을 펼쳐보길 바란다. 킨드라 홀은 『히든 스토리』에서 스토리텔링의 힘이 완전히 새로운 곳, 즉 우리 자신의 마음속에 있다는 걸 밝히며 성공의 비결이 줄곧 우리 안에 있었다는 사실을 명쾌하게 보여준다.

- 데이브 홀리스Dave Hollis,
『자신만의 방식에서 벗어나라Get Out of Your Own Way』 저자

최고의 스토리텔러인 킨드라 홀은 스토리가 지닌 영감과 변화의 힘을 똑똑하게 사용하는 방법을 알고 있다. 『히든 스토리』에서 그는 우리의 행동 뒤에 숨은 스토리를 포착하는 방법과 인생의 어떤 영역에서든 완전히 새로운 대본을 쓰는 방법을 제시한다.

-멜 로빈스, 『5초의 법칙』 저자

내 인생에서 지금까지 감수했던 위험들을 돌아보면, 두려움 없이 다음 단계로 나아가게 힘써준 건 다름 아닌 나 자신의 스토리였다. 제자리에 매여 있다고 느끼면서도 그 이유를 확실히 알 수 없었던 사람들에게 『히든 스토리』는 잃어버린 퍼즐 조각과 같다. 찾으러 멀리 갈

것도 없이 여러분이 스스로에게 들려주기로 선택한 마음속 스토리들을 천천히 살펴보라.

－ 레베카 밍코프Rebecca Minkoff,
글로벌 브랜드 레베카 밍코프 설립자 겸 『두려움 없이Fearless』 저자

『히든 스토리』를 읽으면 내가 지금 이 자리에서 어떤 스토리를 스스로에게 들려주고 있는지 그것은 나에게 도움이 되는 것인지 자문하게 되며 저자의 이해하기 쉬운 스토리텔링으로 자기 대화의 개념과 근본적인 접근방식을 익힐 수 있다. 내면에 이미 자리한 스토리들을 스스로 찾고 편집해 사용함으로써 우리는 재무, 인간관계, 비즈니스, 나아가 인생을 다시 정의하고 그 수준을 높이는 방법을 터득하게 된다.

－ 패트리스 워싱턴Patrice Washington,
팟캐스트 〈부의 재정립Redefining Wealth〉 진행자

나는 사람들이 건강을 유지하기 위해 신체적으로 변화하고 목표를 달성할 수 있도록 돕는 일을 한다. 덕분에 나는 『히든 스토리』가 전하는 교훈을 매일 실시간으로 목격하게 된다. 자신이 무엇을 할 수 있는가에 대한 동기와 믿음을 지지하는 스토리를 스스로에게 들려주기로 선택한 사람은 그렇지 않은 사람보다 목표를 달성할 가능성이 훨씬 더 높다. 이 책은 삶을 바꿀 것이다.

－ 어텀 캘러브리즈Autumn Calabrese, 피트니스 전문가 겸 『미친 삶을 살아도 미친 듯이 살을 빼라Lose Weight Like Crazy Even if You Have a Crazy Life』 저자, 얼티밋 포션 픽스Ultimate Portion Fix 창안자

킨드라 홀은 사람들에게 스토리텔링의 힘을 가르치면서 훌륭한 경력을 쌓아왔다. 영감이 넘치는 이 책에서 그는 무엇보다도 중요한 스토리를 소개한다. 다시 말해 여러분이 스스로에게 들려줄 스토리를 사용할 수 있도록 도와줄 것이다!

— 로리 베이든Rory Vaden, 『계단을 이용하라Take the Stairs』 저자

킨드라 홀은 세계 최고의 스토리텔러 중 한 명으로, 그의 진정한 능력은 자신의 경험을 스스로 이야기하는 게 얼마나 간단하고 힘을 북돋우는 일인지 사람들에게 가르치는 것이다. 『히든 스토리』는 자신의 본모습과 고유함이 주변 사람들에게 어떤 긍정적인 영향을 미칠 수 있는지 보여주는 특별한 안내서다.

— 조시 엘리스Josh Ellis, 잡지 《석세스》 편집장

건강, 비즈니스, 가족, 재무 문제 등 인생 전반에서 개선하고 싶은 문제가 있다면 이 책이 도움이 될 것이다. 저자는 큰 변화를 가져올 단순한 과정을 제시하면서도 독자에게 내내 즐거움을 준다.

— 트리스탄 아우마다Tristan Ahumada, 잡지 《석세스》 편집자

때때로 인생의 가장 큰 적은 우리 마음속 조종석에 자리한 비관적인 부조종사다. 킨드라 홀이 내놓은 이 책은 비관적 부조종사를 내쫓고 여러분이 자신의 마음과 인생을 다시 컨트롤함으로써 원하는 목적지에 도달할 방법을 알려준다.

— 앤서니 트럭스Anthony Trucks, 아이덴티티 시프트Identity Shift CEO

이 책을 여러분 안에 숨은 스토리텔러에게 바친다.
부디 다들 좋은 스토리를 선택하길 바란다.

차례

프롤로그 012

1부
스토리가 나를 만든다
내면에 숨은 강렬한 스토리

2부
스토리를 발견하는 4가지 공식
차이를 만드는 셀프스토리텔링 습관

3부
스토리가 곧 자본이다
변화를 부르는 스토리의 힘

진짜 노란 벽돌 길

추수감사절 주말이었다. 1만 킬로미터 밖에서는 사람들이 칠면조에 매시드포테이토를 먹으며 그해 감사했던 일에 대해 두런두런 이야기를 나누고 있을 것이다. 아니면 미식축구 경기의 웅웅거리는 함성 소리를 배경으로 소파에 늘어져 있을지도 모른다.

나는 아니었다. 나는 슬로베니아에 있었다.

솔직히 나는 "지금 슬로베니아야"라는 말을 하는 날이 오리라고는 꿈에도 생각하지 못했다. 스토리텔링 관련 마케팅 설명회 강연차 슬로베니아에 머무르게 됐고, 남편 마이클과 나는 출장을 온 김에 짧은 휴가를 즐기기로 했다.

어디선가 들어본 이야기 같을지도 모르겠다. 비즈니스에서 스토리텔링이 발휘하는 힘을 다룬 내 책 『스토리의 과학』 첫머리에서 이 일화를 소개했기 때문이다. 이때 우리는 슬로베니아의 어느 상점에서 향수 한 병에 얽힌 인생 최고의 마케팅 스토리를 들었고, 상점을 빠져 나오면서 남편은 직접 향수 사업을 시작하고 싶다고 말했다.

그 마케팅 스토리는 정말 감동적이었다. 하지만 내가 스토리의 전부를 공개했던 건 아니었다.

마이클과 내가 애초에 그 향수를 파는 가게에 들어갔던 건 '살 수도 없는 구두 한 켤레'에 넋이 나가서였다. 우리 둘은 휴가 기간에 아무것도 사지 않기로 합의했던 터였다(돌이켜보면 괜찮은 생각은 아니었다). 그런데 그 구두는 그냥 평범한 구두가 아니었다. 반짝반짝 빛나는 구두였다. 완벽하게 수놓은 스팽글이 진열장 조명을 받아 빛이 났고 반짝이는 구두라면 사족을 못 쓰는 나 같은 사람의 눈길을 끌기에 충분했다.

나는 어떤 이야기에 푹 빠져서 자라왔다. 바로 도로시라는 소녀와 루비 구두, 에메랄드 시티, 그곳으로 이어지는 노란 벽돌 길에 관한 이야기였다.

이 책은 바로 그 『오즈의 마법사』의 모든 면을 사랑했던 한 소녀의 이야기로 시작된다.

***

나는 어린 시절 내내 도로시로 살았다. 하늘색 체크 원피스를 가지고 있었으며, 어머니가 검은색 에나멜 구두에 접착제로 빨간 반짝이를 붙여 루비 구두를 만들어줬다. 작은 갈색 강아지 인형을 토토라고 부르면서 바구니에 넣어 들고 다니기도 했다.

핼러윈 때는 4년 내내 도로시 분장을 했다. 어느 해는 가족이 진부 동원되기도 했다. 아빠는 양철 나무꾼, 엄마는 허수아비, 남동생은 겁쟁이 사자, 언니는 케어 베어(오즈의 마법사 의상이 모자랐다)였다. 해마다 입은 도로시 원피스는 늘 같은 거였다. 몸은 계속 자라는데 원피스 크기는 그대로라서 도로시 분장은 매년 조금씩 어색해졌다. 크리스마스가 다가오면 우리 가족은 친구, 가족, 학교 선생님에게 줄 선물로 장식품을 만들곤 했다. 남동생은 크리스마스트리를, 언니는 지팡이 모양 사탕을 만드는 동안 나는 도로시 인형을 만들었다. 노란 벽돌 길을 걸어갈 때 쓰는 발 스텝은 끝끝내 완벽하게 익히지 못했지만 〈오버 더 레인보우Over the Rainbow〉 가사는 전부 외웠고, 〈마법사를 보러 떠나요We're Off to See the Wizard〉를 부를 때는 중간에 악기로 연주되는 '리이딧디디디디디' 부분까지 놓치지 않았다.

내가 『오즈의 마법사』에 집착한 이유는 세 가지였다. 하나는 물론 루비 구두였고, 둘째는 에메랄드 시티였다. 마지막으로 내 마음을 사로잡은 건 에메랄드 시티로 이어지는 노란 벽돌 길이었다.

에메랄드 시티는 내가 어떤 것이든 될 수 있는 곳 같았다. 거기서는 말horse도 어떤 색이든 될 수 있으니까! 이제 어른이 된 나는 에메랄드 시티가 곧 자아실현, 행복, 성공을 의미한다고 생각한다. 삶의 어떤 영역에서든 누구나 도달하려 노력하는 종착지인 것이다. 에메랄드 시티에서 우리는 잠재력을 발휘한다. 의미 있는 관계를 맺고, 몸은 건강하며 어디에나 풍요로움이 넘친다. 에메랄드 시티의 벽을 꾸미는 행위는 비전 보드vision board, 스스로 동기를 부여하고자 꿈이나 목표를 이미지와 문구로 표현한 판-옮긴이를 실현하고 목표를 달성하는 일이나 마찬가지다. 에메랄드 시티는 여러분이 꿈꾸는 성공을 나타내며, 사과를 던지는 나무와 날개 달린 원숭이의 공격도 견딜 만한 가치가 있는 곳이다.

에메랄드 시티에 가려면 노란 벽돌 길이 있어야 했다. 도로시로 살았던 어린 소녀는 노란 벽돌 길을 찾기로 결심했다. 어디에 가든 노란 벽돌 길 표지판을 찾았다. 늦은 오후 홀로 언덕 위에 올라 노란 벽돌의 흔적이라도 찾을 수 있길 바라며 미네소타의 넓디넓은 뒤뜰을 내려다보았다. 해가 지고 주변이 미국 중서부 여름 특유의 황금빛으로 물들면 나는 구불구불한 노란 길의 흔적을 찾아 그 풍경을 꼼꼼하게 살펴봤다.

너무 쉬워 보였다. 아주 단순해 보였다. '노란 벽돌 길을 찾은 다음, 구두를 신고 길을 따라가서, 에메랄드 시티를 찾아 오래오래 행복하게 사는' 것 말이다. 그때 나는 운명이라는 단어를 몰랐고, 성취라는 개념을 정확하게 표현할 수 없었다. 그렇다고 에메랄드 시티로 가는 길을 찾는 일을 멈추지는 않았다. 나만의 에메랄드 시티로 데려다줄 길을 찾으려 끊임없이 애썼다.

그렇게 도로시에 푹 빠졌던 어린 시절 어느 생일날 나는 최고의 선물을 받았다. 지역 극단에서 제작한 〈오즈의 마법사〉 연극 표였다. 연극이 뭔지도 몰랐지만 도로시를 보러간다는 사실만은 알았다. 토토와 글린다와 먼치킨을 만나러 간다는 뜻임을 알았다. 그건 바로 내가 '오즈에 간다'는 뜻이었다. 마침내 노란 벽돌 길을 보러 간다는 사실을 깨달았을 때 나는 흥분에 몸을 떨었다.

드디어 공연을 보러 가는 날, 이젠 너무 짧아진 도로시 원피스를 입고 걸을 때마다 빨간 반짝이 흔적이 묻어나는 검은 구두를 신고 발뒤꿈치를 부딪치며 준비를 마쳤다. 막이 오르기 전 들어선 극장은 사람으로 가득했고 들뜬 관객들이 속삭이는 소리도 점점 커졌다. 엄마와 나는 앞에서 열두 번째 줄 통로 쪽 좌석에 앉았고 나는 엄마에게 쉴 새 없이 말을 걸면서 수많은 질문을 했다. "토네이도가 우리를 덮칠까요?" "날개 달린 원숭이는 뭘 먹나요?" "우리 앞에 있는 대머리 아저씨는 먼치킨일까요?" 엄마는 언제나처럼 모든 질문에 대답해줬지만 목소리를 낮췄다. 어디에 가야 나만의 공기방울을 구할 수 있는지 물으려던 찰나, 객석에 불이 꺼지면서 막이 열리고 공연이 시작됐다.

그건 '마법'이었다.

나는 무대에 오른 엠 숙모와 헨리 삼촌을 보았다. 미스 걸치는 자전거를 탔다(칠한 합판으로 만든 헛간을 들이받으려는 찰나, 헨리 삼촌이 자전거 바구니를 잡았다). 토토는 무대 위에서 오줌을 쌌다. 나는 〈오버 더 레인보우〉 노래가 나올 때 모든 가사를 소리 없이 따라 불렀다. 무대 뒤에서 기술팀이 금속 조각들을 두드리고 조명팀이 빛으로 토네이도를 만들어내는 동안 나는 자리에서 몸을 웅크렸다. 도로시가 여기는 캔자스가 아니라고 말했을 때는 고개를 끄덕이며 맞장구를 쳤다. 먼치킨 의상을 입은 아이들이 너무 귀여웠고 심지어 배역에 맞추려고 오리걸음을 걷는 어른 먼치킨들도 귀여웠다. 글린다가 한껏 부푼 핑크색 드레스를 입고 왕관을 쓴 채 등장했을 때 나는 천국에 왔다고 생각했다. 모자를 쓴 초록 마녀가 사악하게 웃으면서 무대에 등장했을 때는 그가 사라질 때까지 내 얼굴을 가렸다.

도로시가 지금껏 내가 본 구두 중에 가장 반짝반짝 빛나는 빨간 구두에 발을 집어넣는 순간 나는 크게 숨을 헐떡였다. 그건 진짜 루비

였다. 넋이 나간 나는 조용히 자리에 앉아 지켜보았다.

그때 내가 기다리던 순간이 다가왔다.

착한 마녀 글린다가 무대 바닥을 요술 지팡이로 가리키며 양 갈래로 땋은 곱슬머리만큼이나 고운 목소리로 말했다.

"노란 벽돌 길을 따라가렴."

먼치킨들이 그 대사를 반복했다.

"노란 벽돌 길을 따라가렴."

무대에 선 모든 사람이 바닥을 가리키며 외쳤다.

"노란 벽돌 길을 따라가렴."

그러나 그곳에는 '아무것도' 없었다.

벽돌이 없었다. 돌도 없었다. 칠해놓은 페인트마저 없었다. 벽돌 모양 스티커도 없었다. 노란색과 주황색 색종이 조각조차 없었다. 노란 벽돌 길을 닮은 그 무엇도 없었다. 나는 미친 듯이 극장을 둘러봤다. 내 주변에 앉아 있는 사람, 내 앞에 앉은 먼치킨을 닮은 아저씨, 나를 극장에 데려온 엄마까지 바라봤다. 다들 입도 뻥긋하지 않을 셈인가? 이 장면이 정말 정말 잘못됐다는 사실을 그 누구도 알아차리지 못한 것일까? 결국 내가 나서야 했다.

나는 의자에서 일어나 내가 낼 수 있는 가장 큰 목소리로 소리쳤다.

"노란 벽돌 길이 없어요!"

정적이 흘렀다. 배우들이 조용해졌다. 관객들이 돌아봤다. 극장 안에 있던 모든 사람이 이 이상한 도로시를 쳐다봤다. 군데군데 빨간 반짝이가 묻은 하늘색 체크 미니원피스를 입고 한 손에는 밧줄로 묶은 강아지 인형을, 다른 손으로는 무대를 가리키며 씩씩거리는 도로시를.

***

다들 비슷한 경험이 있을 거라 생각한다.

우리는 원하는 바와 가고 싶은 곳을 알고 있고, 그곳으로 가는 방법까지 알 수도 있으며 스스로 노력도 했다. 명상과 확언을 하고, 목표를 세우고, 긍정적인 사고에 집중했다. 컨설턴트에게 조언을 구하고 생산성을 높이기도 했다. 자신의 에니어그램성격을 아홉 가지로 분류하는 성격 이론-옮긴이 유형을 알고, MBTI 성격 유형도 알고 있다. 심리 상담가를 찾아가본 사람도 있을 것이다. 잠을 충분히 자고 물을 많이 마시고 운동을 하거나 위대한 사상가가 진행하는 팟캐스트를 듣고 유명한 자기계발서를 읽는 방법을 선호하는 사람도 있을 것이다. 어떤 수단을 쓰든 간에 여러분이 에메랄드 시티로 가기 위해 노력을 기울이지 않은 것은 아니다.

그런데도 결론적으로는 도저히 에메랄드 시티에 닿을 수 없을 것만 같다. 설상가상으로 친구, 동료, SNS 인플루언서 등 너나할 것 없이 주변에서는 다들 '환상의 길'을 따라 신나게 춤을 추며 뛰어간다. 심지어 팔을 크게 흔들며 과장된 몸짓으로 "노란 벽돌 길을 따라오세요"라며 여러분을 부르는 사람도 있다. 있지도 않은 것을 가리키는 건 그들인데도 '내가' 제정신이 아닌 것처럼 느껴진다.

***

내가 내지른 소리에 멈췄던 공연이 다시 이어졌고, 엄마는 내 어깨를 토닥이며 나를 다시 제자리에 앉혔다. 나는 불의에 치를 떨었다. 선물로 받은 연극 표였는데도 환불받고 싶었다. 아무도 길을 보여주지 않는데 어떻게 에메랄드 시티로 갈 수 있다는 말이지? 대체 왜 길을 비밀로 해? 음모론을 믿어본 적 없는 나였지만, 뭔가 꿍꿍이가 있는 것이 틀림없다고 생각했다.

엄마가 내 쪽으로 몸을 숙여 괜찮다고 속삭였다. 아무런 문제가 없을 것이라고 말했다. 나는 내 나름대로 속삭이는 목소리로 진심을 담아 되물었다. "노란 벽돌 길이 없다면 어떻게 도로시가 마법사를 만날 수 있어요?"

그 어두운 극장에서 무명 배우들이 있지도 않은 길을 따라 걷는 동안 엄마는 엄마들만이 할 수 있는 방식으로 말했다.

"사랑하는 킨드라, 도로시들은 에메랄드 시티로 가는 길을 **스스로** 찾아야 해. 현실에서 도로시들은 노란 벽돌 길을 스스로 **만들어** 낸단다."

그런 다음 엄마는 내가 다시 무대에 집중하도록 이끌었다. 무대 위에서는 한 남자가 주저앉아 지푸라기가 부족하다는 둥, 뇌를 갖고 싶다는 둥, 넋두리를 늘어놓고 있었다.

***

이 일화를 수십 년 동안 되새기면서 확신하게 된 몇 가지가 있다. 첫째, 에메랄드 시티는 실재한다. 손발가락 지문, 겨울이면 온 세상을 뒤덮는 눈송이, 햇빛 속에 몇 분만 있어도 드러나는 딸아이 얼굴의 주근깨처럼 개인의 삶마다 고유한 에메랄드 시티가 존재한다.

에메랄드 시티에 닿을 수 있는 노란 벽돌 길도 실재한다. 하지만 나의 어머니가 말했듯이 그 길은 가만히 앉아서 기다리기만 해서는 나타나지 않는다. 우리는 직접 길을 닦아야 한다. 하루하루 선택을 거듭하고 행동을 되풀이하면서 황금 벽돌을 깔아야 한다.

이미 여러분은 노란 벽돌을 아주 많이 갖고 있다. 평생을 쓰고도 남을 만큼 아주 많이 말이다. 에메랄드 시티로 가는 노란 벽돌 길을 닦아 그곳에 한동안 있다가, 또 다른 에메랄드 시티로 가기로 결심하고 다시 새로운 벽돌 길을 깔 때, 걱정할 필요가 없을 정도로 그 양은 충분하다. 심지어 하루하루 살아가면서 계속 만들어지기까지 한다. 여러분은 그저 이것을 이용만 하면 된다.

에메랄드 시티와 노란 벽돌 길, 그러니까 갈망하는 운명으로 향해 나아가는 그 길은 온전히 '스스로에게 들려주는 스토리들'로 이루어진다. 다행인 것은 우리 모두가 훌륭한 스토리텔러, 적어도 수다스러운 스토리텔러라는 것이다.

문제는 모든 스토리가 똑같이 좋은 재료가 되지는 않는다는 사실이다. 원하는 현실을 창조하고 갈망하는 미래를 향해 나아갈 길을 이으려면 '올바른 스토리'를 재료로 택해야 한다. 그러기 위해서는 지금이야말로 우리 안에 숨은 스토리를 찾아 나서야 한다.

세상에서 가장 수다스러운 스토리텔러는 바로 자신이다

지금 이 순간에도 여러분은 스스로에게 스토리를 들려주고 있다. 고객에게 자기 회사가 얼마나 훌륭한지 늘어놓는 종류의 이야기를 말하는 게 아니다. 자녀들에게 '내가 너만 할 때는 말이야'로 꺼내놓는 이야기도 아니다. 친구들과의 식사 자리에서 나누는 시시콜콜한 이야기도 아니다. 그런 이야기는 재미는 있지만, 여러분의 인생을 바꾸는 스토리가 아니다.

이 책에서는 인생을 바꾸는 스토리, 바로 **스스로에게 들려주는 스토리**와 만나는 방법을 다룰 것이다.

인생을 만드는 보이지 않는 이야기들

스스로에게 들려주는 스토리, 즉 셀프스토리는 재밌게도 당사자가 대부분 알아차리지 못한다. 사람의 말씨나 집 안의 냄새처럼 생활에 너무 자연스럽게 배어 있어서 그렇기도 하고 딱히 눈앞에 보이지도 않는다. 정확히 말하면 제대로 보려고 하지를 않는다.

그래도 여러분은 분명 자신의 스토리를 엿본 적이 있을 것이다. 배우자나 친구, 가족에게 소리 내어 말하면서 알아차렸을 수도 있다. 예컨대 나는 남편과 사귀기 시작했을 무렵 그런 경험을 했다. 당시 남자친구였던 그가 친구들과 함께 스키 여행을 가자고 했다. 나는 스키를 싫어했기 때문에 거절했다. 그는 내게 마지막으로 스키를 탄 때가 언제였는지 물었고, 나는 초등학교 4학년 때 딱 한 번 타봤다고 대답했다. 25년 전에 겪은 경험이 얼마나 끔찍했는지 꺼내놓으며, 다시는 스키를 타지 않을 수밖에 없는 정당한 명분이라는 듯 장황하게 이야기를 털어놓았다.

어쩌면 긴장이 되거나 새로운 일을 하려고 할 때 잠재의식에 닿아 있는 셀프스토리를 발견한 적이 있을 것이다. 위험을 감수하거나 대담하게 행동하거나 익숙한 영역 밖에서 어떤 일을 하고자 결심했을 때, 즉 나만의 에메랄드 시티를 향해 좀 더 나아가고 싶다고 느낄 때 셀프스토리는 어김없이 공격 태세에 돌입한다. 대개 셀프스토리는 어둠 속에서 아무도, 심지어 자기 자신도 어떤 일이 일어나고 있는지 제대로 인식할 수 없을 때 작동한다.

평소에 볼 수 없다고 해서 셀프스토리가 없는 게 아니다.

셀프스토리는 정말로 존재한다.

여러분이 매일, 온종일 자신의 귓가에 끊임없이 셀프스토리를 속삭인다는 사실을 깨닫지 못한 채 평생을 살았을 수도 있다. 스스로 스토리텔러가 아니라고 생각할 수도 있겠지만 여러분은 스토리텔러로서 진화해왔다. 고대의 조상들은 살아남기 위해, 좀 더 번영하기 위해 스토리를 이용했고, 우리는 그 유산을 물려받았다.

그런데 여기서 주목해야 할 것은 스토리의 존재 자체가 아니다. 진실은 훨씬 더 기묘하고 한층 더 경이롭다. 경이로운 진실, 그것은 바로 '스토리가 실제로 여러분의 인생이 된다'는 사실이다. 여러분의 셀프스토리는 현실이 되며, 셀프스토리는 계속 이어지는 자기충족적 예언이다. 여러분이 스스로에게 들려주는 스토리가 여러분의 노란 벽돌 길이 된다.

셀프스토리는 생각하고 느끼는 방식을 결정하며 행동 방식과 진로에 영향을 미친다. 스스로에게 들려주는 스토리는 자신이 무엇이 되어갈지, 인생이 어떻게 될지 알려주는 강력한 예측 변수다.

우리 모두에게는 고유한 스토리가 있고 각자가 가지고 있는 셀프 스토리들이 전부 이롭지는 않다. 길을 잃었거나 뒤처졌거나 부족하다고 느낄 때, 혹은 도달할 능력이 있다는 걸 짐작하면서도 결국엔 닿을 수 없을 것 같아 포기해버리고 싶은 순간이 있는데 그게 바로 조짐이라고 보면 된다. 자신을 에메랄드 시티 대신 마녀의 탑에 가둔 주범이 바로 '자신의 스토리'라는 것을 알 수 있어야 한다.

골치 아픈 문제일 수 있지만, 다행히 해결책이 없는 것은 아니다.

스스로에게 매번 들려줬던 스토리를 다른 스토리로 바꾸면 어떤 일이 일어날까? 조금 더 바람직한 스토리를 선택하면 어떤 일이 일어날까? 장담컨대 **인생을 바꿀 수 있다.**

스토리를 고르고 인생을 바꾸라

우리 내면에 알아차리기 힘든 스토리텔링의 세계가 펼쳐지고 있다는 사실을 깨닫고 나면 불안이 엄습할 수 있다. 이런 스토리가 인생이 어떻게 풀릴지를 결정한다는 사실을 알고 나면 두려움마저 느낄 수 있다. 하지만 그런 불확실성 이면에 대단한 잠재력이 숨어 있다. 우리는 셀프스토리를 컨트롤할 수 있으며, 그 스토리를 이용해 인생까지 설계할 수 있다.

나는 지금까지 사람들이 더 바람직한 스토리를 선택함으로써 인생을 바꾸는 과정을 지켜봐왔다. 처음에는 나도 변화하고 앞으로 나아간 사람들의 스토리를 들을 때마다 쉽게 믿지 못했다. 그토록 궁지에 몰려 있었던 사람들이 어떻게 돌파구를 찾을 수 있었을까? 답은 간단했다. 반복해서 되뇔 스토리를 제대로 선택하는 것이다. 도로시가 발뒤꿈치를 부딪쳐 자기 안에 있었던 힘을 깨닫는 그 순간처럼 말이다. 우리의 내면엔 분명 그런 힘이 있다. 이 책은 여러분의 루비 구두가 되어줄 것이다.

자, 이 책에서 앞으로 다룰 내용은 다음과 같다.

· 자신의 셀프스토리는 무엇인지, 어디에서 비롯됐는지, 왜 스스로에게 그런 셀프스토리를 들려주게 되었는지 탐색한다.
· 내면의 스토리텔러를 현장에서 포착하고, 발목을 잡는 셀프스토리를 알아내는 방법을 배운다.
· 바람직한 스토리를 선택하고 이를 마음속 중심부에 제대로 설치해 자기 대화를 할 때마다 가장 먼저 그곳을 들여다보는 습관을 기른다.
· 이런 스토리텔링 접근법이 훌륭한 인생을 이루는 두 가지 요소인 희망과 힘을 어떻게 불러일으키는지 알아본다.

앞으로 우리는 긍정적이고 힘을 불어넣어주는 여정을 함께할 것이다. 더불어 다른 사람들은 어떻게 인생을 바람직한 방향으로 바꿨는지 살펴볼 것이다. 몇몇 사례를 간단히 소개한다.

· 사업 목표를 달성하고자 전직과 관련된 스토리를 이용한 초보 사업가

로버타.

- 관계를 방해하던 스토리와 다시 사랑으로 돌아가는 여정을 발견한 줄리아.
- 스토리텔링을 이용해 직장에서 목적의식을 재발견한 샘.
- 자신의 셀프스토리를 유발한 계기를 발견하고 건강한 생활방식을 되찾은 코리.

이들은 엄선한 자신의 스토리를 차근차근 쌓아 원하는 삶으로 나아갈 지름길을 닦는 법을 배웠다. 여러분도 이제 곧 필요한 도구를 하나씩 얻게 될 것이다. 머지않아 여러분은 '자신의 인생을 써나가는 작가'가 될 수 있다.

다시 쓰는 '나'라는 스토리

이 책은 머릿속에 있는 목소리를 바꿔 우리의 인생 스토리를 다시 쓰는 방법을 다룬다. 쉽게 말해 '외면'을 바꾸기 위해 '내면'을 변화시키는 방법이다. 만족스럽지 않은 경제적 형편, 순조롭지 않은 연애, 좋지 않은 건강, 우리가 고민하는 삶의 문제 이면에는 대부분 가려져 있고 다시 써야 하는 **스토리가 있다**. 그렇다, 스토리가 문제인 것이다.

문제가 되는 셀프스토리를 파악해 밝은 빛이 비치는 곳으로 끌어내는 순간, 변화가 시작된다. 스스로 누란 벽돌 길을 깔 준비를 하게 되는 이때 중요한 것을 잊으면 안 된다. 스토리를 잘못 선택하면 늘

가던 길로 끌려간다는 것이다. 그 길은 자꾸만 똑같은 곳에 도달하는 순환 도로와 같다. 늘 한결같은 불안과 실망이 따라온다.

반대로 스토리를 현명하게 선택하면 스스로 위업을 달성할 길을 닦게 될 것이다. 이는 번영으로 가는 길이며 사랑과 관계에서 진실한 유대감을 찾을 수 있는 방법이다. 업무와 사업에서 성공할 수 있는 자신감을 키워줄 길이며, 그 길의 끝에는 인생의 모든 영역에서 풍요로움을 찾을 수 있는 곳이 기다리고 있을 것이다.

지금부터는 우리의 인생이 어떻게 이뤄졌고 어떻게 변화를 일으킬 수 있는지, 이제껏 여러분이 안다고 생각했던 것과 완전히 다른 개념을 제시할 것이다. 어떤 스토리가 인생 경로를 좌우했고, 어째서 그 사실을 깨닫지도 못했는지 당혹감을 느낄 수도 있다. 어떨 땐 뼈아프게 단순할 때도 있는데 그런 단순함에 속아 넘어가지 말아야 한다. 가능성을 과소평가하는 대신, 지금껏 해본 적 없는 방식으로 우리의 인생을 다시 상상하고 그런 인생을 손에 넣을 수 있다는 믿음을 갖는 것이 중요하다.

『오즈의 마법사』에서 내가 가장 좋아하는 부분은 마지막 장면이다. 착한 마녀 글린다가 나타나 도로시와 여행 동무들에게 도로시는 예전부터 내면에 힘을 품고 있었다고 말하는 부분이다. 허수아비는 글린다에게 "근데 왜 진작 말해주지 않았어요?"라고 따지듯이 묻는다.

글린다는 대답한다.

"아마 내 말을 믿으려 하지 않았을 테니까. 도로시는 그 사실을 스스로 깨달아야 했어."

누가 발견해주기만을 기다리고 있는 노란 벽돌 길은 없다. 적어도 잡초로 뒤덮인 표지판이 서 있는 도시 외곽의 노란 벽돌 길이나 로터리를 두 번째 돌 때 시작하는 노란 벽돌 길 따위는 없다. 하지만 기억해야 한다. 우리는 내면에 힘을 품고 있다. 우리의 내면에는 '나'라는 책을 만드는 '스토리'가 있다. 그것은 곧 나를 바꾸는 힘이고 나를 이루는 재료다.

그 힘을 발견하는 순간부터 나만의 위대한 스토리가 다시 쓰이기 시작한다.

1부
스토리가
나를 만든다

내면에 숨은 강렬한 스토리

1장
타고난 스토리텔러
스토리는 어디서 시작될까

몸이 잠들었을 때도 마음은 밤새도록 깨어
스스로에게 스토리를 들려준다.

-조너선 갓셜

이 책에서 여러분은 많은 사람을 만나게 될 것이다. 가장 먼저 소개할 인물은 마이크다. 마이크는 재미있고 호기심이 넘치며 카리스마도 있고 성실하다. 세 아이의 아버지이자 충실한 남편이며 열심히 일한다. 그는 항상 일한다. 주말에는 마당에서 일하고 주중에는 편도로 한 시간 걸리는 사무실까지 통근하면서 대형 비영리단체 프로그램 담당자로 일했다. 일을 잘하는 덕분에 승진을 거듭해왔다. 통근은 즐겁지 않고(겨울철에는 특히 힘들다) 보수도 썩 만족스럽지 않으며 (기업에서 일하는 친구들이 버는 금액에 비하면 새 발의 피다) 때로는 업무 스트레스와 강도에 수명이 줄어드는 기분이 든다(마이크는 주로 가정 폭력 가해자 및 피해자 관련 프로그램을 담당해왔다). 사실 그는 이 일을 시작한 거의 직후부터 더 나은 일자리가 없는지 찾으려고 했지만 결국에는 계속 직장에 남았다. 안정적이고 괜찮은 직장이었기 때문이다. 마이크는 가족에게 괜찮은(멋지지는 않아도 괜찮은) 생활을 보장할 수 있었고 그것으로 충분했다.

아니, 충분했을까?

그러던 어느 날, 마이크는 답을 찾았다.

새로 온 상관이 무슨 이유에서인지 마이크를 마음에 들어 하지 않았다. 상관은 마이크가 담당한 프로젝트를 방해하고 관련 예산을 다른 일에 쓰는가 하면 잘 돌아가던 마이크의 팀을 뒤흔들었다. 마이크가 아무리 열심히 일하고, 훌륭한 아이디어나 계획을 제시해도 상관은 트집을 잡고 권한을 깎아내리면서 공공연하게 그의 업무를 비난했다. 마침내 연례 인사 고과 시기가 찾아왔다. 상관은 마이크와 마주 앉은 자리에서 그의 성과를 신랄하게 평가했고 지금까지 그가 받아본 평가 중 가장 낮은 등급을 줬다.

오랫동안 헌신하고 노력했건만, 마이크는 '이런' 취급을 당했다. 마이크는 성과를 무시당하면서 자기를 쫓아내려고 혈안이 된 악랄한 상관 밑에서 계속 억지로 일해야 하는 걸까?

아니다. 이제 마이크에게 이 직장이 더는 '충분히 괜찮지' 않았다. 더 이상 참을 수 없었다. 그만둘 때가 왔다. 집으로 차를 몰면서 마이크는 지금 하는 일 대신에 할 수 있는 것들을 모조리 생각하기 시작했다. 석사 학위를 받았으니 학력은 갖췄다. 게다가 노련했다. 사람들과 잘 지냈고 업계 인맥도 넘쳤다. 맡은 업무를 잘했을 뿐만 아니라 다른 사람들을 훈련하기도 했다. 얼마 전에는 신입 사원에게 자기만의 비결과 자료를 모두 전수하기도 했다. 이처럼 마이크는 확실히 다른 일을 할 수 있는 능력을 갖추고 있었다. 이제 정말 끝이었다. 새로운 일을 찾아야 할 때였다.

***

마이크의 사례에서 자신과 비슷한 면을 발견한 사람이 있을 것이다. 괜한 트집을 잡는 상사를 더는 견딜 수가 없어서 직장을 그만둘 생각을 해봤다거나 혹은 전혀 다른 일을 해보고 싶은 사람도 있을 것이다. 아니면 몸을 만들어 보겠다고 결심했다거나, 사랑에 빠지고 싶다거나, 창업을 꿈꿀 수도 있다. 금전 문제를 해결하겠다고 결심했을 수도 있고, 가족과 관계를 개선하겠다고 마음먹었을 수도 있다. 그 꿈이 무엇이든 중요한 건 **아직 이루지 못했다**는 사실이다. 여러분은 아직 원하는 '그곳'에 닿지 못했다.

내 전작인 『스토리의 과학』에서는 이를 가리켜 '간극gap'이라고 칭했다. 간극이란 현재 내가 있는 곳과 가고 싶은 곳 사이의 거리를 말한다. 『스토리의 과학』에서는 비즈니스 간극들을 주로 다뤘다. 비즈니스 간극이란 제품과 그 제품이 필요하다는 사실을 모르는 고객 사이의 간극, 중요한 프로젝트와 팀의 동의를 얻는 과정 사이의 간극, 브랜드와 시장이 그 브랜드를 보고 이해하는 방식 사이의 간극이다. 비즈니스에서는 이런 간극을 가장 잘 좁히는 기업이 승리한다.

비즈니스 세계 밖에서도 마찬가지다.

우리는 '인생'에서도 간극을 경험한다. 지금 우리가 있는 곳과 우리가 가고 싶은 곳, 나아가 우리가 갈 수 있다고 믿는 곳 사이에 간극이 있다. 그런 간극은 인간이라면 타고난 본성이다. 그 간극이 없다면 우리에게는 아무런 희망도, 꿈도 없을 것이다. 열망하거나 분투하거나 성취하지 않을 것이다. 간극이 없다면 인간답지 않을 것이다.

인간이라면 누구나 간극을 극복하기를 꿈꾼다. 간극을 빤히 보고 있으면서도 그냥 손 놓고 있는 것만큼 억장이 무너지는 일도 없다. 앞서 마이크가 25년 동안 그 간극을 계속 바라봐온 것처럼 말이다.

그랬다. 흉악한 상관이 지독한 평가를 했을 당시, 마이크가 그 직장에 근무한 연수는 몇 년이나 10년이 아닌 무려 25년이었다. 그동안 그는 매년 몇 번이고 퇴사를 고민했다.

어쩌면 여러분도 적어도 두 달에 한 번쯤은 '대체 내가 여기서 무슨 짓을 하고 있는 거지?'라는 의문이 든 적이 있었을 것이다. 지금껏 마이크가 짐을 챙겨 뛰쳐나와서 절대 뒤돌아보지 않는 것이 자기가 할 수 있는 최선이라고 확신한 적은 수없이 많았다. 하지만 마이크는 한 번도 그렇게 하지 않았다.

25년 동안 그는 결코 떠나지 않았다. 항상 머물렀다.

그리고 이번에도 역시 다르지 않았다.

괴롭고 억울한 평가를 받은 후, 그 주 주말을 보내면서 처음에 느꼈던 충격과 좌절이 누그러졌고, 월요일에 마이크는 다시 차분하고 프로다운 모습으로 출근했다. 결국 그런 프로다움이 그의 본모습이었다. 그는 계속 훌륭하게 업무를 해냈고 다음번 연례 인사 고과(다시 일 년이 흐른 뒤)에서 마침내 비판적인 상관을 설득해 적당히 만족스러울 만한 급여 체계 최상위까지 올라갔다. 그리하여 그는 다시 머물렀다. 하지만 급여가 올랐다고 해도 밖으로 나서면 좀 더 나은 무엇인가가 있을지도 모른다는 어렴풋한 생각을 잠재울 수 없었다.

그것이 무엇이든 간에 마이크는 결코 그 세계를 찾아 나서지 않았다. 정체를 알 수 없는 어떤 힘이 계속 그를 A지점 가장자리에 세워두면서 확인되지 않은 B지점까지의 공간을 바라만 보게 하고, 그 간극을 건너는 여정의 첫걸음을 내딛지 못하도록 막았다.

왜 마이크는 떠나지 못했을까?

마이크는 일적으로 똑똑하고 의욕이 넘친다. 그는 재능과 인맥을 갖췄고 목표도 있다. 그런데도 퇴사라는 여정의 첫걸음에 직면할 때마다 머뭇거린다. 기회가 없어서 그런 것도 아니다. 직장에서 나가면 무엇을 할 수 있을지 다양한 생각이 계속 떠올랐고 직접 회사를 차려서 개인 사업을 할 수 있었다. 그동안 마이크만의 능력에 딱 맞는 여러 기업에서 다양한 기회를 제시하기도 했으며 그럴 때마다 그는 늘 퇴사를 꿈꿨다. 그러자 머릿속에서는 늘 조그만 목소리가 '넌 괜찮은 직장에 다니고 있고 그만하면 충분해'라고 떠들기 시작했다.

그 무심한 한마디 말을 가리켜 나는 **빙산의 일각** 순간이라고 부른다. 앞으로 이에 관해서 많이 언급하겠지만 일단은 우리 눈에 보이는 빙산은 거대한 빙산의 일부이듯이, 우리가 인식하는 스토리 역시 사실은 훨씬 더 큰 스토리의 일부에 불과하다는 사실만 알아두면 된다.

'넌 괜찮은 직장에 다니고 있고 그만하면 충분해'

따라서 이 말은 마이크가 오랫동안 자기 자신에게 말해왔던 숨은 스토리, 즉 마이크를 한 직장에 계속 붙들어놓은 근원이 되는 스토리를 슬쩍 보여주는 말이다.

우리에게도 빙산의 일각과 같은 순간, 우리의 인생을 조종하는 더 큰 스토리를 살짝 들여다보게 되는 순간이 있다. 그런 스토리들을 다시 쓰려면 애초에 우리가 '왜' 스토리를 말하는지 알아야 한다. 그러려면 돌아가야 한다. 몇 년 전이나 대학 시절, 어린 시절 정도가 아니다. 훨씬 더 옛날, 문제가 진짜로 시작된 시점으로 거슬러 올라가야 한다.

스토리텔링 불꽃

약 40만 년 전에 놀라운 일이 일어났다. 인류가 불을 능숙하게 피우기 시작한 것이다. 이는 생각보다 더 대단한 일이다. 불을 피우면서 우리는 음식을 익혀 먹기 시작했다. 음식을 익혀 먹으면서 우리는 수렵 채집으로 얻은 식량에서 더욱 많은 영양소를 얻게 됐다. 또한 씹어야 하는 횟수도 대폭 줄어들었다(불을 피우지 못하는 침팬지는 하루에 여섯 시간을 그저 씹느라 보낸다). 적은 노력으로 더 많은 영양분을 얻게 되면서 우리의 뇌는 점점 커졌다. 덕분에 우리는 더 똑똑해졌고 여가 시간을 도구 제작과 언어 창조에 쓰다가 마침내 아이폰을 발명하기에 이르렀다.

또한 불은 예상치 못한 역할을 했다 불을 피우면서 하루가 길어졌다. 불을 피우면 따뜻하고 안전하고 밝았다. 생물학적으로 잠자리에 들 준비를 하면서 몸이 늘어지는 시간대에도 사람들은 자연스럽게 불이 있는 곳으로 모여들었다. 뇌 용량이 늘어나고 사람들이 자연스럽게 모이는 지점이 생기면서 시간이 흐를수록 불 그 자체보다 훨씬 더 중요하다고 할 수 있는 '스토리텔링'이 생겨났다.

스토리텔링은 일찍이 인류가 음식 재료부터 날씨와 도구에 이르기까지 모든 정보를 공유하는 방법이었다. 또한 유대감과 신뢰를 높이고 학습 속도를 높였다.[1] 특히 난롯가에서 이러는 경우가 많았다. 우리 조상들은 말 그대로 난롯가에서 수다를 떨며 시간을 보냈다. 수렵 채집 부족을 대상으로 실시한 연구에 따르면 난롯가에서 나눈 대화 중 80퍼센트 이상이 스토리텔링이었다.[2] 스토리텔링(더하기 약간의 불)이 인류를 하나의 종족으로 만들었다고 해도 과언이 아니다.

오늘날에도 고대의 모닥불 유산은 남아 있다. 어둠 속에서 촛불 몇 개만 켜도 분위기가 달라져서 자연스럽게 서로에게 속삭이게 되는 경험을 한 번쯤은 해보았을 것이다. 작은 불꽃은 친밀감을 자아내고 대화를 끌어낸다. TV나, 휴대전화 등의 화면을 바라볼 때 화면에 끌어당겨지는 것 같은 느낌을 받아본 적이 있는가? 이는 그 옛날 모닥불에 반응하던 본능이 우리의 뇌를 장악하는 것이다. 우리가 소셜 미디어에 눈을 뗄 수 없는 이유도 마찬가지다. 불빛에 감각이 자극되고, 피드에서 확인할 수 있는 갖가지 스토리에 사로잡히기 때문이다.

최근 연구에서는 더 많은 사실이 밝혀졌다. 불은 우리를 스토리텔러로 만들었고, 그렇게 스토리를 자아내는 새로운 능력 역시 우리에게 수많은 이점을 가져다줬다. 훌륭한 스토리텔러는 배우자감에게 더 큰 매력을 발산하며 심지어 더 건강한 자손을 낳는다.[3] 스토리텔링을 잘하면 더 훌륭한 지도자가 될 수 있고, 설득력을 높일 수 있으며 돈도 더 많이 벌 수 있다.

세상에서 가장 힘센 사람

픽사가 지금처럼 유명해지기 전, 디즈니가 아직 대세였던 1990년대 당시 스티브 잡스에 관한 재미있는 일화가 있다. 하루는 휴게실로 들이닥친 잡스가 베이글을 집어 들더니 팀원들에게 "세상에서 가장 힘센 사람이 누구일까요?"라고 물었다. 휴게실에 있던 사람들은 몇 가지 의견을 던졌지만, 잡스는 모두 다 틀렸다고 말했다.

"틀렸어요. 세상에서 가장 힘센 사람은 바로 스토리텔러예요."

잡스는 눈이 휘둥그레진 팀원들에게 "나는 차세대 위대한 스토리텔러가 될 것입니다!"라고 말했다. 그러더니 베이글을 손에 든 채 뛰쳐나갔다. 당시 잡스는 디즈니가 자기보다 더 훌륭한 스토리를 만들어내고 있다고 생각하며 좌절해 있던 상태였다. 잡스는 그 후 최고의 스토리텔러로서 여러 산업을 재창조했다.

셀 수 없이 많은 비즈니스 서적과 논문이 잡스의 마케팅 능력을 연구했고, 그가 주력 제품을 출시할 때마다 프레젠테이션에서 즐겨 사용했던 '한 가지 더one more thing'라는 문구를 낱낱이 분석했다. 그의 마케팅 기법은 거의 50만 년 전에 시작된 불꽃을 바탕으로 한다.

자기 자신에게 들려주는 스토리

스토리텔링은 우리 조상들에게 놀라운 장점을 제공했다. 가르치고, 신뢰하고, 살아남는 능력은 우리 인류에게 강력한 에너지가 됐다. 오랜 세월이 흐른 지금도 우리는 여전히 이야기를 하고 그 이득을 취하고 있다. 미래 역시 스토리텔러들의 손아귀에 있다.

그런데 우리 뇌가 발달하는 과정에서 '다른 종류의 스토리'를 스스로에게 말하는 능력도 발달했다. 과학자들이 '내적 독백'이라고 부르는 신경 배선이 발달한 것이다. 우리 뇌 어딘가에서 마치 영화 속 내레이터와 같은 어떤 목소리가 존재감을 드러내기 시작했다.

다시 말해 우리는 단지 상대방에게 스토리를 들려주는 데 그치지 않고, '자기 자신'에게도 스토리를 들려주기 시작했다.

연구자들은 셀프스토리텔링을 '내적 서술', '내적 담화', '자기 대화' 등 다양한 명칭으로 부른다. '작은 목소리'나 '내면의 비평가'라고 부르는 사람도 있다. 내 경우에는 이 목소리를 가리켜 '내면의 스토리텔러'라고 부른다. 일찍이 우리 선조들이 옹기종기 모여들었던 모닥불처럼 우리 마음속에도 그와 비슷한 모닥불이 있다.

그 불꽃 앞에서 사람들에게 스토리를 들려주는 사람은 바로 역사상 가장 훌륭한 스토리텔러인 '여러분'이다.

습관적으로 불들리는 스토리

셀프스토리는 근본적으로 습관이다. 우리가 평소에 인식하지 못하는 자동적인 사고 패턴이라 할 수 있다. 진화 과정에서 이 스토리텔링 기술이 뇌에서 자동으로 일어나게 됐고, 수천 년 동안 계속 이어졌다는 사실은 셀프스토리의 유용성을 뒷받침하는 증거다. 우리가 상대방에게 스토리를 들려주는 능력이 장점임은 쉽게 알 수 있다. 하지만 셀프스토리가 어떤 힘을 지녔는지는 명확하지 않다. 대체 왜 우리는 '자기 자신'에게 스토리를 들려주는 걸까?

누군가의 머릿속에서 일어나는 눈에 보이지도 않고 알아차리기도 힘든 스토리를 연구하기란 어려운 일이다. 그렇지만 연구자들은 계속 시도했다. 연구 결과에 따르면 우리는 문제 해결, 동기 부여, 계획 수립, 자제력 발휘, 자기 성찰에 셀프스토리를 활용한다.[4]

우리가 셀프스토리를 활용하도록 진화한 이유는 다른 사람에게 스토리를 들려주도록 진화한 이유와 같다는 사실을 알 수 있다. 우리는 셀프스토리를 통해서 '더 나은 인간'이 됐다. 우리는 내적 대화 덕분에 안전하게 지내고 무리에 적응했으며 세상을 이해했다. 우리는 더 오래 살고 더 많은 후손을 낳았으며, 때문에 마음속 깊은 곳에서 조용히 자기 자신에게 말하는 특이하고 사소한 이 습관은 점점 더 강화될 수밖에 없었다.

우리는 정보를 수집해서 '스토리 형태'로 다른 사람들과 공유한다. 그리고 우리는 우리가 누구인지, 무엇을 할 수 있는지, 무엇이 선하고 공정한지, 무엇이 책임 있는 행동인지, 무엇이 올바른 삶의 방식인지를 밝히는 단서를 평생 수집한다. 그리고 그 스토리를 들을 수밖에 없는 단 한 명의 청중과 공유한다. 바로 '나 자신'이다.

마이크에게는 그런 스토리가 많았다. 배관공과 주부의 아들로 태어난 마이크는 가족 부양이 어떤 의미인지 스스로에게서 계속 들었다. 마이크의 아버지는 평생 허니웰Honeywell 직원으로 근무했다. 괜찮은 직장이었고 그것으로 충분했다. 마이크는 남학생들만 다니는 엄격한 가톨릭 학교에 다녔고, 규칙을 어겼을 때 어떤 일이 일어나는지 직접 경험했고 기억했다. 청년 시절 그는 해군에 입대했고 제대한 뒤 대학에 가서 아름다운 여성을 만났다. 두 사람은 결혼했고, 마이크는 자기 전공 분야에서 괜찮은 일자리를 찾았다. 그곳에서 일하면서 첫 번째 집을 장만했고 아이들이 태어났다. 가족이 꿈꾸던 집을 시골에 짓는 동안에도 마이크는 그곳에서 일했다. 그러는 동안 내내 셀프스토리가 흘러나왔다. '넌 괜찮은 직장에 다니고 있어. 안정적이지. 이 직업에 지금까지 무려 25년을 투자했어. 곧 정년이 다가오는데 지금 와서 직장을 그만둔다는 건 무책임한 짓이야.'

한편, 마이크에게 훈련받은 젊은 동료는 퇴사해서 마이크에게 배운 바로 그 지식으로 자기 사업을 시작해 꽤 많은 돈을 벌었다. 마이크에 비하면 그 동료는 기술이나 경험, 카리스마가 한참 부족했다. 그 소식을 들으면서도 마이크는 '괜찮은 직장', '안정적인 직장' 스토리를 스스로 되뇌었다. 늘 있던 자리에 그를 쭉 붙들어놓은 스토리였다.

내면의 생존자

마이크처럼 여러분 안에도 스토리텔러가 있다. 여러분이 말하는 스토리는 여러분 자신의 스토리다. 그 스토리는 고유하다. 그 형태는 독백일 수도 있고, 어떤 사람들은 대화에 가까운 셀프스토리를 경험하기도 한다. 다른 사람들과 나누는 대화 같은 셀프스토리도 있다.

마치 귓가에 속삭이는 것처럼 생생한 마음속 스토리텔러도 있고, 좀 더 추상적인 셀프스토리도 있다. 영화 속 한 장면처럼 여러분의 하루를 묘사하는 '목소리'가 머릿속에서 들릴 수도 있고 그렇지 않을 수도 있다. 들리는지 들리지 않는지는 크게 중요하지 않다. 중요한 건, 셀프스토리가 존재한다는 것을 인식해야 한다는 것이다.

우리의 스토리에는 역할이 있다. 이는 진화가 신중하게 갈고닦은 역할로, 바로 우리를 '보호'하는 것, 나아가 종족을 보존할 수 있을 만큼 오래 살아남는 것이다.

하지만 우리는 이제 모닥불에 둘러앉아 어떤 특정한 버섯을 절대로 먹어서는 안 되는 이유를 설명하던 선사시대 사람이 아니다. 생존이 경각에 달린 시대를 살아가고 있지도 않다. 평소 우리가 메우려는 간극은 체중을 몇 킬로그램 줄이거나, 요금을 내거나, 사랑을 찾거나, 까다로운 친구나 동료를 대하는 일이다.

하지만 우리의 머릿속에 살며 마음속 모닥불 주위에 자리를 잡고 있는 우리의 분신은 여전히 100만 년 전 사람 그대로다. 그 분신은 직장을 잃거나 창피를 당하거나 실패하거나 두 번째 데이트 약속을 받아내지 못하면 단순히 실망하는 데 그치지 않고, '위협'으로 받아들인다.

따라서 내면의 스토리텔러는 여러분을 직장에서 안전하게 지켜줄 이야기를 지어낸다. 마이크처럼 더는 자신에게 맞지 않는 일을 그만두지 않고, 계속 이어나감으로써 현재 상황을 유지하고 또 하루를 생존하도록 이끈다. 적어도 우리의 뇌는 그렇다.

마이크와 그를 얽어맨 스토리

2009년 6월 어느 아침 스피닝 수업에 가려고 운전을 하던 중에 아버지에게 전화가 걸려 왔다. 뭔가 심각한 일이라고 생각했다. 아버지는 평소에 전화를 잘 하지 않았고, 아침에는 더더구나 한 번도 한 적이 없었다. 이윽고 들려오는 목소리에서 나는 아버지가 패배감, 스트레스, 상실감에 시달리고 있음을 알아차렸다. 무엇보다도 아버지는 부끄러워하고 있었다.

"회사가 날 해고했어."

아버지는 회사에서 직원 중 가장 연장자에 속했고, 그 조직에서 가장 높은 직급을 달성했다. 아버지는 성인이 된 후, 평생을 그 조직의 대의에 헌신했고 수십 년 동안 고난과 좌절, 말도 안 되는 관료주의의 횡포를 견뎠다. 그러나 결과적으로 회사는 아버지가 설계한 프로그램에 대한 재정 지원을 삭감했고, 쥐꼬리만 한 퇴직 수당을 쥐어준 채 아버지를 내보냈다.

내 아버지 마이크는 36년이나 일한 회사에서 정년을 앞두고 해고

당했다.

정말 가슴 아픈 일이었다. 우리 가족 모두에게 그랬다. 하지만 나로서는 아버지가 직장을 잃었다는 사실보다 아버지가 계속 그 직장에 다닌 이유가 더 가슴 아팠다. 아버지는 자기 사업을 일으키는 데 필요한 모든 재능과 인맥, 기술과 경험을 갖추고 있었지만, 그의 셀프스토리는 직장에서 떠나게 해 주지 않았다. 그가 떠나려고 마음먹을 때마다 내면의 스토리텔러는 이렇게 떠들어댔다.

"흠잡을 데 없는 좋은 직장을 그만두겠다니 무책임한 짓이야."

"장기 고용은 안전을 보장하고, 안전이 위험보다 바람직해."

"10년, 20년, 30년이 넘는 경력을 버리지 마. 그냥 다니는 게 현명해."

이런 스토리들은 아버지를 직장에 안전하게 머무르도록 붙들어두었다. 결과적으로 아버지가 회사에게 받은 건 냉대에 불과했지만 말이다.

여기서 상기해야 할 교훈은 우리를 위험에서 보호하려는 스토리들이 우리에게서 가능성을 빼앗는 경우가 많다는 것이다.

문제가 되는 스토리

다행히도 마이크는 나쁜 상황을 잘 극복해냈다. 요즘 아버지는 밴드 2곳에서 연주한다. 친구인 랜디와 함께 어쿠스틱 기타 듀오를 결성했고(두 사람은 대학 시절 함께 연주했다), 엄마와 함께 거주하는 아파트 단지 이웃 두 명과 록 밴드도 결성했다. 아버지는 부동산 투자를 시작해 거주하는 단지 내에 아파트를 몇 채 가지고 있고, 65세라는 나이에 공유 숙박 업계에서 두각을 드러냈다. 이는 새로운 스토리를 시작하기에 늦은 시기란 없다는 증거다.

이건 단지, 마이크만의 특별한 이야기가 아니다. 대부분의 사람이 빛바랜 삶에 만족하며 살아간다. 겨자색 스토리들로 칙칙한 노란 벽돌 길을 만들고 반짝이는 에메랄드 시티가 아니라 그저 그런 올리브 시티에 도달한다. 이는 내면의 스토리텔러가 바깥세상에 맞춰 변화해나가지 않기 때문이다.

바깥세상은 바뀌었다. 내면의 스토리텔러가 생각하는 것만큼 세상은 크게 위험하지 않고, 우리가 멸종 위기에 당면할 일은 희박하다. 그런데도 여전히 그런 스토리들이 우리를 좌지우지하고 있다.

우리가 타고난 스토리텔러라는 사실은 문제가 되지 않는다. 오히려 가장 큰 강점 중 하나이며 스스로에게 스토리를 들려준다는 사실역시 문제가 되지 않는다.

문제가 발생하는 때는 그런 스토리가 **원하지 않는 현실**을 창조하는 경우다.

2장
목적지를 좌우하는 스토리
스토리는 어떻게 현실을 창조할까

여러분이 읽거나 말하는 스토리에 주의를 기울여라.
밤이면 의식의 수면 아래서 스토리가 여러분의 세계를 바꾸고 있을 것이다.

-벤 오크리

로버타는 조경 건축가다. 그는 일을 잘한다. 아름다운 야외 공간을 조성해줄 사람을 찾는다면 로버타를 추천한다.

훌륭한 조경 건축이 그런 것처럼 로버타는 흠잡을 데 없이 단정하다. 은빛 머리카락은 길고 멋지다. 말쑥하다. 말투도 세련됐다. 나이를 쉽게 가늠할 수 없을 정도다.

그를 보고 있노라면 최근에 3기 암을 이겨냈다고는 생각지도 못할 것이다. 결혼 생활이 파경을 맞이했고, 직장에서 해고당했다는 사실도 짐작할 수 없을 것이다. 하지만 이게 끝이 아니다. 그는 건강 코치라는 새로운 진로를 모색 중이다. 로버타는 그 과정에서 문제가 있어 나를 찾아왔다. 그 문제는 자신에게 사업가 자질이 없다는 점이다.

자기는 설계하는 사람이고 판매하는 법을 모른다고 말한다.

그 결과 로버타는 그 무엇도 팔지 않고 있다. 그것이 문제다. 암 투병과 이혼, 해고를 겪은 이후 로버타는 판매로 돈을 벌어야한다. 그래서 로버타는 지금 수입이 없다.

***

로버타는 절벽 A에 서서 건널 수 없다고 느껴지는 거리에 있는 절벽 B를 바라보고 있다. 그 간극이 도저히 넘을 수 없다고 느끼기에 로버타는 에메랄드 시티에 해당하는 꿈을 포기하고 신입 수준의 일자리라도 얻어야 할지 고민 중이다.

여기서 황당한 점은 '그 간극이 사실은 그리 크지 않다'는 사실이다. 로버타는 새로운 분야에서 성공하는 데 필요한 모든 자질을 갖췄다. 로버타와 얘기하면서 나는 그가 새로운 일에 완벽하게 어울리는 사람이라고 느꼈고, 내 건강 코치가 되어주면 좋겠다고 생각했다.

하지만 로버타는 자신이 무엇을 제공할 수 있는지 다른 사람들에게 얘기하지 않는다. 이유는 바로 그의 셀프스토리 때문이다.

진화는 로버타를 스토리의 달인으로 바꿔놓았다. 로버타는 모닥불에서 사람들과 나누는 이야기뿐만 아니라 자기 자신에게 말하는 스토리, 즉 셀프스토리에도 통달했다.

마음속에 스토리텔링의 세계가 있다는 사실을 인지했다면, 이제 왜 그 스토리가 중요한지 따져봐야 한다. 오늘날 우리 인생에서 내면의 스토리는 왜 중요하며, 어떻게 그토록 커다란 힘을 발휘하고, 그 힘은 무엇을 의미하는 것인지 생각해봐야 한다.

옛날에는 셀프스토리를 통해 부족과 더 긴밀하게 연대해서 안전하게 살아갈 수 있었을 것이다. 하지만 현대에 와 셀프스토리는 우리가 직면하는 간극을 메우는 작업, 예를 들어 승진을 하거나, 애인을 구하거나, 요금을 지불하는 일을 방해하기도 한다.

지금까지 스토리가 왜 그토록 이상하고 신비로운 일을 하는지 많은 연구를 통해 밝혀진 바 있다. 그중에는 미래를 예측하는 기능이 있다는 걸 밝혀낸 것도 있고 그밖에도 이해하고 밝혀내야 할 것들이 아직 많이 남아 있다. 지금까지 알려진 것 중, 가장 주의깊게 봐야 하는 사실은 스토리의 힘이 '뇌'에서 비롯되는 것으로 보인다는 점이다.

스토리는 뇌를 인질로 잡는다

앞서 언급했듯이, 나는 전작 『스토리의 과학』에서 남편의 정신이 스토리에 홀려 납치당했던 일화를 소개했다. 향수에 관한 놀라운 스토리를 들은 마이클이 향수 사업을 시작해야겠다고 마음먹게 한 믿기 힘든(특히 평소 신중한 성격의 내 남편을 아는 사람이라면) 에피소드였다.

실제로 우리가 향수 사업을 시작하지는 않았지만, 당시 직원이 들려준 스토리에 휩싸였던 그 순간에 그 이야기는 '역사상 가장 대단한 아이디어'였다.

마이클은 호구가 아니다. 그는 똑똑하고 사려 깊은 사람이다. 하지만 그 역시 로버타, 나와 똑같은 신경학적 유산을 물려받았다. 우리는 모두 스토리텔러의 후예이며, 그 사실이 우리의 생명 활동을 형성했다. 진화 덕분에 스토리는 우리 삶을 바꾸기 전에 먼저 우리 뇌를 바꾸었다. 훌륭한 스토리를 들었을 때 뇌와 몸에 일어나는 현상을 아주 간략하게 설명해보겠다.

1. **스토리텔링이 주의를 사로잡는다.** 스토리를 들으면 의식을 낚아채는 호르몬인 코르티솔cortisol 분비가 촉발된다. 코르티솔은 정글에서 나는 바스락거리는 소리나 밤중에 살며시 다가오는 발자국 소리에 집중할 수 있도록 해준다. 스토리 역시 코르티솔 분비를 촉진해 여러분의 주의를 끈다.[1]

2. **스토리텔링은 학습에 도움을 준다.** 스토리가 코르티솔 분비를 촉발해서 여러분의 주의를 끌면, 도파민dopamine이 개입한다. 보상 및 학습 체계에 속하는 도파민은 여러분이 공부를 마칠 때까지 계속 몰입할 수 있게 해주며 세부사항을 기억하는 데 필요한 정서적 감동을 부여한다.[2]

3. **스토리텔링은 신뢰하도록 돕는다.** 마지막으로 '신뢰' 혹은 '사랑'에 관여하는 호르몬인 옥시토신oxytocin이 등장한다. 옥시토신은 공감을 불러일으켜서 여러분이 스토리 속 인물과 동일시하게 하고 그 결과에 깊은 정서적 유대감을 느끼게 만든다.[3]

훌륭한 스토리를 들으면 정신이 납치당한 것과 비슷한 상황이 발생한다. 스토리가 신경계를 장악해 우리의 뇌를 인질로 잡는 상태다. 영화에 푹 빠지거나 책에 심취한 나머지 시간이 사라진 듯한 느낌을 느껴본 적이 있다면, 그 힘을 경험해본 것이다. 좋아하는 드라마를 볼 때 손에 땀을 쥐는 긴박한 상황에서 이야기가 속절없이 끝나고 다음 회차를 기다려야 할 때 "안 돼!"라고 외쳐본 사람이라면 무슨 뜻인지 바로 이해할 것이다. 아무리 노력한다고 해도 쉽게 피할 수 없다. 훌륭한 스토리는 우리 뇌를 낚아채서 놓아주지 않는다.

뇌는 '스토리'가
현실이라고 생각한다

스토리는 뇌를 뒤집어엎고, 뇌에 완전히 스며드는 능력이 있다. 또한 스토리가 뇌를 완전히 포위하면 우리의 생각과 감정, 행동에 영향을 미칠 수 있다. 하지만 뇌와 스토리의 진짜 놀라운 연관성은 따로 있다. 바로 뇌가 스토리에 반응하는 방식이다. 스토리는 생각을 현실로, 허구를 사실로, 미래를 현재로 바꿀 수 있다.

상상 vs 현실

나는 미네소타 전원 지역에 있는 키가 큰 풀로 둘러싸인 언덕 위의 집에서 자랐다. 미국 중서부 사람은 '키가 큰 풀'이라는 단어를 들으면 그 즉시 혐오스러운 곤충인 진드기를 떠올린다. 적갈색에 다리가 여덟 개이며, 입에 해당하는 집게다리가 한 쌍 있고, 자세히 들여다보면 등에 흰 반점이 있다. 어릴 때는 부모님이 내 몸에 진드기가 붙었는지 확인하곤 했지만, 이제는 여름에 아이들을 데리고 미네소타로 갈 때나 미네소타보다 진드기가 더 많은 몬토크Montauk로 갈 때 내가 진드기가 있는지 확인한다. 아이에게 진드기가 붙어 있는 걸 보면, 내 몸에서도 진드기가 기어 다니는 듯한 기분이 든다. 이 글을 읽는 여러분도 피부에 진드기가 달라붙은 듯한 느낌이 들지 않는가?

　이처럼 상상이 몸으로 느껴지는 기이한 연관성은 그리 이상한 일이 아니다. 우리 뇌는 상상과 현실을 구분하는 데 그리 능하지 않은 모양이다. 예를 들어 오레가노나 시나몬처럼 냄새를 묘사하는 단어를 읽으면 우리 뇌에서 냄새와 가장 연관성이 높은 영역이 활성화된다. 가위나 안경 같은 단어를 읽을 때는 그 영역이 활성화되지 않는다.[4] 마찬가지로 신체 동작[5]이나 질감[6]에 관한 단어를 읽을 때도 실제로 그렇게 행동하거나 만질 때 활성화되는 관련 뇌 부위가 저절로 활성화된다. 뇌가 느끼기에는 말도 실물과 비슷하다.

　레몬을 자세히 떠올려보면 이 같은 현실과 상상의 연관성을 쉽게 경험할 수 있다. 레몬의 모양을 떠올리기만 해도 입안에 침이 고이기 때문이다. 어떤 사람들은 가파른 절벽 끝을 바라보는 상상만 해도 두려움과 관련된 뇌 영역들이 활성화되면서 심장이 빠르게 뛰고 다리가 후들거린다. 내게는 극장과 경기장이 견디기 힘든 장소다. 가파르고 기울어진 계단을 오르내릴 때면 몸이 제멋대로 넘어져서 내 앞에서 땅콩과 팝콘을 팔던 판매원들을 전부 덮칠 것만 같은 느낌이 든다.

　비즈니스에서 상상과 현실의 연관성(좀 더 정확히 말하면 '혼동')은 유용하게 활용된다. 판매에서 스토리텔링이 막강한 힘을 발휘하는 이유가 여기에 있다. 특히 보거나 느끼거나 만지거나 잡거나 경험할 수 없는 아이템을 판매하는 경우라면 더욱 그렇다. 보험을 판매하는 경우, 고객에게 보험을 한 병 건네면서 한 모금 마셔보고 얼마나 더 안

전한 느낌이 드는지 물어볼 수 없는 노릇이다. 눈에 보이지 않는 상품을 잘 파는 사람들은 앞서 말한 상상과 현실의 연관성을 활용하는 스토리를 이용한다. 그들은 스토리를 활용해 고객이 제품이나 서비스와 관련된 감정을 느끼게 만든다.

이렇게 스토리를 의식적으로 구성하는 비즈니스에서는 스토리텔링이 아주 유용하다. 그런데 무의식적으로 일어나는 셀프스토리텔링에서는 현실과 상상의 모호한 경계가 역효과를 낳을 수 있다. 예컨대 초등학교 1학년 때 반 친구들 앞에서 턱걸이를 하려다가 실패했던 창피한 스토리를 어른이 되어서 체육관에 들어설 때마다 다시 떠올린다면, 건강한 몸을 만드는 데 방해가 되고도 남는다. 새 애인이 전화를 받지 않을 때마다 전에 사귄 사람이 바람을 피웠던 일을 떠올린다면 건강한 관계를 유지하기가 어렵다.

진실 vs 허구

딸아이가 초등학교 3학년 때 작문 숙제를 하고 있었다. 살면서 겪었던 순간을 떠올려서 글을 쓰고 그 스토리를 청중에게 들려주는 과제였다. 짐작하겠지만 나는 아이들에게 스토리를 들려주는 연습을 많이 시킨다. 며칠 뒤 딸은 선생님들이 자기가 쓴 스토리를 무척 좋아했다고 자랑했다. 선생님들은 무서웠던 상황을 말로 표현하면서 담은 감정과 세부사항, 묘사 방식을 칭찬했다.

어떤 일을 썼냐고 물었더니 딸이 답해주었다. "골프장에서 커다란 개 두 마리가 나를 쓰러뜨려서 넘어졌던 일이요." 이어서 그때 사건을 전부 이야기했다. 어느 날 저녁, 당시 우리가 살던 동네 골프장에서 카트가 다니는 길을 어떻게 걷고 있었는지, 친구와 이웃들이 어떻게 개들과 함께 놀고 있었는지, 누군가가 공 던지는 기계로 어떻게 초록색 테니스공을 던졌는지, 커다란 개 두 마리가 어떻게 그 공을 쫓았는지, 결국 그 커다란 개 두 마리가 다시 뛰어와 자기를 덮치고 쓰러뜨렸는지 말했다.

"기억나요, 엄마? 정말 무서웠잖아요."

물론 나는 기억했다. 딱 한 군데만 빼면 딸이 설명한 그대로였다.

나는 천천히 말했다.

"사랑하는 우리 딸, 개들이 덮친 사람은 네가 아니었어. 네 오빠였어."

그러나 딸은 계속 자기였다고 주장했다.

마침내 그 모든 경험과 스토리가 실은 자기 일이 아니었다는 사실을 깨달았을 때 딸의 얼굴에는 실망한 기색이 역력했다.

여러분이 자신의 스토리를 들여다보기 시작할 때도 아마 비슷한 반응을 보일 수 있을 것이다. 그 스토리가 사실이든 아니든, 그 일이 실제로 일어났든 그렇지 않았든 간에 여러분의 뇌는 스토리를 무척 좋아하기 때문이다. 특히 친숙하게 느껴지는 스토리라면 우리 뇌는 그 스토리를 흡수하고 채택해 직접 겪은 일처럼 재생할 것이다.

이처럼 어떤 스토리를 마치 내가 직접 겪은 일인 것처럼 자기 기억에 통합하는 경우가 여덟 살짜리 소녀가 작문을 할 때만 일어나는 것은 아니다. 내 친한 친구는 끔찍한 교통사고로 사촌을 잃었다. 남편과 임신 중인 아내가 연휴를 맞아 이제 걸음마를 뗀 딸아이와 함께 미네소타에서 여행을 하고 있었다. 그들이 탄 차가 빙판 조각을 쳤고, 통제 불능 상태로 마주 달려오던 자동차를 향했다. 들이받은 차는 대형 트레일러였다. 아내와 딸은 목숨을 건졌지만 남편과 태아는 그러지 못했다. 사고가 있던 날 밤은 친구와 저녁을 먹기로 한 날이었다. 약속 시간 직전에 친구가 전화로 전한 사고 소식을 들으면서 그 순간 나는 미네소타로는 이사하지 않겠다고 생각했다.

미네소타는 분명 장점도 많고 살기 좋은 곳이다. 아이들이 고등학교에 다닐 때가 되면 미네소타에서 살자고 남편과 이야기한 적도 있다. 하지만 그때마다 친구의 스토리를 다시 떠올리게 된다. 조수석에 앉아 있는데 자동차가 통제 불능 상태로 달리기 시작한다. 심장이 점점 빨리 뛰고 주변에서 혼란이 펼쳐진다. 마치 직접 겪은 일인 것처럼 생생하게. 그리고 결론적으로 미네소타에서는 살지 않겠다고 다짐하게 된다.

단지 우리의 뇌만 진실과 현실을 구분하지 못하는 것이 아니다. 우리 스스로도 때로는 우리의 진실과 남의 진실을 구분하지 못한다.

말하기 vs 행하기

뇌와 스토리의 연관성에서 가장 흥미로운 지점은 스토리텔링이 뇌를 활성화하는 데 그치지 않고 실제로 변화를 가져올 수 있다는 사실이다. 어떤 기술을 '머릿속으로 연습'할 때도 실제로 그 기술을 연마할 때 발달하는 뇌 영역에 변화를 일으킨다는 가설이 입증되면서 시각화가 운동선수와 음악가의 뇌를 바꾼다는 사실이 증명됐다.

2016년 마이클 펠프스는 리우데자네이루에서 열린 올림픽에서 생애 통산 28개 메달로 대회를 마쳤다. 이로써 펠프스는 올림픽 사상 최다 메달 기록을 세운 운동선수가 됐다.

펠프스는 경이로운 사람이다. 그는 수영선수로서 필요한 유전적 신체 조건과 승자에게 필요한 경쟁심을 타고났다. 동시에 오랜 시간에 걸쳐 시각화 기술을 연마했다. 펠프스의 코치 밥 보먼Bob Bowman은 펠프스에게 머릿속으로 경주를 수백 번 이상 생생하게 연습하는 방법을 가르쳤다. 경기 당일, 펠프스는 성공적인 경기의 각 단계뿐만 아니라 출발할 때 미끄러지거나, 수영복이 찢어지거나, 수경이 새는 경우처럼 상황이 뭔가 잘못될 가능성까지도 시각화했다.

보먼 코치는 말했다.

"펠프스는 시각화에서 역대 최고의 능력을 갖췄다고 할 수 있습니다. 경기를 시작할 즈음 그는 이미 신경계 프로그램이 세팅된 상태였으니까요."[7]

베이징 올림픽에서 펠프스는 실제로 문제를 겪었다. 200미터 접영 경기에서 입수하자마자 수경이 새기 시작했다. 수영하는 시간이 길어질수록 문제는 심해졌다. 경주가 끝날 무렵 펠프스는 결승점을 볼 수 없었고 경기 내내 거의 앞이 보이지 않는 상태로 수영했다. 이는 펠프스가 상상해왔던 바로 그 문제였다. 펠프스는 수경이 망가져서 앞이 보이지 않았을 때 하는 수영을 머릿속으로 이미 여러 차례 연습했다. 그는 경기에서 상상했던 대로 침착하게 수영했고 결국 금메달을 따냈으며 세계 기록을 경신했다.

이 이야기의 교훈은 무엇일까? 여러분 안의 스토리가 과거에 일어났는지, 지금 일어났는지, 아예 일어나지 않았는지는 사실 중요하지 않다. 핵심은 여러분이 스스로에게 스토리를 말하고 있고, 그 스토리들이 여러분을 바꾸고 있다는 것이다.

스토리는 목적지로 인도하거나
목적지에서 벗어나도록 이끈다

우리의 뇌는 스토리를 무척 좋아한다. 그리고 신경학적 수준에서 뇌는 허구와 실화, 상상과 현실, 현재와 미래가 어떻게 다른지 사실상 구분할 수 없다. 어떤 경우든 스토리는 '여러분의 뇌와 몸에서 실제 현상이 일어나도록' 만들 수 있다. 매혹적인 스토리는 우리 마음을 유혹할 뿐만 아니라 우리가 행동하는 방식까지도 변화시킨다.

1964년 로버트 로젠탈Robert Rosenthal이라는 하버드대학교 심리학자가 최신 IQ 테스트를 가지고 샌프란시스코에 있는 한 초등학교를 찾았다. 로젠탈은 교장의 허락을 받아 스프루스 초등학교 학생들에게 새로운 IQ 테스트(로젠탈 하버드 변형 습득 검사)를 실시했다.[8]

결과는 흥미진진했다. 이 테스트로 각 반에서 지적으로 성장할 '비상한 잠재력'을 지닌 몇몇 학생들을 발견했다. 로젠탈은 이처럼 전도유망한 학생들의 목록을 정리해서 교사들에게 전달했다.

나중에 로젠탈이 다시 학교를 찾아와 학생들의 지능지수를 다시 검사했다. 특히 지적 능력이 뛰어나다고 했던 학생들의 점수가 훨씬 더 큰 폭으로 상승한 결과를 확인할 수 있었다.

여기서 똑똑한 아이들이 더 똑똑해진 현상은 그리 놀라운 일이 아니다. 이 이야기의 반전은 '똑똑한 아이들이 애초에 남들보다 더 똑똑한 아이들이 아니었다'는 사실이다. 로젠탈이 처음에 실시한 테스트는 그저 지극히 평범한 IQ 테스트였다. 지적 잠재력을 지녔다던 아이들도 그냥 임의로 선택된 아이들이었다. 잠재력이 높은 아이들이 발전한 것이 아니라 잠재력이 높다고 '분류된' 아이들이 발전했다.

아이들은 속임수가 있는지 전혀 몰랐다. 속은 사람들은 스프루스 초등학교 교사들이었다. 교사들은 새로운 기대를 확고하게 품은 상태에서 새 학년을 시작했고, 인간의 뇌가 일으키는 또 다른 결함이자 특징인 '확증 편향'을 나타냈다.

확증 편향이란 우리가 이미 믿고 있는 바를 뒷받침하는 정보를 선호하는 경향을 말한다. 어떤 학생이 재능이 있다고 믿은 교사들은 그 학생의 행동을 그 믿음에 부합하는 방식으로 의식하고 떠올리고 해석하기 시작했다. 결국 테스트 결과를 신뢰한 교사들의 믿음이 자기충족적 예언이 됐고 교사들은 재능 있다는 학생들을 좀 더 특별하게 대했다. 학생들도 다르게 느꼈다. 모두에게 새로운 스토리가 생겼다. 똑똑한 아이들 집단에 관한 스토리가 순전한 허구에서 사실로 바뀐 것이다.

로젠탈과 그의 실험 파트너 레노어 제이콥슨Lenore Jacobson은 이 발견에 피그말리온 효과라는 이름을 붙였다. 피그말리온은 그리스 신화에 나오는 조각가로 자기가 만든 조각상과 사랑에 빠지는데 신들은 나중에 그 조각상에 생명을 불어넣어준다. 이 효과는 높은 기대가 더 바람직한 결과로 이어진다는 자기충족적 예언을 설명한다. 이 실험 결과는 헨리 포드가 한 말로 자주 인용되는 "여러분이 할 수 있다고 생각하든 할 수 없다고 생각하든 그 생각이 옳다"라는 격언을 뒷받침하는 과학적 근거가 된다.

　로젠탈의 실험은 우리가 믿는 바가 중요하다는 사실을 증명했다. 로젠탈이 첫 번째 실험을 실시한 이후 그 결과는 법정 재판[9]과 경기력[10]부터 요양원 결과[11]와 판매 실적[12]에 이르기까지 다양한 분야에서 검증됐고 기대를 충족시켰다.

　우리를 만드는 것은 우리의 스토리라는 것을 다시 한 번 상기할 수 있는 근거다.

슬픈 스토리와 비극

　우리가 그토록 타고난 스토리텔러이고, 스토리가 우리 현실을 창조하며, 궁극적으로 우리가 우리 스토리대로 된다면, 당연히 우리는 긍정적인 스토리텔러로 진화했을 거라 생각하기 쉽다. 하지만 진화는 그런 식으로 일어나지 않았다. 반대로 우리는 나쁜 스토리를 더 즐긴다.

　2020년 11월 유난히 추웠던 어느 날 저녁, 나는 방송국 카메라 팀과 함께 뉴욕 시내 인도에 서 있었다. 팬데믹 기간 동안 뉴욕시 공립학교 폐쇄에 관한 내 견해를 밝히는 뉴스 영상을 촬영하기 위해서였다. 우리는 장소를 골라 조명을 설치하고 마이크를 달았다. 카메라 팀과 나는 방송 시간이 될 때까지 잠시 한담을 나눴다.

　우리는 뉴스거리가 될 만한 화제를 골랐지만, 어느 순간부터 나쁜 소식에만 집중하고 있다는 생각이 들었다. 왜 우리는 팬데믹 문제의

심각성만 질타하고 백신 관련 소식과 같은 타개책은 비중있게 다루지 않을까? 왜 경제 위기의 어두운 면만 언급하고, 계절 요인에 따른 소매 판매량 증가 등 그 이면의 긍정적인 사례는 주목하지 않을까? 그런 생각들이 우리 대화의 초점이 됐다. 나는 질문을 던졌다.

"왜 우리는 항상 나쁜 스토리만 다룰까요? 심지어 평상시 대화에서도 부정적인 이야기만 하는 것 같아요."

방송국 직원들은 한숨을 쉬었다.

"우리는 매일 아침 보도국 회의 때 이 문제를 얘기해요. 오늘은 어떤 소식을 전할지 고민하죠. 세상에는 긍정적이고 흥미진진한 일들도 일어나고 있지만 사람들은 결국 무서운 소식을 듣고 싶어 해요."

그들의 목소리에서 갈등이 느껴졌다. 마음속으로는 사람들에게 두려움이 아니라 희망이 더 필요하다고 믿는 듯했다. 하지만 뉴스는 비즈니스다. 사람들이 값을 지불하는 정보는 나쁜 소식, 무서운 소식이다. 사람들은 그런 소식에 귀를 기울인다. 불꽃에 몰려드는 나방처럼 우리는 무서운 헤드라인을 클릭한다.

여러분의 이야기가 딱히 뉴스로 보도되지는 않겠지만, 여러분 또한 내면의 부정적인 스토리에 집착하는 경향이 있다. 소셜 미디어에 좋지 않은 소식을 올린 적이 있다면 올라오는 댓글 중 99퍼센트는 분명히 긍정적인 내용이었을 것이다. 대부분 여러분을 격려하고 인정하고 기운을 북돋아주는 내용이었을 것이다. 그런데 그중에 딱 '하나' 나쁜 댓글이 있었다. 딱 '한' 사람이 심술궂거나 여러분을 깔아뭉개는 말을 했다. 여러 댓글 가운데서도 여러분이 나중에 줄줄 외울 수 있는 댓글은 무엇일까? 짐작컨대 단 하나, 바로 그 나쁜 댓글일 것

1부 ♠ 스토리가 나를 만든다

이다.

한 번은 인스타그램에 감동적이고 사랑스러운 이야기를 올린 적이 있었다. 많은 사람이 지지와 고마움을 나타내는 댓글을 달았다. 그 와중에 어떤 여성이 "어떻게 감히 콜럼버스의 날에 크리스토퍼 콜럼버스에 관한 글을 올리지 않을 수가 있어요? 어떻게 감히 역사의 장에서 그를 지울 수가 있죠?"콜럼버스의 아메리카대륙 발견을 기념하는 날로 미국에서는 10월 둘째 주 월요일이다. - 옮긴이라고 이야기했다. 정말이지 새로운 차원의 미친 짓이었다. 왜 나는 그 많은 댓글 중에서도 유독 이 댓글을 여태 기억하고 있을까?

알고 보니 조금 부정적인 편이 생존에 도움이 됐다고 한다. 우리 선조들은 위험과 위험 요소에 주의를 많이 기울일수록 더 오래 살 확률이 높았다. 덤불에서 나는 소음이 산들바람이 아니라 곰이라고 가정하는 편이 생존하는 데 유리했다.

그 결과 우리는 과학자들이 '부정 편향'이라고 부르는 성향을 지니게 됐다. 연구에 따르면 우리는 충격적인 사건을 더 잘 기억하고 부정적인 일들을 더 자주 생각하는 경향을 나타낸다. 또한 부정적인 경험에서 더 많이 배우고 긍정적인 정보보다 부정적인 정보를 바탕으로 결정을 내리는 경향이 더 강하다.[13] 이런 경향성은 우리 스토리에도 영향을 미쳐서 부정적인 시각을 갖게 만든다.

여기에서 교훈을 두 가지 얻을 수 있다. 첫째, 부정적인 스토리에 집중하고 자책하거나, 최악의 경우를 두려워하는 성향을 지니고 있다고 해서 크게 걱정할 필요는 없다. 이러한 성향은 정상적인 것이며, 우리가 대대손손 살아올 수 있도록 도움을 준 특성이다. 선사시대 조상이 뼛속까지 낙천주의자였다면 지금 우리는 이 자리에 없을 것이다.

둘째, 여러분의 스토리가 여러분의 인생을 만들어 나가는 동안 그 스토리들은 두렵고, 조심스럽고 과도하게 비판적이라는 사실을 인식해야 한다. 그 결과 무의식 속에 있는 스토리텔러는 더는 신체적인 안전만을 주된 관심사로 삼지 않고, 여러분이 세상에서 계속 안전하게 지내는 방향으로 이끌고 있다. 지금껏 우리가 깔아온 벽돌이, 우리가 스스로에게 들려준 스토리들이 우리를 에메랄드 시티 가까이로 인도하고 있지 않은 이유가 바로 여기에 있다. 그 스토리들은 우리가 계속 원을 그리도록 하면서, 지금의 삶이 안전하다고 느끼게 만들고, 탁월하지는 않지만 적어도 익숙한 곳에 머무르게 한다.

피그말리온 효과를 발견한 사람인 로젠탈은 이 점을 알고 있었다. 실험에서 로젠탈은 임의로 뽑은 학생들을 지적 성장 유망주로 선정했다. 어쩌면 지적 성장 유망주가 아닌, 지적 패배자로 지정할 수도 있었지만 다행히 그는 현명한 사람이었다. 로젠탈은 자기 가설을 어린이들에게 실험하기 전에 쥐를 대상으로 비슷한 실험을 실시했고, 과학자들의 기대가 쥐의 행동을 바꾸도록 유도할 수 있다는 사실을 증명했다. 그는 어린이들에게 부정적인 딱지를 붙이는 행위가 비윤리적이고 해롭다고 판단했다.

피그말리온 효과의 정반대 효과도 존재한다. 이를 가리켜 '골렘 효과'라고 하며, 낮은 기대가 어떻게 좋지 못한 결과로 이어지는지 설명한다. 부정적인 스토리가 주도권을 쥐도록 방치할 때 우리는 우리 인생에 골렘 효과가 끼어들도록 허락하는 셈이다.

이 책의 2부로 넘어갈 때 이 점을 기억해주기를 바란다. 여러분이 자기 자신의 스토리에 주의를 돌리기 시작하면 부정 편향이 나타날 것이다. 부정적인 스토리를 먼저 떠올리기 쉬우며(부정적인 스토리가 '가장 먼저' 떠오를 것이다) 여러분의 좀 더 긍정적인 부분을 나타내는 스토리를 떠올리기는 어려울 수 있다. 하지만 우리의 경험에는 부정적인 면만 있는 것이 아니다. 분명 다른 측면이 있다. 우리는 그런 측면에 서 있는 내면의 이야기꾼에 생기를 불어넣는 연습을 해야 한다. 약간의 시간과 적절한 도구만 있으면 충분하다.

천직을 찾은 로버타

앞의 이야기로 돌아가보자. 로버타는 새로운 비즈니스를 키우기 위해 자신이 해야 할 일들을 하지 않고 멈칫거리고 있었다. 로버타는 훈련을 받았다. 자기 능력에 자신도 있었다. 하지만 여느 비즈니스와 마찬가지로 로버타에게도 '고객'이 필요했다. 그리고 그는 고객을 유치하는 데 필요한 일을 하고 있지 않았다.

로버타는 "저는 늘 뭔가를 하고는 있어요. 하지만 꼭 해야 할 일을 안해요"라고 말했다.

로버타는 간극에 직면했다는 사실을 알았다. 그 점을 느낄 수 있었다. 하지만 숨은 이유를 정확히 지적하지 못했다.

계속해서 이야기를 나누면서 로버타의 숨은 스토리가 아주 사소한 구절에서 스스로 모습을 드러내며 나오기 시작했다. 이를테면 '저는 사업가가 아니에요'와 같은 문장을 통해 나타났다. 한 번은 스스로도 해야 한다고 느끼고 있는 판매 문제와 관련해 로버타는 직설적으로 "저는 영업에 재능이 없어요"라고 말했다.

로버타가 계속해서 언급한, 평생에 걸친 경험이 뒷받침하는 로버타의 스토리는 바로 로버타 자신이 사업을 꾸려나가기에 적합한 사람이 아니라는 내용이었다. 그는 창조하는 설계자다. 물건은 팔지 않는다. 자기 홍보도 하지 않는다. 그런 업무는 다른 사람이 할 일이다.

하지만 그것은 **자기충족적 스토리**다. 자기가 얼마나 판매에 적합하지 '않은' 사람인지를 보여주는 과거의 스토리를 흥미진진하고 생생하게 자신에게 들려줄 때마다 그 스토리는 끝내 로버타가 행동에 나서지 못하도록 막았다. 그는 전화를 걸지 않고, 소셜 미디어 홍보도 하지 않는다. 새로운 고객을 모으고 소규모 사업을 성공으로 이끄는 데 보탬이 되는 수많은 사소한 행위를 '충분히 할 수 있는 능력'이 있는데도 전혀 하지 않는다. 로버타가 그런 업무는 다른 사람이 할 일이라고 말하는 순간, 그 일은 정말로 다른 사람이 해야 할 일이 된다. 하지만 1인 기업인 로버타의 회사에서는 그 일을 할 사람이 아무도 없다.

로버타는 골렘 효과의 전형이라 할 수 있다. 그는 말 그대로 '자기 자신에게 들려주고 있는 스토리' 때문에 간극을 메우기 위해 해야 할 일을 하지 않고 있다. 그래서 옴짝달싹 못하고 있다. 그의 스토리가 현실을 만들고 있다. 로버타는 자기가 정해 놓은 기대 수준에 도달하고 있다. 현재 그가 정해 놓은 기대 수준은 부정적인 셀프스토리가 설정한 수준이다.

하지만 스토리가 우리에게 속한 것이지, 우리가 우리 스토리에 속한 것은 아니다. 몇 주일에 걸쳐서 로버타는 그 스토리를 바꾸고 새로운 스토리로 대체하는 법을 배웠다.

로버타는 과거의 경험에서 자신이 기업가가 되기 위해 필요한 자질을 이미 갖추고 있다는 증거를 발견했고, 자신이 판매에 재능이 있으며 평생 그래 왔었다는 사실을 깨달았다.

얼마 후 로버타와 다시 만났을 때는 마치 다른 사람과 얘기하는 기분이었다. 새로운 스토리로 무장한 로버타는 예전부터 항상 해야 한다고 생각했던 일들을 실행에 옮기고 있다. 그리고 성과를 거두고 있다. 로버타는 새 고객을 두 명 더 받았다. 돈을 벌고 있으며 셀프스토리를 다시 써 나가고 있다.

간극을 좁히는 새로운 스토리

로버타의 사례처럼 우리 모두가 지점 A와 지점 B를 가르는 간극에 직면하고 있다. 그 간극 사이에는 스토리가 있다. 간극을 만드는 스토리들은 앞으로 발견하게 될 것이며 여기에 간극을 이어줄 수 있는 스토리들도 있다. 로버타가 직면한 간극의 세부사항이 우리 모두에게 똑같이 적용되는 것은 아니며 각자가 가진 문제는 서로 다르겠지만, 해결해야 할 과제는 동일하다. 바로 지금 우리가 있는 곳과 우리가 가고 싶은 곳 사이의 간극을 해소할 방안을 찾는 것이다

우리는 앞으로 다음의 요소를 기억하고 복잡한 난관을 헤쳐 나가

야 한다.

- 우리는 스토리에 지극히 큰 영향을 많이 받는다. 스토리는 우리 안에 새겨져 있다.
- 게다가 우리 뇌는 종종 현실과 상상, 진실과 허구, 현재와 미래를 구분하지 못한다.
- 마지막으로 스토리는 진실이든 거짓이든 간에 우리가 할 수 있다고 믿는 바를 바꾸고, 나아가 '우리가 행동하는 방식'을 바꾼다.

《뉴욕 타임스》는 이 내용을 정리해 다음과 같이 명료하게 표현했다. "스토리는 뇌를 자극하고 우리가 살면서 행동하는 방식마저 바꾼다."[14]

강렬한 스토리와 현실이 교차하면 '현실이 변화'한다. 진실이든 거짓이든 간에 스토리는 우리의 미래를 어떻게든 바꾼다. 뇌에 스토리를 들려주면 뇌는 그 스토리를 실현하는 데 무엇이 필요한지 찾을 것이다.

이제 우리는 '우리의 인생이 우리에게 일어났던 일들에 관한 스토리'가 아님을 안다. 우리에게 일어났던 일들이 우리 자신에게 들려주는 스토리가 되고, 우리가 어떤 특정한 방식으로 느끼고 생각하고 행동하고 살아가도록 이끈다. 여러분이 스스로에게 들려주는 스토리가 최후의 자기충족적 예언인 것이다.

지금 여러분이 사는 인생은 정말 수많은 스토리의 결과이다. 사소한 스토리도 있고 중대한 스토리도 있다. 강렬한 스토리도 있고, 보잘것없는 스토리도 있다. 이런 스토리들이 모여서 우리가 살아가는 현실을 만드는 데 영향을 끼쳤다.

여태껏 스스로에게 들려줬던 스토리들이 지금 있는 곳으로 나를 인도해줬다. 만약, 다른 곳을 꿈꾼다면, 지금 있는 곳이 아닌 다른 곳으로 가고 싶다면, 스토리를 바꿔야 한다.

내 안의 다른 스토리를 골라야 한다.

3장
스토리를 고르고, 인생을 바꿔라
스토리를 왜 다시 써야 할까

우리가 스스로에게 들려주는 스토리는
우리가 바꿀 수 없는 과거에 일어난 일들에 중점을 두곤 한다.
우리는 과거의 일들을 바꿀 수는 없다.
다만 우리가 바꿀 수 있는 것은 바로 스스로에게 들려주는 스토리다.

−세스 고딘

10월의 어느 목요일, 날이 무척 좋은 오후였다. 시내에서 점심을 먹으며 곧 나올 기사를 편집하고 있는데 전화벨이 울렸다. 에이전트에게 걸려온 전화였다. 에이전트는 자기 고객사 중 한 곳에서 강연을 할 수 있는지 물어보았는데 그가 회사 이름을 말하는 순간, 나는 포크를 떨어뜨렸고 앉아 있던 의자에서도 거의 떨어져나갈 뻔했다.

꼭 같이 일해보고 싶은 사람들이 있는가? 혹은 기회가 닿는다면 만나보고 싶은 연예인이나 명사가 있는가? 에이전트가 제안한 고객사의 강연에 초대받는 일은 마치 브래들리 쿠퍼나 잭 에프론이 내게 멧 갈라Met gala, 뉴욕 메트로폴리탄 미술관에서 개최하는 패션 행사−옮긴이에 같이 가 줄 수 있는지 물어보는 것과 같았다.

차이가 있다면 이 일이 레드카펫을 거니는 것만큼 그렇게 수월하지 않을 것이라는 점이었다. 이 행사는 치열한 기회이고 정말로 중요한 일이었다. 강연장에는 해당 기업의 최고위 지도자들과 성공의 자리에 오른 똑똑하고 노련한 사람들이 모인다. 다시 말하면, 결코 만만치 않은 사람들인 것이다. 그 자리에서 탁월함을 단번에 알아보는 사람들이니 절대 건성으로 할 수도 없고 꾸며낼 수도 없다. 이 일을 잘 해낸다면 앞으로 내게 더 큰 가능성이 열릴 것이라는 사실을 나는 잘 알고 있었다. 동시에 일을 망치면 모든 것이 끝장이라는 것도 알고 있었다.

다행히 나는 제대로 준비된 상태였다. 나는 이 청중을 잘 알았으며 오랫동안 관심을 갖고 공부해왔다. 그 공간에서 다른 발표를 한 적도 있었다. 나는 준비가 되고도 남은 상태였고 그 점을 잘 알았다. 이 기회는 내가 기다리고 기다렸던 순간이었고 드디어 그 순간이 찾아온 것이었다.

나는 곧바로 내년 봄에 무대에 올라 내 꿈을 이루는 모습을 상상하기 시작했다. 그러나 에이전트가 이어서 한 말에 나는 곧 굳어버렸다.

"사실 긴급 상황이에요. 그 기업에서 원래 고용했던 연사가 발표를 할 수 없게 됐거든요. 강연은 토요일이라 내일은 비행기를 타야 할 거예요."

바로 내일은 할 수가 없었다. 보통 강연 스케줄은 실제 강연 날짜보다 훨씬 전에 잡히기 때문에 당장 내일 머릿속을 정리하는 건 무리였다.

하지만 그 회사는 내 꿈의 고객이었다. 내 경력에서 가장 중대한 순간일 수도 있었고, 가장 흔쾌히 승낙해야 할 고객이었다.

나는 에이전트에게 "잠시 후에 다시 전화드려도 될까요?"라고 물었다.

정적이 흘렀다. 에이전트 역시 이 기회가 얼마나 대단한 기회인지 알고 있었고 내가 즉시 승낙하지 않는 것을 도리어 의아해했다.

그는 "한 시간 드릴게요"라고 말했고, 그렇게 우리는 전화를 끊었다.

***

나는 갈림길에 서 있었다. 무성하게 자란 풀이 갑자기 걷히고 눈앞에 노란 벽돌 길이 영롱하게 드러나 에메랄드 시티가 거의 시야에 들어온 기분이었다. 나는 당연히 "할게요!"라고 외치고 가방을 싸서 다음 비행기에 올라 라스베이거스로 향해야 했다.

하지만 일생일대의 기회를 눈앞에 두고, 내면의 스토리들이 줄줄이 자동으로 터져 나왔다. 그곳에 있는지도 미처 몰랐던 스토리들이었다. 내 발목을 잡은 스토리들은 무엇이었을까?

나는 준비된 상태였지만 내 경력상의 최대 고객을 당장 맞이하기에 충분할 정도로 준비를 마친 것은 아니었다. 그토록 커다란 기회에 합당할 만큼 완전하게 준비를 마치려면 얼마나 시간이 필요한지 혼자 조급해하다 주저앉아 버리고 말았다.

내 발목을 잡는 스토리로는 꽤 그럴싸해보인다.

그렇지만 나는 웬만큼 준비가 되어 있었고, 스스로 그 사실을 잘 알았다. 진짜로 내 발목을 잡는 스토리는 그것보다 더 심각하고 괴로운 것이었다. 경력을 바꿀 최고의 기회라고 생각하면서도 동시에 '나는 형편없는 엄마야'라는 생각이 머릿속에 맴돌았던 것이다.

나는 이미 월요일에 다른 강연 일정이 있어서 일요일에 집을 떠나야 했고, 화요일과 수요일에도 각각 강연이 있었다. 당장 내일이라고? 그러면 장장 일주일 가까운 시간 동안 집을 비우는 거였다. 대체 어떤 엄마가 그렇게 오랫동안, 그렇게 자주 애들을 내버려둔단 말인가?

그러자 머릿속에서 스토리들이 활개를 치기 시작했다. 아이들과 같이 가주지 못했던 수많은 현장 학습들. 아이들을 학교에 한번도 데리러 가거나 데려다주지 못했다는 스토리도 스스로에게 말했다. 비교도 했다. 내가 초등학교에 다닐 때 우리 엄마는 항상 집에 있었다는 스토리도 스스로에게 들려줬다. 엄마가 우리를 위해 일을 그만두고 집에 있었다는 스토리도.

"이 와중에 내가 라스베이거스로 출장을 갈지 고민하고 있다고?"

나는 방황하는 심경으로 레스토랑에서 집까지 걸어들어갔다. 현관문을 열고 들어가 남편에게 말문을 열었을 때 그는 죽상인 내 얼굴을 보고 썩 좋은 소식이 아닐 거라 짐작했다. 이어서 누가 내게 일을 의뢰했는지 밝히자마자 무척 혼란스러워했다.

"당신 그 회사 엄청 좋아하잖아."

나는 고개를 끄덕였다.

"늘 그 회사에서 강연하고 싶어 했잖아."

나는 다시 고개를 끄덕였다.

"그런데 당신 어쩐지 슬퍼 보인다?"

나는 고개를 숙이며 끄덕였다.

나는 남편에게 이제 결정할 시간이 한 시간도 채 남지 않았다고 말하며 욕실에 들어가 바닥에 무릎을 꿇고 울었다.

그리고 한 시간 뒤에 나는 결정을 내렸다.

그것은 내 인생에서 가장 큰 결정 중 하나였다.

그렇게 간단한 건데
왜 이토록 어려울까?

기조연설 업계, 특히 이 기업을 잘 아는 친구와 동료들에게 이 일화를 이야기하면, 에이전트에게 왜 기꺼이 한다고 말하지 않았냐며 의아해했다. 우리는 이미 벌어진 일을 두고 이러쿵저러쿵 비판하고, 다양한 갈림길에서 했던 선택을 분석하며 노력할 수 있을 것이다. 그런데 핵심은 그 모든 일에는 근본적인 패턴이 있다는 것이다.

이제 '우리가 생각하는 세상이 돌아가는 방식'과 '실제로 세상이 돌아가는 방식'이 어떻게 다른지 자세히 살펴볼 때가 왔다. 이 둘은 서로 같지 않다. 훈련되지 않은 눈으로, 우리가 살면서 사건을 어떻게 보고 어떻게 결정하는지 파악하는 것은 쉽지 않다.

우리는 이 세상에서 우리가 작동하는 방식이 아주 명확하며, 우리의 생각과 행위가 의식적이고 합리적이라고 배웠다. 우리는 어떤 일이 일어나면 반응을 하고, 그 다음에 결과가 빚어진다고 생각한다. 이는 다음과 같이 명료하게 나타낼 수 있다.

우리가 생각하는 일의 전개 방식

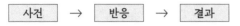

매우 간단하다. 이런 순서로 진행되는 사건은 우리 인생의 모든 영역에 걸쳐 수없이 다양한 방식으로 매일 온종일 일어난다. 이런 순차적인 본성 때문에 모든 것이 단순하게 보인다.

무엇이든 **사건**이 될 수 있다. 다른 사람들이 얽힐 수도 있고, 대화나 상호작용도 사건이 될 수 있다. 이메일이나 댓글, 문자처럼 디지털 세상에서 일어나는 사건도 있고, 생일 파티나 병원 예약처럼 일상에서 실제로 일어나는 사건도 있다. 은행 계좌를 확인하는 행위도 사건이 될 수 있다. 휴대전화 알림이나 식당 종업원이 디저트를 먹을 배가 남았는지 물어보는 순간도 사건이 될 수 있다.

반응이 일어나는 모든 일을 사건으로 간주할 수 있고, 결과는 그 이후에 따라온다. 결과는 즉시 나타날 수도 있고, 시간이 흐르면서 서서히 악화됨으로써 "내가 어쩌다 여기까지 왔을까?"라고 자문하는 일이 생길 수도 있다. 다음의 몇 가지 예를 살펴보자.

사건		반응		결과
아침에 알람이 일찍 울린다	→	한 시간 뒤에 울리도록 다시 울림 버튼을 누른다	→	운동해야 할 시간에 자 버려서 그날 운동을 하지 못한다
누군가가 난데없이 커다란 기회를 준다	→	아이디어 개요를 작성하기 시작하지만 완성하지 못한다	→	기회를 놓친다
정말로 갖고 싶은 구두, 화장품, 자동차를 발견했으나 경제적 여유가 없다	→	일단 산다	→	빚더미에 앉는다
새로운 사람을 만나 즐겁게 대화를 나눴고 그 사람을 다시 만나고 싶다	→	연락할 방법을 물어보지 않는다	→	다시는 그 사람을 만나지 못한다

여러분은 이 예시를 보면서 혀를 끌끌 차고도 남았을 것이다. '아니, 버튼 누르지 말고 얼른 알람 끄고 일어나!', '커리어를 쌓고 싶으면 최대한 빨리 제안서를 보내!', '여유가 없으면 너무 비싼 물건은 사지 마!', '원하는 사람이면 적어도 아무 노력도 해보지 않고 좋은 사람을 놓치지는 마!'

그런데도 이런 일은 꼭 일어난다. 지나고 나서 생각해보면 너무나 명확하고 단순하며 확실히 해야 할 일을 하지 않는다.

　A지점에서 B지점으로 가는 길이 사건, 반응, 결과로 이어지는 직통선이라면 왜 우리 모두가 지금 에메랄드 시티 주변에서 춤을 추며 노래하고 있지 않겠는가? 다른 무슨 이유가 있는 게 틀림없다.

작은 블랙박스

여기서 잠시 이미 알고 있는 사실을 복습해보자.

1. 인간으로서 우리는 스토리를 좋아하게끔 태어났다. 우리는 스토리를 갈망한다. 이야기를 듣고 싶어 한다. 스토리를 말하고 나누면서 의미를 찾는다. 우리 몸을 드나드는 공기나 혈관 속에 흐르는 피만큼, 스토리는 우리의 일부분이다.
2. 우리는 다른 사람들과 스토리를 나누고 받아들인다. 그뿐만 아니라 우리의 내면에는 뇌를 인질로 잡아 고유한 현실을 만드는 세계가 있다. 이 세계는 우리를 원하는 목적지로 데려갈 수도 있고, 그 목적지에서 멀어지게 할 수도 있다.

　표면적으로는 어떤 사건에 대한 반응과 결과가 나타나는 과정이 단순해보이지만, 실상은 그렇지 않다. 사건과 반응 사이에 바람직하지 않은 결과를 유도하는 뭔가 다른 일이 일어나고 있는 것이다. 마치 마술사가 검은 천을 떨어뜨리면 원래 우리 눈에 보이던 비둘기가 토끼로 변하는 것과 같이 우리가 거의 알아차리지 못하는 즉, 눈에 보이지 않는 단계가 존재한다.

그것은 바로 **스토리 단계**다.

우리는 주변에서 일어나는 일에 직접 의식적으로 반응하는 대신, 우리의 스토리를 활용해서 해석하고 알아낸다. 그런 스토리가 우리가 반응하고 행동하는 방식을 바꾸며, 이는 직접적으로 결과에 영향을 미친다. 다음과 같은 식이다.

실제로 일어나는 일의 전개 방식

| 사건 | → | 스토리 | → | 반응 | → | 결과 |

사건과 반응 사이에 서 있을 때, 내 안에서는 어떤 일이 벌어지고 있다. 너무 빠른 순간에 일어나는 일이라 감지할 수 없을 정도다. 우리 삶에서 일어나는 모든 사건은 내면의 '스토리텔링 블랙 박스'를 거친다. 그렇게 블랙박스에서 스토리와 현실이 뒤섞인 후에야 우리는 행동하게 된다스토리가 반응에 영향을 미치지만 그 과정이 드러나지 않으므로 블랙박스라고 표현 - 옮긴이.

블랙박스는 우리 안에 숨어 있는 스토리 세계로 인생의 간극을 좁힐 비밀을 쥐고 있다. 여러분이 추구하는 바를 가로막는, 눈에 보이지 않는 장벽의 정체가 바로 이것이다.

해답은 스토리를 스스로 통제하는 것이다. 물론 쉽지는 않을 것이다. 체계적 불평등으로 인해 남들보다 실랑이를 벌여야 할 부정적인 스토리가 많은 사람도 있을 것이다. 그렇지만 일단 나의 스토리를 내

1부 ♠ 스토리가 나를 만든다

가 통제한다면 무척 놀라운 변화를 맞이할 수 있다는 건 자명하다.

스토리를 통제하라

나는 2020년 막바지에 몇 주에 걸쳐 셀프스토리 프로그램 프로젝트를 진행했다. 참가자들은 각자 자기 삶에 대해 이야기하며 앞으로 나아가지 못하게 발목을 잡는 어떤 대상이 있는 것 같다고 언급했다. 집단 상담과 30분씩 네 차례에 걸친 일대일 상담을 통해 나는 우리의 스토리가 우리에게 미치는 영향력과 그 이유를 설명하고, 4단계 셀프스토리텔링 과정을 참가자들에게 소개했다. 이 과정은 발목을 잡고 있는 스토리를 알아내고, 그것을 바람직한 스토리(엄선한 스토리)로 바꿈으로써 기존의 부정적인 스토리를 통제할 수 있는 방법이다.

첫 번째 상담을 시작하기 전에 참가자들은 삶에 대한 전반적인 만족도를 비롯해 실패에 대한 두려움, 낙관주의, 불안 등을 알아볼 수 있도록 구성된 설문지를 작성했다.

상담이 끝난 후, 참가자들의 삶에 대한 만족도는 전반적으로 상승했다. 절반 이상의 참가자가 지금의 삶이 이상적이며 훌륭하다고 평가했다. 또한 낙관주의 수준이 증가했고 실패에 대한 두려움도 줄어들었다고 말했다. 프로그램을 시작하기 전에 88퍼센트의 참가자들이 어려운 상황에서 실패할까봐 두렵다고 느꼈지만, 이후에는 40퍼센트 이상 감소했다. 해결할 수 없는 과제를 두려워하는 사람이 수는 50퍼센드 님세 감소했고, 불안을 느끼는 사람은 39퍼센트 감소했다.

너무 어려운 일은 계속해봐야 아무런 소용이 없다고 느꼈던 19퍼센트의 비중을 차지하는 참가자들도 있었지만 프로그램을 마친 뒤에 이 비율은 0으로 떨어졌다.

수치도 놀라운 것이지만, 마지막 상담을 진행했을 때 보였던 참가자들의 반응은 한층 더 인상적이었다.

- 마음이 가벼워지고 걱정이 줄었어요. '너는 충분해. 충분하고도 남아.' 이런 생각과 기분이 들기 시작했어요. 제게 큰 힘을 발휘했죠. 이전과는 완전히 다른 마음가짐이에요.
- 남편이 '당신, 지난 몇 주일 동안 달라졌어'라고 하더라고요. 그 말을 곱씹다가 깨달았어요. 제 마음가짐이 정말 완전히 달라졌더라고요. 스스로에게 상냥한 말을 하다 보니 긍정적인 사람이 된 것 같아요.
- 처음 시작할 무렵에는 '이게 얼마나 도움이 되겠어'라고 생각했어요. 내 감정으로는 행동을 그만큼 통제할 수 없었을 거예요. 덕분에 이제는 바람직한 결정을 내리기가 쉬워졌죠.
- 이제는 나 자신을 실패자라고 여기지 않아요. 스스로에게 들려주던 스토리를 발견할 수 있었거든요. 그 스토리는 완전히 거짓이었고, 내 머릿속에서 만들어낸 가짜 스토리라는 걸 깨달았어요.
- 전보다 훨씬 마음이 열리고 자유로워졌어요. 자신감도 얻었죠. 예전 같았으면 내게는 과분하다고, 깜냥이 안 된다고, 왜 신경을 쓰냐고 했을 법한 기회를 잡게 됐어요.
- 그 모든 사실을 알고 전부 종합해보니 다시 꿈을 꿀 수 있게 됐어요. 미래를 볼 수 있어요.

1부 ♠ 스토리가 나를 만든다

- 확실히 효과가 있었어요. 그동안 말하고, 쓰고, 행했던 모든 것들이 지속적인 인상을 남겼죠. 제게는 대변혁이었어요.
- 저는 회복력을 많이 키웠어요. 그전에는 항상 지금 상태에 안주하는 길로 돌아가곤 했죠. 이제는 그렇게 하지 않아요. 이제는 '음, 그건 옳지 않아. 뒤집을 수 있어'라고 생각하게 됐죠.

참가자의 사례는 책의 뒷부분에서도 자세히 다룰 것이다. 그들의 스토리와 이후 변화 양상을 여러 차례 소개할 것이며, 셀프스토리텔링 과정을 따라 하면 어떤 일이 가능할지 영감을 얻고, 그 본보기를 확인할 수 있을 것이다.

"네가 해야 할 일은 그저…"

우리 집에는 유행어가 있다. 말은 쉽지만 실천하기는 어려운 일을 해야할 때마다 남편과 나는 하던 말을 갑자기 멈추고 얼빠진 목소리로 "네가 해야 할 일은 그저…"라는 말을 덧붙인다.

집필의 어려움을 겪을 때, "네가 해야 할 일은 그저 2주일 동안 하루에 5,000단어씩 쓰는 거야. 그러면 저절로 책 한 권을 완성할 거야." 위장염으로 괴로워할 때, "네가 해야 할 일은 그저 사흘 동안 위장염을 앓는 거야. 그러면 저절로 5킬로그램이 빠질 거야." 더 많은 사람에게 나를 알려야 할 때, "네가 해야 할 일은 그저 인스타그램 팔로워를 100만 명까지 늘리는 거야"라고 말하는 식이다.

이 유행어의 시작점은 어느 날 밤, 남편과 함께 시청한 DVD 영상에서 비롯됐다. 한 전문가가 학생들에게 수백만 달러를 버는 법을 가르치는 강연을 실시간으로 찍은 영상이었다.

그는 격려하는 동시에 거들먹거리는 말투로 말했다.

"비결은 간단합니다. 여러분이 해야 할 일은 그저 한 달에 500명에게 49달러짜리 월간 구독권을 팔고, 250명에게 온라인 강좌 100개를 500달러에 팔고, 일 년에 행사를 네 차례 열어서 그 입장권을 100명에게 2,000달러에 팔기만 하면 됩니다. 그러면 일 년에 100만 달러가 넘게 벌 수 있습니다."

굉장히 간단한 것처럼 들린다. 한편으로는 정말 간단한 것도 같다. 하지만, 해본 사람에게 한 번 물어보자. 설사 진짜 해냈다고 하더라도 정말 쉬운 일이었다고 말했다면 그건 말도 안되는 거짓말일 것이다.

여러분이 스스로에게 말하는 스토리를 통제하는 것 역시 마찬가지다.

"네가 해야 할 일은 그저 바람직한 스토리를 네게 들려주는 것뿐이야."

말은 간단해보이지만 실제로는 그렇게 쉽지가 않다. 셀프스토리를 통제하는 것이 왜 이토록 어려운지 짚어볼 필요가 있다.

보이지 않고, 촉발되며, 반복되는 셀프스토리

셀프스토리를 통제하기가 어려운 이유는 셀프스토리가 우리에게 불리하면서도, 통제가 거의 불가능한 특징들을 두루 갖췄기 때문이다. 셀프스토리는 태생적으로(진화도 한몫 거들었다) 잠재의식 수준에 존재하고, 쉽게 촉발되며, 자동적으로 작동하고, 또한 습관이다. 좀 더 자세히 설명하면 다음과 같다.

셀프스토리란

- **잠재의식 속에 있다.** 본질적으로 인간의 눈에 보이지 않는다.
- **촉발된다.** 사건이나 발생, 상호작용에 의해 유발된다.
- **저절로 작동하고 반복된다.** 습관이다. 기계처럼 술술 돌아가고 숨 쉬듯이 자연스럽다.

손톱을 물어뜯거나, 긴장했을 때 목을 가다듬거나, 담배를 피우거나, 말끝마다 "있잖아"라고 말하는 습관을 고치려고 해본 적이 있다면 그게 얼마나 어려운 일인지 알 것이다. 결과에 영향을 미치는 스토리라는 작은 블랙박스 역시 다르지 않다. 이제 여러분이 맞서야 할 상대에 대해 좀 더 자세히 살펴보자.

셀프스토리는 대개 보이지 않는다

2020년, 뉴욕에서의 생활은 세월이 흘러 시간과 지혜의 힘을 빌려서 그 스토리를 짜 맞추기 전까지는 나로서는 완전히 이해할 수 없는 경험이었다. 짐작했겠지만, 몇 달 동안 우리가 할 수 있었던 외부 세계와의 상호작용이란 텅 비어 있는 센트럴파크(말 그대로 텅 빈)를 걷거나 4층 침실 창문 너머로 세상을 바라보는 것뿐이었다.

팬데믹이 일어나기 전후로 나는 그 창문에서 수많은 스토리를 목격했다. 그중에서도 기억에 남는 건, '쥐'에 관한 스토리다.

5월의 어느 날 저녁이었다. 날이 따뜻해지고 당면한 위험이 조금은 가라앉고 있다는 느낌이 들면서 창문 밖 거리에는 움직임이 늘어났다. 어스름한 불빛 아래에서 드문드문 사람들이 짝을 지어 거리를 걸었고, 젊은 여성 두 명이 우리 아파트 맞은편에 있는 타코 가게를 지나쳐갔다. 그들은 수다를 떨며 웃고 있었다. 너무 평범하고 평화로운 풍경이라 내 눈길을 끌었다.

그런데 그 고요한 순간은 비명 소리에 순식간에 깨졌다. 비명을 지른 사람이 인도를 가리키자 같이 있던 친구도 합세해 둘이서 마치 바닥이 용암으로 변하기라도 한 듯 정신없이 폴짝폴짝 뛰며 이상한 춤을 추기 시작했다.

정체는 바로 '쥐'였다. 타코 가게에서 그날 밤에 내놓은 쓰레기가 문제였다. 밤마실을 나온 쥐들이 두 사람이 지나가는 사이에 인도를 가로질러 쓰레기 더미로 간 다음, 저녁 끼니 거리를 찾아 종종걸음으로 은신처로 돌아갔다. 그날 밤, 설치류 세계와 인간 세계가 충돌했고 두 사람은 얼떨결에 '어디에나 쥐가 있다'는 몰랐으면 좋았을 진실을 접하고 겁에 질려버렸다.

전문가들은 뉴욕에 사는 쥐가 수백만 마리에 이른다고 한다. 《월스트리트저널》에서는 "신뢰할 만한 수치 자료는 없다"라고 말하지만(쥐들은 설문 조사에 응하지 않겠지만) 어딘가에 쥐가 있다는 사실은 분

1부 ♠ 스토리가 나를 만든다

명하다.[1] 어쩌면 뉴욕에 사는 인구수보다 쥐가 더 많을지도 모르지만 일부 뉴욕 시민들은 한 번도 쥐를 본 적이 없다고 주장한다. 그것이 쥐의 습성이기 때문이다. 쥐는 눈에 띄지 않는 전문가다. 좁은 틈을 빠르게 오가고, 사람들이 좀처럼 들여다보지 않는 구석과 구멍에 우글거리며 제멋대로 살아가면서 때로는 파괴를 일삼는다. 심지어 차량 전선을 씹어서 수천 달러에 이르는 손해를 입히기도 한다.[2]

하지만 여러분이 운 좋게 쥐를 한 번도 본 적이 없다고 해서 쥐가 없다는 뜻은 아니다. 쥐는 언제나 그곳에 있다. 캐리 브래드쇼미국 드라마 〈섹스 앤 더 시티〉의 주인공-옮긴이가 마놀로 블라닉 구두를 신고 티끌 하나 없는 인도를 따라 또각또각 걸어갔을 때도 카메라 각도를 조금만 왼쪽으로 돌려 재빨리 확대했다면 설치류들의 세계가 온전히 드러났을지도 모른다.

셀프스토리도 마찬가지다. 그것이 우리가 스토리를 통제하기 어려운 첫 번째 이유다. 우리는 셀프스토리의 존재를 좀처럼 알아차리지 못한다.

하지만 셀프스토리는 분명히 있다. 우리 의식의 표면 바로 밑에서 제멋대로 날뛰고 있다. 수많은 스토리가 우리 안에 있다. 초등학교 때 스토리. 사촌들이 전부 모였던 그해 여름 스토리. 시도했지만 실패했던 스토리. 버스를 타고 집으로 가던 중 어떤 아이에게 놀림을 당했던 스토리. 고등학교 시절, 대단한 골을 넣었지만 결국 팀이 졌던 경기 스토리. 딸의 축구 경기가 있던 날, 부모 모임이 있었지만 문자를 받지 못한 사실을 알았을 때 스토리. 받아쓰기 시험에서 딱 한 단어를 틀렸을 뿐인데 아빠가 그 단어에만 집중했던 때 스토리. 면접을 정말 잘 봤다고 생각했는데 막상 전화를 받아보니 다른 사람을 뽑기로 결정했다는 말을 들었을 때의 스토리 말이다.

10년 전에 있었던 스토리, 지난 세기에 일어난 스토리, 지난 토요일에 있었던 스토리. 여러분의 과거와 현재, 됨됨이, 희망 사항에 이르기까지 구석구석 들여다볼 이런 스토리들이 도시를 사납게 달리는 들쥐처럼 길들여지지 않은 채 무의식의 광활한 미개척 공간을 이리저리 휘젓고 다닌다. 셀프스토리를 무모하게 내버려두면 쥐가 차량 전선을 씹어 먹는 것처럼 인생의 도관, 행복과 통제감, 전반적인 인생의 성취에 중대한 영향을 미칠 수 있다. 스위스 심리학자 카를 융은 이렇게 말했다.

"무의식을 의식으로 만들 때까지 무의식은 우리 인생을 좌지우지할 것이고, 우리는 이를 운명이라 부를 것이다."

셀프스토리를 통제해서 인생에 중대한 변화를 주려고 한다면, 이렇듯 보이지 않는 스토리들을 있는 그대로 보는 데서 시작해야 한다.

셀프스토리는 쉽게 촉발된다

특정한 사람이나 특정한 집단을 구분해 전화 벨소리를 설정해본 적이 있는가? 내 친구 중에는 업무 관련자에게 전화가 오면 특정한 벨소리가 울리도록 설정해놓은 사람이 있다. 즐거운 시간을 보내다가도 그 벨소리가 울리면 화면을 보기 전부터 이미 친구 얼굴에는 그림자가 지고 표정이 언짢아진다.

　마치 파블로프의 개처럼 그는 '업무' 벨소리만 들으면 내면의 스토리 속으로 빠져든다. 겉보기에는 사람들과 곧 다가올 휴가 계획과 새로운 운동복 브랜드 이야기를 나누고 있는 것처럼 보이지만 벨소리에 촉발된 내 친구는 이미 부정적인 셀프스토리의 바닷속으로 가라앉고 있다. 아침 회의 시간에 무시를 당했던 때, 휴가를 내고 유방암 치료 중인 어머니를 돌보고 있는 와중에 상사가 계속 전화를 걸어댔던 때, 혼자서 온전히 프로젝트를 수행했는데 그 프로젝트가 성공하는 순간까지 의심하던 파트너가 공을 가로챘던 때의 스토리 따위다. 여기에 친구가 직접 일으킨 문제가 아닌데도 난데없이 전화를 걸어 욕을 퍼부었던 고객 스토리, 그것도 모자라서 대학을 졸업하자마자 자기 사업으로 대박을 터트려 지금은 유명한 인플루언서가 된 언니 스토리도 있다. 심지어 같은 교회를 다니는 어떤 사람이 사업을 시작하고 나서 친구에게 영입 제안을 했는데 이를 거절했고 지금은 그 사업이 번창하고 있다는 스토리도 있다.

　받지도 않은 전화 한 통에 이렇듯 온갖 스토리가 떠오른다. 게다가 친구는 자기 안에 이런 스토리들이 있는지 온전히 깨닫지도 못하는 상황에서 되뇐다. 친구는 휴가 이야기에 끼어서 여행 중에 꼭 가봐야 할 식당을 추천하고 새로운 운동복 브랜드가 최고의 스포츠 브라를 만들었다고 자신 있게 말하지만 그러면서 동시에 인도에 내놓은 쓰레기에 달려드는 뉴욕의 쥐들처럼 휴대전화 벨소리에 촉발된 온갖 스토리들에 시달리고 있다,

　'벨소리'는 스토리를 촉발하는 계기였다. 촉발 계기는 그밖에도 다

양한 형태와 유형으로 찾아온다. 계획된 행사일 수도 있고, 우발적인 사건일 수도 있다. 사람일 수도 있다. 우리가 읽은 기사일 수도 있고, 나누는 대화 속에 묻혀 있을 수도 있고, 느끼는 감정에 딸려올 수도 있다. 내면에서 제멋대로 작동하는 셀프스토리를 촉발할 수많은 변수들 때문에 우리는 셀프스토리를 통제하기가 더욱 어렵다.

셀프스토리는
저절로 작동하고 되풀이된다

넷플릭스에는 한 회차가 끝나고 자동으로 다음 회차를 재생하기 전에 이따금씩 화면에 '아직 보고 있습니까?'라는 질문을 띄우는 기능이 있다. 이 질문에 답하지 않으면 넷플릭스는 시청자가 소파에서 잠들었다고 가정하고 드라마가 보는 사람 없이 흘러가는 일이 없도록 다음 회차를 재생하지 않는다.

스토리텔링은 신경에 내장된 기능이다. 대개 무의식 상태에서 습관적으로 일어나는 자기 강화적 과정인 스토리텔링을 우리는 계속 반복한다. 여러분의 뇌는 여러분이 내버려두는 한 스토리를 계속해서 반복 재생할 것이다. 또한 여느 습관과 마찬가지로 어떤 스토리를 많이 하면 할수록 신경에 깊이 새겨지고 더욱 자주 반복하게 된다. 스토리 습관은 우리에게 도움을 줄 수도 있고, 지금 있는 곳에 계속 붙잡아둘 수도 있다. 예컨대 운동을 하러 가는 습관은 바람직하다. 그런데 어떤 일을 꾸준히 하는 데 '젬병'이라고 스스로에게 말하는 스토리 습관은 우리가 운동을 하러 가지 못하게 막아버린다.

셀프스토리는 쉽게 빠져들게 되고, 벗어나기 어려운 오랜 습관처럼 굳어진다. 여러분은 셀프스토리가 반복되는 경향을 알아차리지 못할 수도 있지만 그 효과는 확실히 본 적이 있을 것이다. 다음과 같은 경우를 겪은 적이 있는지 생각해보자.

- 모든 새로운 관계가 시작할 때는 정말 좋았지만 어느 순간 시들해진다.
- 경제 사정이 나아져서 은행 잔고에 여유가 있다고 생각할 때마다 돈이 들어가는 일이 생긴다.
- 새로운 경력 및 비즈니스 기회가 좀처럼 실현되지 않는 듯하다.
- 식습관 개선이나 운동량 늘리기처럼 생활습관을 바꾸려는 노력이 시작할 때는 의욕에 넘치지만 점점 사그라든다.

이는 우리 눈에 제대로 보이지 않는 스토리들을 반복할 때 나타나는 증상이다. 우리가 원하지 않지만 항상 얻게 되는 결과다.

"같은 일을 반복하면서 다른 결과를 기대하는 것은 미친 짓이다"

나는 이 경구에 공감을 하면서도 한편으론 문제를 지나치게 단순화시키는 게 아닌가 생각한다. 여러분은 무엇을 하지 말아야 하는지 이미 '안다'. 여러분이 하고 있는 일이 원하는 바를 가로막고 있다는 사실을 알고, 그 일을 할 때마다 스스로 자책한다. 그러니 미칠 노릇이다. 뻔히 알면서도 왜 제대로 하지 않는 걸까?

앞에서 말한 미친 짓의 정의는 문제가 '행동'에서 시작된다고 암시한다는 점에서 정곡을 벗어났다. **문제는 행동이 아니다.** 우리가 미친 짓을 하는 이유는 스스로에게 반복해서 들려주는, 눈에 보이지 않고 습관처럼 저절로 작동하는 스토리가 효과가 없는 일을 하도록 '유도'하기 때문이다.

자기 행동 때문에 미쳐버릴 것 같았던 경험이 있는 사람이라면 이 개념만으로도 모든 것을 바꿀 수 있다.

발목을 잡는 것은 행동이 아니다.

그 행동을 하기 전에 이미 스스로에게 말하는 숨은 스토리다.

우리는 같은 스토리를 반복하면서 같은 일을 하고 언제나처럼 같은 결과를 얻는다. 새로운 취직자리에 지원서를 내지 않는다. 새로운 비즈니스를 시작하지 않는다. 책을 쓰지 않는다. 청바지는 여전히 꽉 낀다. 관계는 여전히 껄끄럽다. 그렇게 삶은 현재 상태 그대로 머무른다. 간극은 여전히 벌어져 있다.

나쁜 스토리 습관 고치기

어떤 습관이라도 좀 더 바람직하고 생산적인 습관으로 대체할 수 있다. 스토리 습관 역시 마찬가지다. 2장에서는 바로 이 방법을 단계별로 알아볼 것이다. 일단 지금은 이것만 기억하자.

1. 인생에서 바꾸고 싶은 영역이 있다면, 셀프스토리를 통제하는 것이 그 목적을 달성하는 길이다.
2. 셀프스토리는 본질적으로 우리 눈에 보이지 않는다. 셀프스토리는

잠재의식에서 들린다.

3. 셀프스토리는 주로 어떤 사건이나 발생, 상호작용에 의해 촉발된다.

4. 일단 촉발된 셀프스토리는 저절로 반복되는 습관이다. 이 습관을 고쳐야 한다.

나쁜 셀프스토리 습관을 고치려면 '가로막을' 기회가 필요하다. 부정적인 셀프스토리를 발견했다면 멈춰 세워서 우리의 자존감을 갉아먹고 에메랄드 시티로 가는 길을 방해하지 못하도록 막아야 한다. 스토리가 얼핏 모습을 드러내는 '빙산의 일각' 순간이 있다. 4장에서 자세히 다뤄볼 '빙산의 일각' 순간은 좀 더 큰 스토리 빙산을 잡아내 의식의 둑으로 끌어올릴 기회이다. 그리고 이 빙산을 내게 좀 더 도움이 되는 무엇인가로 고쳐나가기 시작할 첫 단추라 할 수 있다.

스토리는 항상 존재한다

이제 곧 우리는 2부로 넘어간다. 2부에서는 스토리를 발견하는 네 가지 공식을 단계별로 활용해 안쪽에서 바깥으로, 즉 내면에서 외부로 셀프스토리를 다시 쓰는 방법을 배울 것이다.

1. 셀프스토리텔러를 현장에서 **포착**

2. 스토리의 진실 여부와 삶에 미치는 영향 **분석**

3. 자신에게 더 도움이 되는 스토리 **선택**

4. 더 좋은 결과를 얻을 수 있도록, 선택한 스토리를 머릿속과 인생에 설치

이 글을 읽으면서 "우와, 완전 내 이야기야. 내 머릿속엔 스토리가 너무 많아"라고 생각한다거나 반대로 "나랑은 좀 거리가 먼 이야기네"라고 생각할 수 있다. 어느 쪽이든 간에 이것만은 분명하다. 스토리를 말하지 '않는' 선택지는 없다는 사실이다.

스토리가 없는 경우는 없다. 우리 뇌는 그런 식으로 작동하지 않으며 의식하든 그렇지 않든 여러분은 분명 스스로에게 스토리를 말하고 있다.

만약 여러분이 지금 인생에서 아무런 간극에도 직면하지 않고, 바라는 바를 모두 성취한 특정한 위치에 있다면 내면의 내레이터를 이미 훈련한 상태일 것이다. 그런 경우에 해당하면 이 책을 읽으면서 여러분이 정확히 무엇을 제대로 했는지 확인할 수 있었으면 좋겠다. 자기실현이란 스토리의 부재를 의미하는 것이 아니라 스토리를 지배한다는 뜻이며, 이는 스토리의 존재를 인정하는 데서 시작한다.

스토리는 존재한다.

여러분은 스토리를 관장할 수도 있고, 스토리가 인생을 좌지우지하게 그대로 내버려둘 수도 있다. 선택은 여러분의 몫이다.

공주님들과 나를
구한 스토리

이제 내가 꿈꿔왔던 기회를 제안 받았던 어느 가을날의 이야기로 다시 돌아가보자.

나는 평생 처음이자 마지막으로 욕실 바닥에 쓰러져 울었다. 평소라면 잘 하지 않는 그런 행동을 한 이유는 여지없이 강렬한 셀프스토리 사태 때문이었다.

그래도 그 욕실 바닥에서 나는 꽤나 머리가 맑아졌다.

엄마들의 실패담 스토리는 많다. 애초에 양육이란 그런 것이다. 크고 작은 잘못을 저지르고 자녀들이 우리 실수에서 배워 그다음 세대가 발버둥치며 세상에 나올 즈음이면 우리보다 더 잘하기를 희망한다.

그래도 실패한 스토리가 많은 만큼 성공한 스토리도 잘 찾아보면 꽤 많을 것이다. 나는 나만의 특별한 양육방식, '나'라는 엄마, 심지어 내가 하는 일이 실제로 내 아이들에게 도움이 되고 나를 '좋은 엄마'로 만들어준 스토리도 있지 않을지 생각해보기로 했다.

욕조에 등을 기대고 앉아 잠시 그런 스토리 중 하나를 찾는 데 집중했다. 내 마음에 쏙 들어온 스토리는 바로 몇 년 전에 있었던 일이었다.

공주님들과 커다란 성

사업을 시작한 지 2년 정도 됐을 때 있었던 일이다. 당시에도 나는 내가 과연 좋은 어머니인가라는 문제로 고심했다. 출장과 스트레스, 야망이 방해했다. 내 일을 하려면 아이들의 숙제와 받아쓰기를 챙겨주고 아이들을 학교에 바래다주고 데려오는 것을 포기해야 한다는 것에 괴로워했다. 회사의 매출 규모, 마케팅과 경영 진척 상황을 파악하면서 동시에 다른 엄마들과 그룹 채팅에 참여하느라 진땀을 뺐다.

어느 날 오후 나는 딸과 함께 집에 있었다. 당시 딸은 세 살 무렵이었고 우리는 딸의 침실 바닥에서 블록 쌓기를 하고 있었다. 나는 딴 생각을 하느라 블록을 집어서 다른 블록 위에 쌓는 동작을 하면서도 적극적으로 놀이에 참여하지 못했다. 그때 딸이 입을 열었다.

"엄마"라고 부르는 딸의 말투에서 의도가 느껴졌다. 누군가가 집중해야 하는 상황에서 집중하지 않을 때 사용하는 말투였다. 딸은 아무렇게나 쌓인 블록 더미를 가리키며 "우리는 성을 쌓고 있어요"라고 말했다. 나는 금방 정신을 차렸다.

"그래, 물론이지!"

나는 내가 아무렇게나 쌓은 그 블록 더미를 성이라는 듯 말했다. 그런 다음 블록 몇 개를 집어 들고 탑을 만들기 시작했다.

딸은 계속해서 블록 하나를 다른 블록 위에 쌓으며 말했다.

"그리고 이건 '우리' 성이에요, 엄마. 우리는 공주님들이라서 이 성에 살아요."

'공주님들'이라고 말하는 딸아이의 사랑스러운 목소리를 아직도 잊을 수 없다. 딸은 힘을 줘서 "그리고"라고 말했다. 그러더니 갑자기 말을 멈추고 들고 있던 블록을 내려놓고서 내 눈을 빤히 바라봤다. 짙은 금빛 곱슬머리가 딸아이의 둥글고 작은 얼굴 주위로 구불거렸다. 나는 항상 딸을 '자연의 힘'이라고 불렀고 내 어머니는 손녀를 업 보라고 불렀다. 나를 바라보는 맹렬한 눈빛에서 우리 둘 다 틀리지 않았음을 확인했다.

"그리고 이건 '커다란' 성이에요, 엄마. 왜냐하면 우리는 '일'을 하는 공주님들이니까요!"

딸은 일이라는 단어를 말하면서 강조를 해야 한다는 듯이 고개를 살짝 끄덕였다. 그러고는 바로 다시 블록을 쌓았다.

나는 욕실 바닥에 앉아 머릿속으로 그 순간을 떠올렸다. '그' 스토 리가 나를 완전히 장악하도록 했다. 일하는 엄마로서 앞으로 내가 놓 치게 될 것들이 있고, 우리 가족의 삶이 다른 가족들의 삶과 다소 다 르게 보일 수도 있겠지만 그렇다고 해서 반드시 그게 잘못이라는 뜻 은 아니었다. 내가 잘못하고 있다는 뜻도 아니었다.

그때 나는 나 자신에게 진실하고 내 열정을 추구함으로써 내 딸에 게 더 큰 꿈을 꾸고, 원하는 성을 맘대로 쌓고, 일단 '덤비고', '헤쳐' 나 가는 법을 가르치고 있다는 사실을 깨달을 수 있었다. 또한 딸을 사 랑하는 사람들은 앞으로 어떤 일이 있어도 계속 사랑할 것이라는 사 실도 자각할 수 있었다.

나는 곧장 에이전트에게 전화해 이렇게 말했다.

"할게요. 하지만 토요일 아침에 떠날게요. 내일은 학교에서 아이들 을 데려오고 함께 저녁을 먹을 예정이거든요."

그때는 지금도 여전히 내 경력에서 가장 중요한 '할게요' 순간으로 남아 있다. 내 셀프스토리들이 '안 돼'라고 하는 바람에 하마터면 일 어나지 않을 뻔했던 순간이었다.

스스로에게 바람직한 스토리를 들려주기로 했기에 가능했던 일이었다.

셀프스토리 선택

우리 각자의 내면에는 수없이 많은 스토리가 있다. 사소한 사건, 커다란 비극, 거의 기억나지 않는 일들, 결코 잊지 않을 일들이 모여 있다. 상당수가 썩 달갑지 않은 스토리들이다. 배신을 당한 때가 있는가 하면, 반대로 누군가를 배신한 때도 있다. 부당한 스토리와 불공평했던 결과, 제대로 평가받지 못했던 성과가 있다. 버림받은 스토리, 어리석은 실수 혹은 오만한 스토리가 있다. 우리를 거부하거나 놀리거나 망신을 주거나 얕잡아 보았던 사람들의 스토리가 있다. 초등학교 6학년 한 해만 돌아보더라도 초고층 빌딩만큼 높게 쌓을 수 있는 게 스토리다.

그런 스토리들은 분명히 있고, 이제는 그 존재를 인정할 때다.

동시에 긍정적인 스토리로 쌓은 초고층 빌딩 또한 있다. 역경을 이겨낸 스토리. 사랑받고 사랑한 스토리. 여러분을 믿고, 격려해준 사람들 스토리와 자기 자신을 스스로 믿은 스토리가 있다. 거창할 필요 없다. 아주 짧으면서 몇 문장으로 쓸 수 있는 스토리들 이면에는 중요한 감정이 숨어 있다. 그런 스토리를 되풀이하면 긍정 에너지가 솟구친다.

사건과 반응 사이에서 일어나는 과정 중 그 스토리 조각은 여러분의 소유다. 여러분의 선택이다. 스스로에게 어떤 스토리를 들려줄지 선택함으로써 자신의 반응을 바꿀 수 있고, 그 반응이 결과를 바꾼다. 이를 계속 반복하다 보면 어느새 인생이 완전히 다르게 보일 수 있다.

스토리는 지금도 계속 일어나고 있기 때문에 아예 스토리를 들을지 말지는 선택할 수 없는 문제지만, 자신에게 들려줄 스토리를 선택하는 권한은 전적으로 나에게 있다. 우리를 옴짝달싹 못하게 하고, 가슴이 답답한 기분이 들게 하고, 거대한 간극을 과연 넘을 수 있을지 의심하게 만드는 스토리들도 분명히 있지만 동시에 우리를 해방시키는 스토리, 앞으로 나아가게 하는 스토리, 도전을 해낼 수 있게 끌어올려줄 스토리, 장벽을 타개할 수 있는 스토리들이 있다.

다양한 과학과 연구 결과, 그리고 이 난해하고 놀랍고 이야기로 가득 차 있는 세상에서 우리 각자가 직접 겪은 경험을 통해 얻은 증거는 다음의 강력한 진실을 가리킨다.

바로 **스토리를 바꾸면 인생을 바꿀 수 있다**는 사실이다.

2부
스토리를 발견하는
4가지 공식

차이를 만드는
셀프스토리텔링 습관

4장
포착
숨어 있던 스토리 빙산을 발견한다

사람은 겉으로 보이는 모습이 일부분에 지나지 않듯이,
우리가 내는 소리 역시 그저 빙산의 일각일 뿐이라고 생각한다.

– 요요마

고등학교 2학년 시절 나는 영화 〈타이타닉〉에 푹 빠져서 보냈다. 친구들과 함께 보았고, 사귀고 싶었던 남학생과 본 적도 있다. 스페인어 수업 과제에서 그 남학생과 나는 영화 내용을 재현하기도 하고, 댄스파티에서 주제가에 맞춰 춤을 추기도 했다(정확히 말하면, 그 애는 춤을 추기 싫어했고 나 혼자서 열심히 췄다). 이야기 속 불의의 사고는 슬펐지만 음악이 좋았고, 아름다운 러브 스토리가 좋았다. 그런데 지금은 러브 스토리보다는 다른 관점에서 이 영화를 흥미롭게 보게 된다. 파멸을 향해 나아가면서도 항로를 바꿀 수 없었던 타이타닉호가 우리의 삶을 불편할 정도로 잘 나타내는 비유라고 느꼈다.

빙산은 빙하에서 떨어져 나와 대양을 둥둥 떠다니는 커다란 얼음 덩어리다. 빙산은 멋진 리조트의 유수 풀을 따라 떠내려가는, 형형색색의 예쁜 물놀이 튜브와는 조금도 닮지 않았다. 빙산은 차원이 다르게 거대하다. 타이타닉호를 침몰시킨 빙산의 크기는 길이 120미터, 높이 30미터에 이를 것으로 추정된다. 정말 엄청난 크기다.[1]

그렇다 보니 이런 의문도 품게 된다.

'어떻게 거기에 빙산이 있다는 사실을 몰랐을까?'

막대한 노력과 정교한 공학 기술을 총동원해 만든 타이타닉호가 어째서 커다란 얼음덩어리처럼 눈에 빤히 보이는 물체를 놓쳤을까? 사실 빙산 덩어리의 90퍼센트는 해수면 아래에 숨어 있어서 육안으로는 거의 보이지 않는다.[2] 망망대해에 거대한 얼음 덩어리가 떠 있으면 쉽게 발견하고 피할 수 있을 것처럼 보여도 생각보다 쉽지 않은 이유가 여기에 있다.

천하무적이던 배를 3시간 만에 바다 밑바닥으로 보낼 수 있으면서 본질적으로 '눈에 보이지 않는' 대상에 대해 생각해보자. 〈타이타닉〉은 분명히 비극이지만, 여기서 나눌 이야기는 침몰한 배 이야기가 아니라 우리의 인생에 관한 스토리다.

사람마다 인생에 접근하는 방법은 다르다. 강박적으로 목표를 설정하는 사람도 있고, 명상과 명시에 전념하는 사람도 있고, 나뭇조각들을 공중에 던지는 점을 치는 사람도 있다. 어쨌든 중요한 것은 얼음 덩어리가 거대한 배의 선체에 구멍을 뚫는 사건처럼 갑작스럽거나 공격적이지는 않더라도, 누구나 한번쯤은 살면서 수면 아래에 숨은 무언가가 발목을 잡아끌면서 원하는 목적지에 닿지 못하게끔 막는다는 느낌을 받아본 적이 있을 것이다.

사람들 중 80퍼센트 정도가 일상에 갇힌 느낌이 든다고 생각한다.[3] 결심을 지키는 사람은 20퍼센트가 채 되지 않는다.[4] 직장에 불만이 있는 비율은 50퍼센트가 넘는다.[5] 사랑, 일, 건강, 재정 문제 등 다양한 영역에서 우리 모두 현재 자리한 곳과 실제로 가고 싶은 곳을 가르는 간극에 직면해 있지만, 도저히 명확한 이유를 알 수가 없다. 무엇이 우리의 발목을 잡는 걸까? 무엇이 우리를 제자리에 붙들어두는 걸까?

삶의 문제에 대한 답도 거대한 배를 가라앉게 만든 답과 다르지 않다. 눈에 보이지 않을 뿐 거대한 덩어리가 있다. 우리에게는 바로 스토리 덩어리가 있다.

빙산의 순간: 해저 2만 리에 숨은 스토리들의 징후

잠시 이전 장에서 살펴봤던 중요한 개념을 다시 살펴보도록 하자. 바로 스토리가 인생의 결과를 결정한다는 인식이다.

실제로 일어나는 일의 전개 방식

사건	→	스토리	→	반응	→	결과

스토리는 우리 삶에 파고들어와 우리가 생각하고 느끼고 행동하는 방식을 바꾼다. 문제는 이 전개 과정에서 스토리의 영역이 잘 보

이지 않는다는 사실이다. 스토리를 촉발하는 사건은 대개 눈에 보이고 자신의 반응과 그에 대한 결과도 확인할 수 있지만 실제로 우리의 인생을 구축하는 스토리 자체는 매우 까다롭다. 스토리는 다음 도식처럼 대부분이 숨은 빙산과 같다.

실제로 일어나는 일의 전개 방식

뱃머리를 어느 방향으로 돌려도 스토리는 우리 인생의 위도와 경도를 넘나들며 그곳에 있다. '예'라고 말하고 싶지만 '아니요'라고 말하는 인생의 갈림길마다 빙산이 자리를 차지하고 있다. 누군가의 초대를 거절했을 때마다, 스스로 자격이 부족하다고 생각해서 지원하지 않았을 때마다 항상 그 빙산이 있었다. 동료들과 회의하는 자리에서 잠자코 있었을 때도, 운동을 건너뛰었을 때도 '어이! 빙산이다!' 역시 빙산이 있었다.

너무 빨리 포기하거나, 피하거나, 잘못된 길을 택할 때마다 눈에 거의 보이지 않는 힘이 작용하고 있었다. 숨을 참고 빙하처럼 차가운 의식의 수면 아래로 뛰어들어 용기 있게 눈을 뜬다면 여러분의 발목을 잡고 있는 스토리라는 얼음성이 보일 것이다.

삶을 크게 바꿀 수 있다는 희망을 조금이라도 갖고 있다면, 먼저 '얼음물에 입수'할 필요가 있다. 변화는 우선 이런 스토리들을 보는데서 시작한다.

하지만 눈에 보이지 않는 스토리를 어떻게 포착할 수 있을까?

다행히 우리의 스토리 덩어리가 아예 눈에 보이지 않는 것은 아니다. 여러분의 레이더로 스토리를 예리하게 포착해 그 주변을 항해하며 탐험할 필요가 있다. 때때로 한순간이지만 스토리가 의식의 표면 위로 튀어나와 수면에 잔물결을 남긴다. 주의를 기울이면 이를 포착해 그 아래에 숨은 거대한 스토리 덩어리를 밝혀낼 수 있다. 내면의 스토리텔러는 평소에는 우리가 의식하는 수준 아래에서 몰래 움직이고 있을 것이다. 그러다 중간중간 표면 위로 잠깐 머리를 내민다.

작동하는 스토리가 스스로 모습을 드러내는 이런 짧은 순간을 가리켜 나는 **빙산의 순간**이라고 부른다. 이 순간들이 바로 기회다.

빙산의 순간은 셀프스토리를 밝힐 단서다. 어쩌면 사소할 수 있다. 순식간에 지나가서 알아차리기 어려울 수도 있지만 어쨌든 단서다. 그 순간을 포착할 때 인생이 바뀌기 시작한다.

이번 장의 목표는 단 하나, 바로 셀프스토리 현장을 포착하는 것이다. 때때로 험난한 삶의 수면에 이는 잔물결 아래에 무엇이 있는지 들여다볼 필요가 있다. 그것을 신호로 인식해야 한다.

인생을 통제하라는 개념이 바로 이것이라고 보면 된다. 빙산과 마주쳤을 때, 허둥대는 틈에 그 빙산이 인생이라는 배에 구멍을 뚫어 배를 가라앉게 만드는 일이 없도록 지금은 레이더를 설치해야 할 시간이다.

"바로 앞에 빙산이 나타났습니다, 선장님!"
: 작동하는 셀프스토리 포착하기

에이미는 금융 스타트업 회사에서 일한다. 애리조나에 있는 자택에서 필리핀에 있는 고객 서비스 팀을 원격으로 관리한다. 어느 날 아침에 에이미는 자신이 관리하는 고객 서비스 담당자 조지프 스콧이 어떤 고객과 통화하던 중에 엄청난 분쟁이 발생했다는 소식을 들었다.

들자 하니 그 고객이 갑작스럽게 "당신이 진짜 조지프 스콧이긴 해?"라고 물었다고 한다. 에이미가 관리하는 필리핀 소재 팀원들은 모두 편의상 미국식 이름을 사용한다. 조지프 스콧이 고객에게 이 정책을 얘기하자 고객은 소리를 지르며 스콧에게 거짓말쟁이라고 하면서 더는 회사를 믿을 수 없다고 말했다.

그 순간 모두가 격한 감정에 휩싸였다. 이제 에이미가 이 문제를 해결해야 했다. 에이미는 정확히 어떻게 일이 엇나갔는지 객관적인 시선으로 파악하고자 통화 내용을 들은 후, 고객과 통화를 한 다음 마지막으로 조지프 스콧과 면담을 했다.

에이미는 전화 통화와 관련된 논란을 많이 겪어봤다. 업무상 종종 일어나는 일이었고 에이미는 그 일을 잘 해결할 수 있는 유능한 사람이다. 하지만 통화 내역 녹음을 들으면서 가라앉는 기분에 휩싸이기 시작했다. 게다가 들으면 들을수록 더욱 기분이 나빠지기 시작했다.

에이미는 "그 일로 일주일을 망쳤어요. 너무 짜증이 났죠. 가슴속까지 초조했어요. 머릿속이 빙빙 돌았죠"라고 말했다.

그런 반응은 실제 통화 내용이나 상황을 해결하기 위해 필요한 조치와는 무관했다. 통화는 정책 및 절차 편람에 그대로 실려 있을 법한 일반적인 사례였다. 그렇다면 에이미는 무엇 때문에 그토록 극단적인 거부 반응을 일으켰을까?

"그때 나는 스토리가 문제라고 생각했어요."

에이미는 이 책에서 소개하는 방법을 6주에 걸쳐 익혔던 프로젝트 그룹의 참가자였다. 우리는 월요일마다 집단 화상 회의를 열었고 나는 각 단계를 설명한 다음 과제를 내줬다. 그다음, 참가자를 한 명씩 만나서 각자의 셀프스토리텔링 여정을 논의하고 내면에 있는 스토리의 힘을 사용하는 방법을 개인 맞춤형으로 알려줬다.

첫 번째 개별 상담 시간에 나는 각 참가자들에게 숨은 스토리가 작동 중인 징후를 발견하는, 즉 빙산의 순간을 알아차리는 전략을 알려줬다. 오랫동안 이 방법을 직접 연습한 결과 나는 빙산의 순간에는 **언어, 생리, 행동, 감정**이라는 네 가지 유형이 있다는 사실을 발견했다. 이들은 더 심오한 스토리가 작동하고 있다는 중요한 단서다.

언어로 나타나는 빙산의 순간

첫 번째 집단 상담을 마치면서 나는 참가자들에게 앞으로 일주일 동안 자기가 자주 사용하는 말을 살펴보라고 했다. 그 말 가운데 언어 빙산의 순간을 나타내는 전조가 될 만한 단서를 찾아보라고 했다. 참고로 그런 문장이 꼭 입 밖으로 소리 내어 나오는 것은 아니다. 때로는 머릿속에서 맴돌며 소리 없이 말하기도 한다.

참가자들은 각자 스스로에게 자주 하는 말을 정리해서 가지고 왔다. 그중에 일부를 소개한다. 어쩌면 여러분에게도 익숙한 말이 있을 것이다.

- 나는 결코 내 잠재력을 실현하지 못할 거야
- 다치면 안 돼(그러니까 운동을 하면 안 돼)
- 나는 뭐가 됐든 상관없어
- 나는 운이 없어
- 나는 그냥 운이 좋을 뿐이야
- 나는 아이들에게 부족한 부모야
- 나는 경제적인 감각이 없어
- 제대로 되는 일이 없어
- 나는 성공할 재목이 아니야
- 나는 나쁜 아버지야
- 나는 부족해
- 나는 자격이 없어
- 나는 나이가 너무 많아
- 나는 익숙한 영역을 벗어나면 성공할 수 없어
- 나는 이 정도밖에 할 수 없어
- 지금까지 하지 않은 걸 보면 앞으로도 절대 하지 않을 거야

- 나는 안전지상주의야

- 돈이 없어

- 나는 영업에 소질이 없어

- 나는 너무 바빠

- 나는 실패자야

나는 참가자들과 마주 앉아 그들이 평가한 자신의 나쁜 점을 소리 내어 읽는 모습을 몇 시간 동안 지켜봤다. 매주, 매일, 심지어 매시간 스스로에게 들려주는 장황한 구절들이었다. 참가자들이 그 목록을 읽을 때마다 나는 그런 문구를 발견했을 때 기분이 어땠는지 물었다.

"스스로에게 이런 말을 하다니 믿을 수가 없어요."

"어제만 해도 이 말을 적어도 50번은 했을 거예요."

스스로 했던 이런 생각이 얼마나 무자비하고 또 얼마나 자주 해왔던 건지 실체를 마주하고 놀라는 사람이 많았다. 눈앞에 있는 종이를 보면서 고개를 젓는 이도 많았다. 자기가 직접 손으로 쓴 글이고, 모두 자기 머릿속에서 나온 말들이었지만 마치 다른 곳, 어딘가 눈에 보이지 않는 곳에서 나온 문장처럼 보였다. 그들은 이런 말들이 사실이 아니기를 간절히 바라면서도, 스스로 사실이라고 생각했다. 그리고 그 사실을 싫어했다. 다행히 이제 생각을 실제 문장을 통해 확인하게 된 만큼, 앞으로는 자기 태만과 스스로 정한 한계를 극복하고 자유를 향해서 힘차게 걸음을 내디딜 수 있다.

언어 단서는 가장 흔하고 알아차리기도 쉽기 때문에 좋은 출발점이라고 할 수 있다.

나는 어떠어떠하다/나는 어떠어떠하지 않다 진술

신념 진술이라고도 하는 이런 문구는 작동 중인 셀프스토리를 가장 확실하게 잡아내는 지표다. 머릿속으로 확신에 차서 '나는 어떠어떠하다' 혹은 '나는 어떠어떠하지 않다'고 말하는 자신을 발견한다면 이는 빙산의 순간이라는 걸 인지해야 한다. '항상'이나 '결코' 같은 단어를 포함하는 문구 역시 셀프스토리가 스스로에게 불리하게 작동하고 있다는 확실한 증거다. 자매품으로 무엇인가를 '할 수 있다' 혹은 '할 수 없다', 무엇인가를 '할 수 없었다' 혹은 '할 수 없을 것이다' 같은 문구도 있다.

운이 좋다면 이런 말을 입 밖으로 내뱉는 자신을 발견하게 될 것이고, 그 순간을 포착할 수 있을 것이다. 하지만 이런 문장은 머릿속으로 생각만 하고 절대 입 밖으로는 내지 않을 가능성이 더 높다. 거들먹거리는 비난조나 약이 오를 정도로 냉정하고 차분하고 확신에 찬 말투일 가능성도 높다. 말투나 음량에 상관없이 이런 말들을 스스로 하고 있다고 생각된다면, 경보를 울려라! 바로 앞에 빙산이 나타났으니 전원 갑판으로 모일 시간이다.

잘 치장한 변명

매기는 생활방식을 바꿔야 한다는 사실을 알고 있었다. 젊은 시절 내내 발레리나, 열렬한 등산가, 탐험가, 달리기 선수로 보낸 매기는 오랜 부상에 시달리고 있었고 건강 상태는 확실히 좋지 않은 방향으로 향하고 있었다. 좀처럼 예전으로 돌아갈 수 없는 듯했다

매기는 쌍안경을 꺼내 들고 빙산의 일각, 더 심각한 문제를 나타

내는 지표일 법한 신념 진술을 찾고자 의식의 표면을 자세히 살펴기 시작했다. 오래지 않아 몇 가지를 발견했다. 하지만 추하고 뻔한 진술을 발견할 것이라는 예상과 달리 매기가 찾아낸 진술은 얼핏 좋은 말처럼 보였다. 관건은 이런 진술이 아군인지 적군인지 판별하는 것이었다.

매기는 빙산의 순간을 알아차리기 어렵게 하는 전형적인 빙산 진술 움직임을 발견했다. 이런 진술은 **잘 치장한 변명**의 형태를 띤다. 언뜻 보기에는 멋진 말 같다. 현명한 말 같다. 바람직한 삶과 잘 어울리는 말처럼 들리고, 때로는 너무나 고결해서 의문을 품는 행위 자체가 아주 무례하게 느껴진다.

예를 들어 내가 알던 어떤 여성은 사랑에 빠져서 가정을 꾸릴 수 있기를 간절하게 바랐지만 '운명'의 상대는커녕 그 '누구도' 사귀지 못했다. 그에게 사람들을 어떻게 만나고 있는지 물어보면 딱히 적극적으로 나서고 있지는 않다고 말했다. 그저 "하느님이 제 짝을 보내주실 거예요"라고 주문처럼 말할 뿐이었다. 꽤나 멋진 말처럼 들린다. 하느님과 언쟁을 벌일 수는 없지 않은가. 하지만 그는 정말이지 어떤 남자와도 전혀 대화를 하지 않았다. 하느님이 자기 집 현관에 남자를 데려다 주기를 기다리고 있었다. 정말이지 난감한 상황이었다.

이쯤에서 매기가 들려준 잘 치장한 변명을 두 가지 소개한다.

· **"타고난 건 어쩔 수 없잖아."** 이는 틀린 말은 아니다. 우리는 모두 유전적 한계에 직면한다. 빙빙 꼬인 DNA 가닥 안에 이미 정해진 현실이 담겨 있다. 예를 들면 나는 오래전부터 무릎을 바꾸고 싶었다. 내 무

릎은 기능상 아무런 문제가 없지만, 몸매를 잘 가꿔서 가수 캐리 언더우드의 무릎처럼 됐으면 좋겠다고 생각했다. 하지만 아무리 노력을 해도 타고난 무릎은 내가 딱 원하는 모양대로 된다는 보장은 없다. 그렇다고 해서 나는 무릎을 관리하고 가꾸는 걸 소홀히 하진 않는다. 다시 매기의 이야기로 돌아가보면, 매기는 위의 진술을 좀 더 철저하게 검토한 뒤 이 진술이 어느 정도 진실을 담고 있기는 하지만 그러면서 실은 계속해서 자기를 제자리에 붙들어두는 잘 치장한 셀프스토리 빙산의 일각임을 깨달았다. 타고난 건 어쩔 수 없는 부분이 있다 하더라도 노력이 아무런 소용도 없으란 법은 없다.

- **"인생은 한 번 뿐이야!"** 이 역시 언뜻 보기에는 대단히 멋진 말이다. 좀 더 위험을 감수해! 그 일들을 해! 인생은 한 번 뿐!(You only live once!)을 줄인 욜로(YOLO)는 금세기 최고의 약어다. 매기에게는 이 말이 "당연히 그 파이 먹을 거야! 칵테일도 한 잔 더! 밤새 놀고 내일 할 일은 제쳐!"라는 의미였다. 이렇게 잘 치장한 변명은 꽤 번지르르하게 들리지만 변화를 훨씬 어렵게 만드는 주범이나 다름없었다.

야망에 반하는 선택이나 행동을 하려고 이리저리 논리적일 법한 이유를 갖다 대는 자신의 모습을 발견했다면, 그 사실은 빙산을 정면으로 보면서도 까맣게 모르는 상황이라는 걸 인식해야 한다. 잘 치장한 변명은 그럴싸하지만 이는 우리의 배가 재앙으로 향하고 있음을 알려주는 신호탄인 것이다.

생리 현상으로 나타나는
빙산의 순간

최근에 나는 올림픽에 출전한 선수이자 『브레이비Bravey』의 저자이기도 한 알렉시 파파스를 인터뷰했다. 흥미롭게 대화를 나누던 중에 파파스는 예전의 경험을 들려줬다. 인간의 몸에서 가장 신경이 많은 곳은 얼굴과 손, 그리고 위장이라고 한다. 한 번은 파파스의 물리치료사가 부상을 입기 전 며칠 혹은 몇 주 동안에 얼굴에 변화가 나타나지 않았는지 물었다. 실제로 변화가 있었다. 눈 밑에 마치 햇볕에 그을린 것처럼 보이는 작은 반점이 생겼다. 금방 사라지긴 했지만 그렇게 대수롭지 않은 일이 아니었다. 이는 그가 너무 무리하고 있다는 신호였다.

몸과 마음의 연관성은 오랫동안 연구된 주제이고(9장에서 좀 더 자세히 다룰 예정이다) 주의를 기울이면 몸이 앞으로 닥칠 빙산에 대한 단서를 보내준다. 불안할 때나 초조할 때 몸에 나타나는 생리적 현상을 떠올려보라. 어떤 사람은 손톱을 물어뜯는다. 내 연구에 참여했던 한 여성의 남편은 상사에게 이메일을 받을 때마다 특이한 방식으로 목청을 가다듬는다고 한다. 나의 경우, 커다란 빙산과 직면할 것이라는 확실한 느낌을 주는 생리적 징후는 허리 통증이다. 나는 살면서 한 단계 높은 곳으로 나아갈 중요한 순간에 설명할 수 없는 허리 통증으로 결국 주저앉을 수밖에 없었던 경험을 몇 차례 겪었다. MRI도 찍었고 약물 치료도 했다. 물리치료를 받았을 때는 허리가 아픈 원인이 내가 너무 짧은 간격으로 아이 둘을 낳았고 키가 작기 때문이라고 했다(참고로 내 키는 162센티미터이고 나보다 키가 작은 여성들이 17분 간격으로 아이 둘을 출산한 경우를 알고 있다. 나는 17개월 간격으로 출산했다). 그런데 한 친구가 어쩌면 문제는 허리가 아니라 머리(생각)일 수도 있다고 말했다. 처음에는 그 친구가 너무 원망스럽고 무책임한 사람처럼 느껴지기도 했다. 허나 덕분에 내 허리 통증의 진짜 원인은 관심을 기울여야 할 셀프스토리 징후였음을 알게 됐다.

우리 몸과 마음이 얼마나 밀접하게 함께 작동하는지가 흥미로워 내 사례를 소개하고 싶었다. 한편, 이는 의료 처치를 대신할 수 있는 방법이 아니라는 점을 분명히 밝힌다. 아플 때는 의사와 반드시 상의해야 한다. 단지 여러분의 몸이 무엇인가를 말하려고 한다면 주의를 기울여야 한다는 것을 잊지 말길 바란다.

행동으로 나타나는
빙산의 순간

행동으로 나타나는 빙산의 순간은 얼핏 알아차리기에는 어렵다고 생각할 수도 있다. 갑자기 주방을 치우고 싶은 충동을 느껴봤는가? 기다리는 메일이 있는 것도 아닌데 갑자기 받은메일함을 꼭 확인해야 한다는 느낌을 받은 적이 있는가? 난데없이 꼭 보내야겠다는 생각이 드는 문자가 있는가? 당장 SNS를 들여다봐야겠다는 욕구는? 먹거나 담배를 피우거나 좋아하는 프로그램을 보며 머릿속을 비우고 싶은 충동은? 이 모든 행동이 셀프스토리가 방치된 채 판을 치고 있다는 징후일 수 있다. 심지어 운동이나 일처럼 긍정적인 습관으로 보이는 행동 역시 어떤 셀프스토리가 도사리고 있고 여러분이 무의식 속에서 그 스토리를 회피하고자 애쓰고 있다는 신호일 수 있다. 집안에 문제가 있을 때 일에 열중하다가 결국은 가정이 무너진 사람의 스토리를 다들 한번쯤 들어봤을 것이다. 젊은 여성이 스스로 무가치하다고 말하는 내면의 스토리와 싸우고자 하루에 몇 개씩 운동 수업에 출석하는 사례도 있다.

행동으로 나타나는 빙산의 순간을 찾으려면 내가 원하는 것과는 맞지 않는 정반대인 습관이 무엇인지 자문해봐야 한다. 예를 들면 5킬로그램을 감량하고 싶지만 기어코 일주일에 한두 번은 꼭 피자를 주문해서 절반이상 먹어치워버리는 이유는 무엇일까? 그에 대한 답이 마침내 우리를 빙산 가까이로 인도할 것이다.

감정으로 나타나는 빙산의 순간

두려움. 공포. 수치심. 당혹감. 질투. 우리가 싫어하기 마련인 감정들 역시 스토리 빙산의 일각이다. 갑자기 감정이 치밀어 올랐던 적이 있는가? 대화 도중, 혹은 휴대전화로 뭔가를 읽은 후에 갑자기 짜증이 나거나 슬픔을 느낀 적도 있을 것이다. 심장이 다소 빠르게 뛰거나 기분이 갑자기 우울해질 수도 있다. 나는 이런 현상을 가리켜 UFE(unidentified flying emotion, 미확인 비행 감정)라고 부른다. 이는 뭐라고 딱 꼬집어 설명하기 어려운 감정이다.

예를 들어 코로나19 백신 출시 소식이 뉴스를 장식했던 날 아침에 나는 남편 마이클과 산책을 나갔다. 마이클은 그 소식을 예의 주시하면서 들뜬 목소리로 계속 내게 소식을 전했다. 그날 나는 백신 출시 소식에 기분이 들뜨지 '않았고', 남편이 소식을 언급할 때마다 불편한 UFE 감각을 느꼈다. 셀프스토리가 작동하고 있다는 징후임을 깨달은 나는 그 빙산 아래를 살펴봤고 즉시 셀프스토리를 찾아냈다.

때는 2010년 가을이었다. 나는 첫 아이를 임신 중이었고 의사에게 진찰을 받기로 한 날이었다. 나는 내가 앉아 있었던 바로 그 진찰실(병원 건물 북쪽에 있던 방)과 입고 있었던 옷(연분홍색 임산부복)을 기억한다. 그날 담당 주치의가 부재중이었다는 사실도. 그날 진찰실에 있었던 푸석푸석한 적갈색 머리카락에 안경을 쓴 여성이 병원에 온 김에 독감 백신을 맞을 것인지 물었다. 나는 대답하면서 말을 조금 더 들었다.

"사실 생각해보지 않았어요. 다음 진료 때까지 기다려도 될까요?"

임신 중에 치즈와 세 차례 세척한 상추를 포함해 내 몸속에 들어가는 모든 물질에 대해 나는 꼼꼼히 조사했다. 그런 내가 독감 백신을 조사해보지 않고, 남편과 상의도 하지 않은 채 맞는다는 것은 있을 수 없는 일이었다.

그러자 그 여성은 마치 나를 아기를 혐오하는 잔인한 사람이라도 되는 양 질책하기 시작했다. 그는 "잠시 나갔다가 올게요. 내가 돌아오면 독감 백신을 놓아달라고 말하는 게 좋을 거예요"라고 말했다.

떨렸던 기억이 있다. 땀을 흘린 기억도 있다. 혼란스럽고 무서웠고 맹렬한 비난을 받은 것만 같은 느낌이 들었던 기억도 있다. 그가 손에 주사기를 들고 돌아왔을 때 나는 주사를 맞겠다고 했고, 그는 내게 주사를 놓았다. 그게 옳은 일이든 그렇지 않은 일이든 어쨌든 나는 강요당한 느낌을 받았고 그렇게 편치 않은 기분으로 집에 돌아갔다.

바로 그 일이었다. 바로 그 사건이 내 잠재의식 속에서 조용히 재생되고 있던 스토리이자 UFE의 정체였다. 남편과 백신 이야기를 나누던 중에 이 스토리가 모습을 드러냈다. 그 스토리가 밝은 곳으로 드러나면서 나는 당면한 현재 상황을 고려해 좀 더 명확한 인식으로 앞으로 나아갈 수 있었다.

이렇듯 감정이 나타나는 데는 이유가 있으며, 대개 그 감정은 우리 시야에서 살짝 비켜난 훨씬 큰 스토리 더미 꼭대기에 앉아 있다.

에이미가 발견한
빙산의 순간

"그때 나는 스토리가 문제라고 생각했어요."

분노한 고객과 통화를 준비하면서 에이미는 숨은 빙산을 발견할 단서를 어렵지 않게 찾아냈다. 불안감과 어지러운 마음은 감정으로 나타나는 징후들이다. 빠르게 뛰는 심장 박동과 위에 구멍이 뚫리는 듯한 느낌은 생리 현상으로 나타나는 단서들이다. 무엇보다 조금만 파헤쳐 봐도 입 밖으로 "비이성적인 사람들을 상대해야 할 때마다 정지하게 돼요"라는 말이 나왔다. 이는 아주 확실한 빙산의 순간이다.

에이미가 셀프스토리를 파고들어가자 점점 더 큰 빙산 아랫부분이 모습을 드러내기 시작했다. 궁극적으로 8년 전, 어떤 비이성적인 남성이 회사에서 에이미를 괴롭히고 동료들이 에이미에게 등을 돌리도록 만든 사건 스토리를 발견했다.

"결코 잊을 수 없는 끔찍한 순간이었어요. 무려 여섯 달을 시달렸으니까요."

에이미는 조지프 스콧과 분노한 고객의 통화 내용을 들으면서 옛 직장에서 겪은 비이성적인 남성의 스토리를 떠올렸다. 에이미의 뇌가 느끼기에 분노한 고객은 곧, 예전에 겪었던 비이성적인 남성과 똑같았다. 에이미의 마음은 에이미를 지키고자 최선을 다한 것이다.

에이미는 몇 차례 상담을 하면서 빙산의 일각을 포착하고 수면 아래로 내려가 그 밑에 있는 스토리를 더 많이 볼 수 있었다. 하지만 앞으로 무엇을 해야 할지 알아내기는 어려웠다. 에이미는 남편에게 "긍정적인 스토리에 집중해야 해. 하지만 하나도 생각이 안 나"라고 말했다.

에이미의 남편은 에이미가 자신을 부당하게 취급한 사람들에게 맞섰던 수많은 사례를 떠올리도록 이끌었다. 비이성적이었던 관계를 끝내고 그들을 완전히 이성적이고 효과적으로 다룰 수 있었던 때를 떠올리게 했다. 에이미는 분명히 비이성적인 사람들을 여러 차례 상대한 '전적'이 있었고 다루는 데 성공했다. 단지 맨 처음에 떠올리지 못했을 뿐이었다. 끔찍했던 과거의 스토리 하나가 계속 요란하게 들려왔던 것이다.

에이미는 조지프 스콧, 분노한 고객과 회의를 준비하면서 과거에 있었던 도움이 될 만한 스토리들을 다시 떠올렸다.

그는 이후 "효과가 있었어요! 문제 해결에 침착하게 임할 수 있었고 별문제 없이 잘 마무리됐어요"라고 전했다.

다 나쁜 것은 아니다

우리 가족은 2018년 3월 말에 처음으로 뉴욕시 아파트 임대 계약을 했다. 4월에 가구를 사고 집에 들이기 시작했지만 8월이 되어서야 정식으로 입주했다. 4월부터 8월까지 주말에 몇 차례 그곳에 방문했을 때 좋은 추억이 많이 생겼다.

날씨가 흠잡을 데 없이 따뜻하고 상쾌했던 6월 초 어느 주말이었다. 우리 가족은 위층에 사는 이웃을 만났다. 다누타라는 90대 여성인 그 이웃은 남편과 나, 우리 아이 둘을 위층으로 초대해 차와 우유, 간식을 대접했다.

처음엔 잠깐 들를 생각이었던 우리는 그곳에 두 시간 동안이나 머물렀다. 그 집의 실내온도는 섭씨 38도였다. 우리는 앤티크 찻주전자를 세 번이나 깨뜨릴 뻔했고 유당 불내증인 딸아이는 우유를 엄청나게 마셨다. 하지만 그 무엇도 문제가 되지 않았다. 다누타의 스토리는 빠져들게 하는 힘이 있었다. 그의 남편은 폴란드 외교관이었다. 두 사람은 워싱턴 DC에서 만나 뉴욕시로 이사했다. 남편은 20년 전에 세상을 떠났다. 다누타가 우리에게 모든 스토리를 다 털어놓지는 않았지만 한 가지는 분명했다. 다누타가 갖은 일을 겪었다는 사실이었다. 그는 우리가 경험해보기는커녕 읽어본 적도 없는 일들을 보았고, 살아냈고, 살아남았다. 체구가 작고 피부도 연약했지만 다누타는 강인했다. 심지어 우리 아이들도 특별한 사람을 만났다는 사실을 체감했다.

그 따뜻했던 6월의 어느 주말에서 2년도 채 지나지 않아 팬데믹이 강타했다. 창가에서 팬데믹으로 황량해진 뉴욕시 거리를 내다보다가 5층의 바로 그 이웃 주민을 발견했다. 그는 조금 떨어진 슈퍼마켓에서 식료품을 사들고 집으로 걸어오고 있었다.

다누타는 코로나바이러스에 가장 취약한 집단에 속한 사람이었다. 우리가 듣고, 읽고, 본 모든 정보를 종합해볼 때 다누타는 밖에 나가기를 겁내며 집에 콕 박혀 있어야 했다. 하지만 그는 어느 때보다도 자신만만하고 흥미롭다는 듯이 거리를 걷고 있었다. 단지 이제는 마스크와 장갑, 휴대용 손소독제라는 새로운 액세서리로 무장했을 뿐이었다. 다들 겁에 질려 움츠리고 있는 동안에 다누타는 식료품을 샀다. 입 밖으로 소리 내어 말하지는 않았지만 그가 스스로에게 들려주는 셀프스토리들이 창틀 너머로 들려오는 듯했다. 한마디로 말하자면 '나는 더한 일도 겪었어'라는 스토리들이었다.

전문가들은 다누타의 행동이 무책임하고 성급했다고 말할 수 있겠지만 스토리 전문가의 입장에서는 이처럼 여러분에게 도움이 되는 진술과 믿음이 분명히 있다고 말하고 싶다. '너는 사람을 좋아하는 사람'이라는 말을 듣고 믿으면서 성장한 사람은 그 믿음을 바탕으로 믿기 힘들 정도로 훌륭한 위치에 갈 수도 있다. 학창시절 농구 경기 때 경기 종료 신호가 울릴 즈음 십중팔구 슛을 성공해본 경험이 많은 사람이라면, 그 스토리는 자기 자신이 압박감을 느끼면서도 일을 훌륭하게 해내는 사람이라는 믿음으로 이어진다.

빙산의 일각 순간이 모조리 나쁜 것은 아니다. 때로는 우리를 앞으로 나아가게 하는 빙산도 있다. 이런 빙산은 위험을 감수하도록 격려하고 그 결과 다른 사람들은 거두지 못하는 보상을 거두도록 이끈다. 어쩌면 이 경우는 열대 지방의 작은 섬에 비유하는 편이 나을지도 모르겠다. 햇볕과 즐거움이 가득하고 가던 길을 멈추고 쉴 수 있는 곳 말이다. 우리의 긍정적인 셀프스토리는 바로 그곳에서 우리를 기다리고 있을 것이다.

파도 밑으로 향하기

빙산의 일각 순간을 파악하는 과정에는 두 가지 중요한 기능이 있다. 첫째, 우리 의식의 표면 바로 밑에 있는 셀프스토리가 제멋대로 날뛰는 속도를 늦추거나 아예 막는 역할을 한다. 즉 무의식 상태의 상황을 의식하게 한다.

둘째, 빙산의 일각 순간을 파악하고 나면 스토리 공식의 두 번째 국면으로 나아갈 수 있다. 에이미의 성공은 단지 빙산의 순간을 포착하는 데 그치지 않았다. 빙산 진술은 그 자체로 강력하지만 스토리 전체는 아니다. 그저 일부분에 불과하다. 나머지는 깊숙이 숨은 채 뇌 속에서 잔잔히 흐르며 지금 여러분이 있는 바로 그곳에 여러분을 붙들어두는 닻과 같은 역할을 한다.

에이미는 더 멀리 나아가서 의식 표면 아래에 있는 스토리를 분석하고 자신에게 도움이 되지 않는 스토리를 대체할 좀 더 바람직한 스토리를 찾을 수 있었다. 지금부터 바로 그 방법을 살펴볼 것이다.

이제 작동 중인 셀프스토리를 포착하는 법을 알았으니 그 파도 아래에 어떤 스토리가 도사리고 있는지 본격적으로 탐험해보자.

5장
분석

발견한 스토리를 구석구석 살펴본다

우리 머릿속의 스토리텔러는 가능할 때는 진실한 이야기를 찍어내지만
그렇지 않을 때는 거짓말을 제조하는 공장이다.

-조너선 갓셜

4장에서 우리는 잘 들여다보면 스토리가 작동 중임을 알려주는 미묘한 징후를 포착할 수 있다는 것을 알았다. 이는 표면 아래에 감춰진 거대한 스토리 빙산을 살짝 엿보는 과정이다.

이런 단서를 찾는 일은 꼭 필요한 시작 단계다. 일단 무엇인가를 찾아내서 가리키며 "아, 있네요. 여기서 무슨 일이 벌어지는지 알겠어요"라고 말할 수 있어야 그런 무의식의 스토리 과정을 멈춘 다음, 바꿔나갈 수 있다. 하지만 문제를 가리키기만 해서는 해결할 수 없다. 지적은 그저 첫 단계일 뿐이다. 그다음 단계는 바로 '아래로 내려가는' 것이다. 다른 선택지를 살펴보기 위해 수면 아래에 있는 빙산을 분석하는 과정이다.

일상 속 빙산

회의 시간에 당당하게 말하는 데 어려움을 겪고 있다고 가정해보자. 뭔가 할 말이 있는데도 스스로 비판하면서 침묵만 지킨다. 이성적으로 생각하면 이런 행동이 충분히 어리석다고 느낄 수 있다. 여러분은 스스로에게 '그냥 회의잖아. 아무것도 아니야'라고 말한다. 그러나 내면의 스토리텔러는 그런 행동이 전혀 어리석다고 생각하지 않으며 위험만을 본다. 고대에는 부족에게 거절당하는 일은 곧 생사를 가르는 문제였다. 그 시절에는 생존하려면 꼭 마을이 필요했고, 자기 마을에서 쫓겨나면 틀림없이 죽게 됐다. 이러한 과거의 유산이 여전히 남아 있기 때문에 그것이 익숙한 일련의 사건을 유발한다. 그런 상황은 어떤 스토리와 상충하고, 그 스토리는 특정한 반응을 불러일으키며, 그 반응은 어떤 결과로 이어진다. 즉 회의를 예로 들자면, 여러분은 회의에 기여하고 싶지만 결국 하지 않고, 제대로 발언을 하지 못했다는 좌절감을 느끼며 회의실을 떠난다.

여러분은 스스로 바보가 아니며 단지 할 말을 못 하는 습관이 문제라는 것을 안다. 의견을 내지 못해 이미 몇 차례 승진에서 탈락해왔고, 이 문제를 해결하지 않으면 계속해서 발목을 잡힐 거라는 것도 안다. 그래서 자기계발서를 몇 권 읽기도 하고 컨설턴트에게 상담도 받았으며, 둘 다 긍정적인 자기 대화와 확언을 해결책으로 제시했다.

여러분은 무엇이든 기꺼이 시도하겠다는 생각을 갖고 사리에 맞는 말을 스스로에게 들려주기 시작한다.

'이봐, 괜찮아. 그냥 회의였어. 두려워할 것 없어. 사람들은 널 존중해. 그래서 네가 그 자리에 있는 거야. 의견을 말한다고 해서 널 얕볼 사람은 아무도 없어. 아무도 손가락질하면서 비웃지 않을 거야. 이 자리는 전문가들이 모인 회의야. 자기 소신을 밝히지 않는 게 직무태만이야. 다시는 그런 일이 없어야 해.'

이는 두려움에 대처하는 전형적이고 이성적인 접근법이다. 우리는 스스로에게 "여기서는 아무것도 겁낼 필요 없어"라고 말한다. 용감한 시도이지만 아쉽게도 효과를 기대하긴 어렵다. 비이성적이라는 이유를 들며 불안해하지 말라 하는 것만으로는 도움을 얻을 수 없다. 조금 더듬거나 잘못된 제안을 한다고 해서 엄청나게 끔찍한 일이 벌어지지는 않는다는 사실을 여러분 스스로 이미 알고 있다.

자기 대화로는 해결이 어려워 이제는 긍정적 확언으로 방향을 바꾼다. 매일 아침 출근길에 여러분은 자동차 안에서 홀로 다음과 같은 구절을 외친다.

· 너는 소중해
· 너는 좋은 아이디어가 넘쳐
· 너는 당당하게 말하는 자신감 넘치는 사람이야
· 너는 여기 소속이야

다시 마음을 가다듬고 다음 회의에 들어간다. 그러나 여전히 당당하게 말하지 못하고 결국 상황은 리셋된다. 왜 이런 일이 일어날까?

긍정적인 자기 대화와 확언이 빙산의 일각을 언급할 수는 있다. 허나 그것은 전체의 일부에 불과하다는 사실을 기억해야 한다. 여러분이 실제로 마주한 대상은 상상했던 것보다 훨씬 크고 광활하며 평생에 걸쳐 쌓인 스토리로 이뤄져 있다.

깊고 푸른 바다에 숨은 스토리

의식의 표면 아래에는 평생에 걸쳐 일어났던 실제 사건들에 대한 기억을 담은 기록보관소가 있다. 이런 사건들은 단단히 뭉쳐져서 거대한 빙산을 이루는 눈송이처럼 우리의 목소리를 옥죄어 침묵하게 만든다.

여러분이 형제 많은 집안의 막내라고 가정해보자. 여러분은 가족 회의에 자주 참석했지만 늘 손위형제들이 먼저 의견을 내놓는 바람에 여러분이 의견을 내놓을 때쯤이면 결정은 이미 내려진 상태였다(여러분의 의견은 중요하지 않았다). 형의 졸업식 때 여러 접이식 테이블 위로 출장 뷔페 음식이 늘어서 있고 수많은 사람들이 초대되어 앞마당에 모였으며 거실에는 선물더미가 쌓여 있었다. 반면 여러분이 졸업할 때는 풍선 장식과 햄치즈 샌드위치밖에 없고 친구와 이웃 몇 명이 놀러온 게 다였다. 어쩌다가 온 사촌은 커다란 플란넬 바지 주머니에 햄 샌드위치를 넣고 다니다가 가는 곳마다 슬라이스 치즈를 흘리고 다녔다(여러분은 여기서 별로 중요하지 않은 존재였던 거다). 대학에 다닐 때 경험한 끔찍한 조별 과제에 관한 기억도 있다. 고대 철학 수업에 대한 과제였고, 여러분은 조원들에게 적극적으로 플라톤의 동굴 비유를 재현하자고 제안했다. 여러분은 창의력 점수를 최대한 많이 받을 수 있도록 서로 다른 죄수를 연기하자고 말했지만, 팀원들은 딱 잘라서 거절했고 결과적으로 형편없는 점수를 받았다(여러분이 기발한 아이디어를 내도 아무도 귀 기울여 들어주지 않았다).

애초에 이런 사건을 다 기억하고 있다는 게 실없이 보일 수도 있다. 너무 사소한 사건들이기 때문이다. 하지만 막상 생각하다 보면 이런 순간들을 놀랍도록 상세하게 묘사할 수 있다. 가족회의가 열린 방에 있었던 의자, 소파, 커피 테이블이 떠오른다. 구색만 갖춘 졸업 파티가 열렸던 날의 날씨와 조원들이 도서관 뒷문으로 배달시킨 8달러짜리 피자 상자 윗부분이 기름에 흠뻑 젖어 있었던 모습도 똑똑히 기억할 수 있다.

딱히 이런 순간들을 진지하게 생각해본 적이 없고 이에 관한 질문을 받아본 적이 전혀 없다고 해서 이런 기억들을 제멋대로 놔두거나 대수롭지 않게 받아들여서는 안된다. 사실 이러한 사례들, 이런 '스토리'들을 비롯한 수많은 기억들은 우리의 잠재의식에 의해 조심스럽게 수집되고, 선별되고, 압축되며 끝내 우리가 갈망하고 바라는 모든 것들을 위협하는 거대하고 보이지 않는 존재가 되고 만다.

신념이란 빙산의 일각에 불과하다는 사실을 기억하자.

'나는 부족해. 내 의견은 중요하지 않아.'

이러한 신념 진술은 마치 타이타닉호 승무원이 수면 위로 튀어나온 빙산의 일각을 보고, 불을 붙인 성냥을 거대한 빙하 덩어리에 던진 뒤 손을 닦으며 '위기를 모면했다'고 생각하는 것과 다를 바 없다.

의식의 표면 아래에는 대단히 많은 기억이 숨어 있다. 다행히 이미 빙산으로 뭉쳐져 떨어질 수 없는 눈송이들과 달리 평생에 걸쳐 일어난 우리의 스토리들은 완전히 개별적인 형태로 보존되며 존재한다.

이런 스토리들이 우리가 스스로 정한 한계를 떠받친다.

이것이 바로 우리가 맞닥뜨린 상대다.

이번 장에서는 오로지 **이것**을 처리하는 법을 다룬다.

일단 이런 신념을 발견해서 여러분의 내면의 숨은 스토리를 현장에서 포착하고 나면 그다음 단계에서는 이를 발굴하고 분석한다. 인생을 바꿀 수 있는 유일한 방법은 꽁꽁 얼어붙어서 우리의 항해를 계속 방해하는 빙산을 완전히 이해하는 것이다. 이를 위해 우리는 먼저 스토리가 굳어버리는 이유를 살피고, 이어서 개인의 스토리 여정을 완전히 분석하기 위해 스스로에게 물어봐야만 하는 질문 여섯 가지를 다룰 것이다.

그런 기억이 있는지 몰랐어요

잠재의식 안의 스토리들이 작동하는 순간을 어렴풋이 포착하고, 스스로 정한 한계를 지적하고, 잘 치장한 변명을 벗겨 적나라한 진실을 밝히는 작업은 다소 어색한 폭로전처럼 느껴질 수 있다. 그렇지만 스토리는 정말로 '존재'하며 일단 찾기 시작하면 어디에나 널려있다. 1단계를 지나 2단계에 들어설 때 사람들은 항상 이렇게 말한다.

"그런 기억이 있는지 몰랐어요."

"그걸 기억하다니 믿을 수가 없어요."

의식의 표면 바로 아래를 들여다볼 때면 늘 흥미진진해진다. 어떤 진술이 빙산의 일각이라면 그 진술을 떠받치는 것은 정확히 무엇이고 그 이유는 무엇인지 살펴봐야 한다. 연구 프로그램에 참가했던 사람들의 사례를 아래와 같이 소개한다.

- 한 여성은 초등학교 5학년 때 몸무게를 쟀던 날을 기억했다. 그는 반에서 몸무게가 가장 많이 나갔다. 그는 그때 마이클 조던 티셔츠부터 농구화에 이르기까지 자기가 무엇을 입고 있었는지까지 정확하게 기억했다.

- 한 여성은 어떤 고객이 그가 아닌 다른 사람을 고용한 이유를 설명하기 위해 보냈던 이메일 내용을 토씨 하나 틀리지 않고 외울 수 있었다. 그는 이메일을 읽었을 때 앉아 있었던 자리도 정확하게 기억했다.

- 한 남성은 캠핑을 떠나서 맞이했던 어떤 밤을 아주 세세하게 기억했다. 아버지와 사촌들은 그에게 모닥불 옆에서 기다리라고 하고 땔나무를 모으러 숲으로 들어갔다. 그들이 돌아오기까지 시간이 영원처럼 길게 느껴졌다.

- 한 여성은 초등학교 시절 수학 시험에서 한 문제밖에 틀리지 않아 매우 신이 나있었던 걸 기억했다. 기분 좋게 시험지를 아버지에게 보여줬더니 아버지는 한 문제를 틀렸다고 도리어 소리를 질렀다. 그는 복도에서 자기가 정확히 어느 지점에 서 있었는지, 소리를 지르던 아버지가 정확히 어떤 의자에 앉아 있었는지 기억했다.

이는 참가자들이 떠올린 스토리 중 극히 일부일 뿐이다. 이런 스토리들이 각각 "나는 항상 뚱뚱했어." "나는 내 일을 잘 못해." "나는 내 가치를 증명해야 해." "나는 부족해." 같은 믿음을 떠받치고 있었다. 회의에서 당당하게 말하지 못한 사례는 "그냥 입 다물고 있는 게 최선이야"라는 믿음을 뒷받침했다.

지금까지 만난 모든 사람의 생일과 그들이 제일 좋아하는 음식을 모조리 기억할 수 있는 사람이든, 자기 지갑을 어디에 뒀는지 한 번을 제대로 기억하지 못하는 사람이든 즉 기억력의 좋고 나쁨과 관계없이 누구나 자기 의식의 가장자리 너머에서 여전히 맴돌고 있는 스토리들을 발견하면 놀라고 말 것이다.

스토리는 기억에 남기 마련이다. 이제 직면한 과제는 그 '이유'를 이해하는 것이다. 수백만 가지 스토리가 가득한 인생에서 하필 이런 스토리들이 그토록 기억에 남은 이유는 무엇이었을까? 시간이 지나면 잊힐 법한데 왜 학교 축제에서 있었던 민망한 순간은 여전히 그토록 머릿속에 생생하게 남아 있었을까? 회의를 하면서 보냈던 수많은 시간이 대부분 아무런 인상도 남기지 않는 반면, 딱 한 회의에서 어떤 동료가 했던 발언은 왜 머릿속을 떠나지 않고 있었을까?

전작 『스토리의 과학』에서도 나는 이와 비슷한 질문을 던졌다. 그 책에서는 비즈니스에서 공개적으로 말하는 스토리 맥락에 집중했다. 전작에서 스토리가 기억에 남으려면 갖춰야 한다고 밝혔던 요소들은 우리가 자신에게 말하는 셀프스토리에도 적용되며 이미 자연스럽게 포함되어 있다. 우리는 타고난 스토리텔러라는 것만 잊지 말자.

무엇이 스토리를
오래 기억에 남게 하는가?

제품을 많이 파는 스토리와 그렇지 못한 스토리를 가르는 차이점은 무엇일까? 어떤 스토리가 사람들에게 반향을 불러일으키고 어떤 스토리가 호응을 얻지 못했을까? 우리 연구는 스토리의 네 가지 구성 요소를 실험해 각각이 메시지의 영향력에 미치는 효과를 확인했다.

- 분명한 캐릭터
- 진실한 감정
- 중요한 순간
- 구체적인 세부사항

우리 연구에 따르면 네 가지 중 한 가지 요소만 갖추더라도 메시지의 효과가 있는 것으로 나타났다. 또한 메시지가 갖춘 구성 요소가 늘어날수록 스토리는 더 큰 호소력을 지녔다. 이런 요소들은 비즈니스에서 스토리가 발휘하는 효과를 설명할 뿐만 아니라 굳이 애쓰지 않아도 셀프스토리가 그토록 강력한 힘을 발휘하는 이유를 이해하는 데 도움을 준다. 우리의 잠재의식은 이런 요소를 자연스럽게 갖고 있다. 덕분에 우리는 타고난 스토리텔러로 거듭났으며 우리가 만들어내는 흥미진진한 스토리는 하나같이 이런 요소들을 담고 있다.

분명한 캐릭터

스토리 속 캐릭터가 어떤 때는 여러분 자신이 되기도 한다. 어릴 적, 청년 시절, 성인이 된 여러분일 수도 있다. 흐릿한 기억도 있지만 여러분이 누구였고 어땠는지 정확하게 기억할 수 있는 시절이 있다. 어떤 꿈을 꿨는지, 어떤 게임을 즐겨했는지, 어떤 일을 잘하거나 잘하고 싶었는지 기억한다. 감수했거나 외면했던 위험을 기억할 수도 있다. 특정한 스토리에서는 수동적인 캐릭터로, 사건 참여자가 아니라 관찰자 입장이 되어 그때의 경험을 기억할 수 있다.

우리 스토리에는 우리 자신도 여러 가지 버전으로 등장하지만 그 외에도 수많은 다른 캐릭터들이 끝없이 나온다. 가족이나 먼 친척, 절친한 친구나 철천지원수, 중요한 코치나 동료에 이르기까지 우리가 기억하는 출연진은 임의로 일어나는 갖가지 상호작용에 걸쳐서 등장한다. 프로젝트에 참가한 몇몇 사람들은 초등학교에 같이 다녔던 아이들의 성과 이름을 기억하기도 했다. 거의 대화를 해본 적이 없는 옛날의 이웃과 오랫동안 보지 않은 슈퍼마켓 직원들을 기억하기도 했다. 여러분의 기억 속 가장자리에 있는 이야기를 들춰보고 싶다면 "첫 직장에서 같이 일했던 사람 중에 누가 있었지?" 같은 캐릭터 중심의 질문을 던져 보라. 여러분의 뇌가 그간 간직하고 있었던 수많은 사람들을 발견하게 되면 깜짝 놀랄 것이다.

진실한 감정

이런 모든 캐릭터들이 지닌 공통점은 바로 무엇인가를 **느끼게** 했다는 점이다. 좋은 쪽이든 나쁜 쪽이든 여러분은 어떤 감정을 경험했다. 관련하여 마야 안젤루미국 유명 시인이자 민권 운동가-옮긴이가 했던 유명한 말이 있다.

"사람들은 당신이 어떤 말을 했는지 잊을 것이고, 당신이 어떤 일을 했는지 잊을 것입니다. 하지만 당신이 어떤 감정을 느끼게 했는지는 결코 잊지 않을 것입니다."

진실한 감정이란 이 구절이 현실로 드러나는 현상이자 우리의 셀프스토리에서 가장 중요한 요소일 것이다.

아는 사람 한 명 없는 애리조나로 이사한 지 얼마 지나지 않았던 어느 날, 나는 일자리를 찾아 캘리포니아로 가기 전에 자동차에 기름을 넣고 있었다. 머리카락은 엉망이고 땀도 흘리고 있었다. 그때 바로 옆 주유기에 서 있던 어떤 남성이 "실례합니다, 아가씨. 그냥 꼭 하고 싶은 말이 있는데 정말 아름다우시네요"라고 말했다. 그러고 나서 살짝 웃더니 차를 몰고 사라졌다. 그것이 끝이었다. 다른 행동도 없고 천박한 작업 멘트도 없었다.

왜 그 칭찬이 다른 칭찬들보다 두드러졌을까? 살면서 들어본 유일한 칭찬도 아니었다. 30초 만에 일어난 짧은 사건이었다. 그런데 어떻게 이토록 생생하게 기억할 수 있는 걸까?

바로 감정 때문이다. 어찌할 바를 모르겠고 혼자서 좌절하기 직전이었던 날에 들었던 '아름답다'는 말은 내게 커다란 영향을 미쳤다. 그 말 한마디에 희망과 자신감을 되찾은 느낌이 들었다. 내 외모와는 아무런 상관이 없었다. 간절히 원했던 때에 누군가가 베푼 친절을 받아 황홀하고 감사했다.

좋든, 나쁘든 어떤 감정을 느낄 때 그 감정은 우리 뇌에 더 특별한 의미를 새기게 되고, 따라서 그런 스토리는 오래 기억에 남는다.

중요한 순간

훌륭한 스토리는 사방으로 뻗어나가는 대서사시가 아니다. 내면에 자리한 셀프스토리는 한순간의 짤막한 스토리다. 그 규모가 아니라 영향력이 중요하다. 주유소에서 받았던 칭찬, 초등학교 때 신체검사 시간, 형광등이 켜진 회의실에서 언짢은 고객 맞은편에 앉아 있었던 기억. 친구와 우연히 둘 다 짬이 나서 짧은 시간 함께 커피를 나눠마셨던 추억. 흥미진진한 스토리는 찰나의 순간에 일어난다. 그 사실을 기억해야 한다.

구체적인 세부사항

세부사항은 기억하기 쉽다. 세부사항이 있으면 스토리는 오래 기억에 남고 신뢰도도 상승한다. 마케터들은 제품이나 서비스가 고객의 기억에 오래 남도록 만들고자 세부사항을 활용한다. 우리 뇌는 훨씬 적은 노력을 들여서 똑같은 일을 한다. 나는 사람들이 자기가 발견한 스토리를 나누면서 지극히 하찮은, 언뜻 사소해 보이는 세부사항들을 얼마나 많이 떠올릴 수 있는지 믿기지 않아 하는 목소리를 들을 때 짜릿함을 느낀다. 예컨대 사람들은 전날 쇼핑몰에서 주차했던 곳은 기억하지 못하면서도 10년 전에 있었던 일을 얘기하면서 차를 어디에 주차했었는지 정확하게 떠올리곤 한다.

스토리가 오래 기억에 남게 하는 위의 네 가지 요소를 이해하는 것은 다음과 같은 측면에서 중요하다. 먼저 내면에 스토리 빙산이 생겨나서 계속 머무르는 이유를 알면 도움이 된다. 우리는 살면서 일어난 커다란 사건들과 삶의 이정표가 되는 순간들을 기억한다. 커다란 사건은 사건 자체가 주는 충격이 크기 때문에 기억하기가 쉽다. 한편, 지금까지 설명한 네 가지 구성 요소는 우리 뇌의 의식 영역이 하찮다고 여기는 순간들까지 사라지지 않는 이유를 설명해준다. 다음 장에서는 본격적으로 여러분에게 정말 도움이 되는 스토리를 고르기 시작할 것이다. 이때, 스토리가 오래 기억에 남도록 만드는 방법을 반드시 알아야 한다. 새로운 스토리들이 내면에 머무르면서 새로운 빙산을 형성할 때까지 기다려야 한다. 그러면서 새로운 스토리가 오래 기억에 남을 수 있게 해야 한다.

용을 인정하라

2002년 12월 11일, 심리학자이자 베스트셀러 작가인 조던 피터슨이 토론토 대학교 동문들을 대상으로 강연을 했다. 피터슨은 그림작가 잭 켄트가 4세 아동을 대상으로 쓴 동화책인 『용 같은 건 없어』를 읽었다.

이 동화에서는 한 꼬마가 엄마에게 집에 용이 있다고 말한다. 엄마는 용은 상상 속 동물이라고 대답하고 평소처럼 생활한다. 꼬마도 그랬고, 용 역시 그 집에서 생활하면서 점점 커져갔다. 엄마가 용의 존재를 부정하는 동안 계속 자라난 용은 결국 그 가족의 집을 등에 태우고 거리로 나간다. 마침내 꼬마가 용이 정말로 있다고 주장하고 용의 머리를 쓰다듬자 비로소 용은 엄마 무릎에 기어오를 수 있을 정도로 줄어든다. 엄마는 "용이 왜 그렇게 커졌을까?"라고 묻는다. 꼬마는 "잘 모르겠어요. 그냥 눈에 띄고 싶었던 것 같아요"라고 말한다.

참가자들이 스스로를 발견한 지점이 바로 여기에 있었다. 그들의 셀프스토리는 시간이 흐르면서 이야기 속의 용처럼 점점 커져갔고 더 많은 영역을 차지했다. 자신의 잠재의식 속에 부정적인 스토리가 얼마나 가깝고 생생하게 자리 잡고 있는지를 확인한 뒤, 충격을 받은 참가자들은 이어서 자기 인생에서 그런 스토리가 얼마나 오랫동안 날뛰었는지 깨닫는다. 그 세월이 수십 년인 경우도 흔하다.

이런 스토리들이 모여서 내는 힘이 우리 삶이 나아갈 경로를 결정하고, 기쁨을 빼앗고, 소심하게 행동하도록 몰아간다. 스토리들은 좀처럼 눈에 띄지 않으면서 "어쩌다 내가 이 꼴이 됐지? 어째서 돌파하고 나아가 저곳으로 갈 수 없는 거지? 대체 무엇을 할 수 있지?"라는 의문을 품게 한다.

이 모든 일은 스토리를 있는 그대로 보는 데서 시작한다. 여러분을 지금 그 자리에 얼어붙어 꼼짝도 않게 만든 것이 무엇인지 분석해야 한다. 이제 얼음송곳을 꺼내자. 이제부터 우리는 덩어리를 깨고 발굴 임무를 수행할 것이다.

앞으로 수행하게 될 임무

한 가지 유의할 사항이 있다. 지금부터 할 발굴이란 살면서 겪은 부정적인 경험을 곱씹거나 되새기려고 하는 작업이 아니다. 정확히 말하면 계속 반복해서 재생되면서 여러분의 행동에 영향을 미치고 있는 스토리를 의식해서 드러내는 작업이다. 즉, 부정적인 스토리에 힘을 실어주는 것이 아니라 이미 힘을 가지고 있다는 사실을 이해해야 한다. 언급도 하지 않으면 문제가 더욱 심각해진다.

나쁜 스토리들을 지우는 작업 또한 아니다. 나쁜 스토리를 지울 수는 없다. 단지 우리가 할 수 있는 일은 앞서 말한 용 이야기처럼 그 존재를 인정하고 좀 더 잘 이해한 다음에 우리에게 좀 더 도움이 되는 스토리로 주의를 돌리는 것이다.

피터슨은 "여러분이 두려워하는 무엇인가가 A지점에서 B지점, 즉 어떤 지점에서 다른 지점으로 가는 경로를 막고 있다면 그것에 맞서는 법을 배워야 합니다. 여러분이 맞서지 않으면 그것은 집안 전체를 채우는 용과 같은 존재로 변할 때까지 자라고 커질 것이기 때문입니다"라고 말했다.

보통의 경우라면 용 이야기에 나오는 엄마처럼 스토리를 무시하고, 실제로 볼 수 없으니 없는 취급을 하며 행동한다. 부정적인 셀프스토리들이 밝은 곳에 나오고 싶어 안달이라고는 생각하지 않지만 (그들은 어둠 속에서 가장 편안해 할 것이다) 이를 계속 무시하다 보면 결국에는 되려 바람직한 셀프스토리를 밀어내고 말 것이다.

빙산 분석하기

이 점을 염두에 두고 분석에 들어가면 먼저 스토리를 엿보아야 한다. 빙산을 구성하는 스토리 중, 기억에 오래 남는 전체 스토리를 살핀다. '나는 어떠어떠하다' 진술을 비롯한 여러 단서를 통해 스스로 한계를 정하는 스토리가 작동하는 순간을 포착하고 나면 이제 기억을 더듬어 내려갈 시간이다. 과거에서부터 마치 눈송이처럼 서로 달라붙어 이 빙하를 형성하는 특정한 순간들이 있었는지 생각해보자. 금방 찾아낼 수 있는 사례도 있고 찾기 어려운 사례도 있다. 그런 경우에는 우리 스토리는 사람, 장소, 사물, 사건처럼 우리 삶에 등장하는 '명사'를 통해서 접근할 수 있다는 사실을 기억하자.

가족, 동료, 친구, 선생님 등 인생에서 중요한 사람을 떠올려보자. 헤어진 연인, 옛날 상사, 절교한 친구와 같이 부정적인 영향을 미쳤던 사람들도 생각해보자. 그들과 관련해 구체적으로 어떤 기억이 떠오르는가? 여러분이 아직도 붙들고 있는 스토리들이 있는가? 다음으로 인생에서 중요했던 장소들을 떠올려보자. 여러분이 자랐던 집, 매년 여름마다 갔던 캠프, 다녔던 교회, 첫 직장이 있었던 사무실. 그런 장소를 하나하나 떠올리다 보면 옛 스토리들이 다시 밀려올 것이고, 그중에는 그리 달갑지 않은 기억도 있을 것이다. 이사, 승진, 실직, 결혼식, 장례식 등 인생에서 중요했던 사건과 어린 시절, 십 대 시절, 청년기, 다른 곳에서 살았던 해 등 중요했던 시기를 떠올리면 그곳에도 스토리가 있다. 즐거운 스토리도 있고 동시에 여러분에게 불리한 스토리도 있다.

여기에는 규칙이 없다시피 한다. 아주 옛날의 기억으로 돌아갈 수도 있고, 바로 지난 주에 있었던 일로 돌아갈 수도 있다. 중대한 스토리일 수도 있고, 사소한 스토리일 수도 있다. 많은 스토리가 있을 수도 있고, 단 하나지만 여러분을 쓰러뜨릴 만큼 강한 스토리일 수도 있다. 관건은 빙산 진술 자체를 밀어내고 그 빙산을 떠받들고 있는 나머지 스토리들을 찾아내는 것이다. 일단 이런 스토리를 최소 몇 가지라도 찾아내면 그 스토리들을 마음에 새겨야 한다. 그 내용을 어딘가에 적어두거나 신뢰하는 사람에게 털어놓는 것이 좋다.

"첫 직장에 다닐 때 있었던 일이 기억났어. 믿기 어려운 이야기야. 나도 모르는 사이에 계속 붙들고 있었나봐."

다시 말하지만 우리는 트라우마를 '강화'하려는 게 아니라 오히려 '방출'하기 위해 이 작업을 하고 있다. 연구에 따르면 용 스토리와 마찬가지로 불안과 PTSD(외상 후 스트레스 장애)를 다룰 때 가장 좋은 접근법 중 하나가 그 경험을 최대한 다시 체험하는 것이라고 한다. 내가 제일 좋아하는 스토리텔러 중 한 명인 케빈 클링Kevin Kling은 "스토리를 털어놓고 나면 이제 더는 그 스토리가 나를 통제할 수 없다"라고 말했다.

판단하지 말아야 한다. 너무 오래전 일이라 이제 더는 중요하지 않다고 생각해선 안 된다. 어떤 사소한 경험이라도 여러분의 잠재의식이 그 스토리를 붙들고 있다면 그건 중요한 스토리이다. 스스로에게 "그건 너무 사소한 일이었어. 중요하지 않아"라고 말하지 말자.

"하찮은 배역은 없다. 하찮은 배우가 있을 뿐이다"라는 연극계 격언처럼 우리의 스토리도 마찬가지다. 스토리의 크기가 중요하다기보다는 그 뒤에 숨은 **감정**이 중요하다. 1부에서 살펴봤듯이 우리는 두려움, 수치심, 슬픔, 후회 같은 부정적인 감정을 더욱 크게 느끼도록 진화해왔기 때문에 아무리 사소한 스토리라도 그것은 우리 기억에 분명히 남게 된다.

이제부터 우리의 내면은 판단 금지 구역이다. 빙산에서 스토리를 발견한다면, 그것은 무조건 중요한 스토리라는 것을 잊지 말자.

여섯 가지 질문

의식의 불빛 속에 꿈틀거리는 어떤 스토리가 나타나면 좀 더 자세히 알아봐야 한다. 여러분의 발목을 잡고 있는 스토리를 좀 더 잘 이해하려면 핵심 질문 여섯 가지를 스스로에게 질문해봐야 한다.

질문 1: 이 스토리는 어디에서 왔을까?

빙산이 그냥 갑자기 나타나지 않는 것처럼 스토리도 마찬가지다. 어떤 스토리는 여러분에게 일어났던 일, 발생했던 사건, 목격한 일 등 개인에게 실제로 일어난 경험에서 비롯된다. 이런 종류가 가장 일반적인 스토리다. 브로드웨이에서 대단한 인기를 끌었던 뮤지컬 〈렌트〉에 나오는 유명한 가사처럼 우리는 매년 525,600분을 살아가고, 그 일 분, 일 분이 스토리가 될 가능성을 지닌다. <u>살아온 세월만큼 콘텐츠도 많아진다.</u>

그런 스토리와 더불어 다른 스토리 집합도 있다. 친구나 가족들에게 들은 스토리들이다. 때로는 원하지 않는데도 전해 듣게 된다. 명절 모임에서 어른들이 앉은 식탁에 끼어 이모가 1지망 대학에 떨어졌던 스토리나 삼촌이 부동산 투자에 실패한 스토리를 꾸역꾸역 들은 적이 있는지 생각해보자.

감정이나 풍부한 감각적 세부사항 같은 스토리 요소들이 구전이나 오래된 일기뿐만 아니라 우리 DNA를 통해서도 다음 세대로 전해질 수 있다는 증거가 계속해서 나오고 있다.[1]

거대한 얼음 덩어리에서 우리가 적극적으로 찾는 스토리들이 있다. 어떤 상황을 이해하려고 애쓰거나 결정을 내리거나 조언을 구하려고 할 때 우리는 자주 스토리를 듣게 된다. 이는 당연한 현상이다. 인간은 이야기하는 생명체이기 때문이다. 그러니 친구가 의견을 구했을 때 그 대답으로 어떤 스토리를 내놓는 것은 지극히 타당하다. 그 대답이 스토리이기 때문에 우리 기억에 오래도록 남는다.

| 임신 중 체중 증가 |

첫 아이를 임신한 지 6개월 정도 지났을 때였다. 항상 의욕이 넘치는 사람인 나는 임신 기간 내내 권장 체중 증가량의 약 두 배를 찌웠다. 주치의는 크게 걱정하지 않는 듯했지만 나는 초조해지기 시작했다. 아기가 태어난 뒤에 살을 다 어떻게 빼야 할지 고민스러웠다. 나는 최근에 아기를 낳은 친구에게 물어보기로 했다. 그라면 확실히 조언을 얻을 수 있을 것 같았다.

그와 이야기를 나눴을 때 나는 주유소에 있었다. 차에 앉아 연료 탱크가 가득 차기를 기다리면서 통화를 하고 있었다. 소중한 내 친구는 자기를 비롯한 많은 친구들이 아이를 한 명 낳을 때마다 5킬로그램씩 쪘다고 얘기했다. 그는 무미건조하게 "그건 그냥 일어나는 일이야"라고 말하더니 얼마나 생활이 바빠지는지, 얼마나 많은 책임을 져야 하는지, 자기 자신에게 쓸 시간이 얼마나 줄어드는지 등등을 계속 얘기했다. 전화를 끊고 나서 멍하니 전면 유리창을 바라보며 금방 들은 이야기를 곱씹은 기억이 난다. '아이 한 명당 5킬로그램이 는다고?'(이 스토리가 어떻게 끝났는지는 다음 장에서 공개하겠다).

스토리가 '어디'에서 비롯되든 간에 스토리는 스토리 그 자체다. 스토리는 비롯된 그곳에서 나온다. 그 근원을 바꿀 수는 없다. 하지만 그런 근원에 대한 이해는 더 바람직한 스토리를 선택할 때 중요한 단계다. "이 스토리가 어디에서 비롯되는가?"라는 물음은 우리 길을 가로지르는 스토리를 수동적으로 '채택'할지 아니면 적극적으로 '수락'할지를 가르는 계기가 된다.

[관련 질문]

- 이 스토리와 관련된 가장 오래된 기억은 무엇인가?
- 이 스토리를 시간 순으로 추적할 수 있을까?
- 이 스토리가 시작된 이래 내가 이 스토리를 어떻게 확장하거나 구축 했는가?

질문 2: 이 스토리는 진실인가?

베스트셀러 『마음을 치료하는 법』을 쓴 저자 로리 고틀립은 "인간인 우리는 다들 신뢰할 수 없는 내레이터입니다. 우리는 자신이 정확하게 말하고 있다고 생각합니다. 하지만 우리가 전하는 내용은 주관적인 관점에서 말하는 스토리예요"[2]라고 말했다. 그 주관성만으로도 잠시 멈추고 좀 더 자세히 들여다봐야 할 이유가 충분하다. 물론 내면의 스토리가 있는 그대로의 진실일 때도 있다. 때로는 시간이 흐르면서 스토리의 진실이 바뀌기도 한다. 때때로 한 스토리가 어떤 관점에서 볼 때는 진실이지만 각도를 조금 달리해서 바라보면 그 진실이 거짓이 되는 것까지는 아니라도 새로운 면이 추가되는 식으로 바뀌기도 한다.

스토리가 지닌 유연성, 무정형성은 가장 아름다운 속성 중 하나다. 하지만 만사를 흑백으로 나누고, 확정하고, 옳고 그름을 가리고 싶어 하는 우리 욕망 때문에 스토리가 지닌 가장 멋진 선물을 놓치곤 한다. 우리가 어떻게 하느냐에 따라서 상황은 바뀔 것이다.

| 깨가 쏟아지는 신혼? |

신혼 시절 나는 남편에게 맞추는 생활에 적응하느라 고군분투했다. 남편은 멋진 사람이었지만 그 역시 배우자와 함께 산다는 것이 어떤 의미인지 전혀 몰랐다. 우리가 우리 집이라고 부르게 될 아파트로 이사한 날, 나는 어디에 내 소지품들을 둬야 할지 파악하느라 애썼다. 마이클은 자기가 다 생각해뒀다고 말하며 밤색 오토만등받이가 없는 쿠션 의자-옮긴이을 가리켰다. 그가 코스트코에서 구입한 밤색 소파와 수많은 색 중에서 굳이 밤색으로 칠한 벽과 색깔을 맞춘 오토만이었다.

오토만. 거기가 내 물건을 놓을 곳이라니. 내 눈이 휘둥그레지는 것을 알아차린 마이클은 나머지 물건은 주차장에 있는 보관함에 넣으라고 했다.

마이클은 스토리텔링 전문가와 결혼한 독특한 운명이다. 마이클을 포함하는 내 인생에서의 경험을 골라 이를 스토리로 세상에 전하는 것이 바로 내가 하는 일이다. 책으로 전하기도 하고 소셜 미디어로 전하기도 하며 실시간 행사나 강의에서 전하기도 한다.

어느 날 밤 나는 심야 스토리텔링 프로그램에 초대를 받았다. 그 자리에서 나는 인생과 배우자와 관련해 내가 스스로 정한 규칙에 관한 이야기를 했다. 이 이야기는 오토만 에피소드와 같은 스토리로 구성되었다. 마이클의 실없고 눈치 없었던 짤막한 일화들을 모은 웃기고 다소 아슬아슬하고 사랑스러운 스토리들이었다. 아이가 태어났거나 아이가 생기지 않아서, 실업이나 사업 실패를 겪어서, 중대한 결정이나 작은 결정들이 수십 년 간 쌓인 무게로 인해서 관계에 위기가 닥친 적이 없는, 아직 반짝반짝 빛나는 눈빛을 지닌 젊은 신혼 여성의 시선으로 전달됐다.

내가 이야기를 마쳤을 때 객석에 앉아 있던 관중이 갈채를 보냈지만 내 눈에는 한 남자가 보낸 박수만이 들어왔다. 마이클은 아니었다 (그는 그 자리에 없었다). 그 사람은 바로 나의 멘토이자 전설적인 스토리텔러인 도널드 데이비스Donald Davis였다. 행사가 끝난 뒤 데이비스는 내게 다가와 내 스토리텔링을 칭찬했고, 내가 평생 들은 가운데서도 가장 중요한 말을 했다.

"당신의 스토리가 너무 좋았어요. 정말 좋았어요. 5년이나 10년 후 그 스토리들이 어떻게 될지 꼭 듣고 싶네요."

그는 눈을 반짝이며 "스토리는 그런 존재예요. 바뀐답니다"라고 말했다.

나는 그 말을 이제는 더욱 잘 이해한다. 마이클이 우리 아들을 처음으로 안는 모습을 보면서 마이클을 사랑하는 내 마음이 변화하고 더 커졌다. 결혼한 지 10년이 지나는 사이 교외에서 맨해튼에 있는 아파트로 이사하고 팬데믹까지 겪으면서 오토만 스토리는 다른 의미를 지니게 됐다. 우리 가족이 규칙을 함께 쓰고 또 고쳐 쓰면서 규칙을 깬다는 의미도 달라졌다.

나는 스토리텔링 전문가로서 시간이 지난 스토리들로 돌아가 점검하고 어떻게 바꾸는지 되짚어봐야 한다. 그렇지 않으면 소재가 바닥날 것이기 때문이다. 하지만 일상을 살아가는 평범한 사람에게는 이런 질문을 던질 명백한 동기가 없는 것이 사실이다.

사람마다 각 스토리에서 진실과 관련해 고려할 점은 제각각일 것이다. 가장 중요한 사항은 먼저 '**이 스토리는 진실인가?**'라는 질문을 던지는 것이다.

[관련 질문]

· 그 스토리는 '한 번이라도' 진실이었나?

· 한때는 진실이었지만 시간과 경험 때문에 그 진실이 바뀌었나?

· 그 스토리는 말한 사람뿐만 아니라 '나'에게도 진실이었나?

질문 3: 왜 그 스토리가 남아 있을까?

무의미한 스토리는 없다.

빙산에서 어떤 스토리를 발견했다면 그 스토리가 존재하는 이유가 있다. 그 이유를 이해하는 것이 이 여정에서 중요한 과정이다.

어쩌면 그 스토리는 여러분을 안전하게 지켜주기 위해 그곳에 있었겠지만 위험은 이미 사라졌을 수 있다. 여러분이 겸손할 수 있도록 그 자리를 지키는 스토리도 있겠지만 이제는 대담해져야 할 때일 수도 있다. 그 스토리를 말한 사람이 중요한 사람이었기 때문에 계속 그 자리에 있었을 수도 있다. 신뢰하는 사람이 들려준 이야기는 무관심한 사람의 이야기보다 훨씬 더 기억에 잘 남는다. 하지만 그랬다 하더라도 그 스토리의 의미는 이제 퇴색했다. 여러분이 어떤 일에서 회복하는 과정에서 그 스토리를 들었고, 그 당시에는 다른 곳으로 나아가는 데 많은 도움을 줬지만, 이제는 마치 지나치게 자란 흉터 조직처럼 여러분을 그 자리에 붙들어두고 너무 오래 머무르면서 다른 문제를 일으키고 있지는 않은지 살펴봐야 한다.

이 질문의 핵심은 모든 스토리에는 저마다 가치가 있다는 점을 인정하고 나아가 여러분의 스토리를 부끄러워할 필요는 없다는 사실을 깨닫는 데 있다. 어릴 때 쓰던 침대가 이제 몸에 맞지 않는다고 해서 부끄러워하지는 않았다. 성장하면서 자연스럽게 생기는 일이기 때문이다. 하지만 부모님이 여러분을 안전하게 보호하겠다고 아기 침대에 눕히고 절대 꺼내 주지 않았다고 상상해보자. 졸업한 날에도 아기 침대에서 자고, 대학에 진학할 때도 가지고 가고 처음 마련한 집에도 이 아기 침대를 가지고 간다. 상상해보면 정말 우스꽝스러운 일이다. 그런데 유감스럽게도 셀프스토리에 관해서는 이런 경우가 흔하다. 이는 대단히 심각한 문제다.

"왜 그 스토리가 있을까?"라는 질문은 수치심을 없애고, 그 스토리를 있는 그대로 바라보고, 이를 날려보낼 수 있도록 돕는다.

[관련 질문]
- 이 스토리는 어떻게 나를 지금의 내 자리에 붙들어놓았을까?
- 이 스토리는 어떻게 나를 보호하고 있을까?
- 나는 무엇을 두려워하는가?

질문 4: 나는 이 스토리에 어떤 대가를 치러야 하는가?

1989년 샌프란시스코에서는 거의 한 세기 만에 대지진이 발생했다. 이 지진으로 63명이 사망하고 4,000명에 가까운 사람이 부상을 입었으며 재산 피해는 60억 달러에 달했다.

당시 나는 미네소타에 사는 꼬마였다. 그날은 아빠가 샌프란시스코로 출장을 간 날이었다. 지금도 엄마가 정확히 무슨 일이 일어나고 있는지, 아버지가 무사한지 알아보려고 주방 벽에 설치된 전화기에 대고 소리를 지르던 모습을 기억한다. 아버지는 무사히 집으로 돌아와 보도블록이 굴러다니고 호텔 벽 파편이 여행용 가방에 떨어진 스토리를 들려줬다.

나는 그 스토리가 흥미롭다고 생각했지만 엄마는 그렇지 않았다. 엄마는 그 자리에서 절대 캘리포니아에 가지 않겠다고 결심했다. **평생.**

그 지진 스토리로 엄마는 아주 오랫동안 미시시피강 동쪽에만 머물렀다. 그러다가 내가 애리조나로 이사해 그곳에서 샌디에이고 출신 남자를 만나 결혼식을 캘리포니아에서 올리기로 결정한 뒤로 엄마는 셀프스토리텔링 기로에 섰다. 엄마는 20년 전에 일어났던 무서운 지진 스토리를 스스로에게 계속 들려주면서 그 스토리가 자신의 행동을 지배하도록 할 수도 있었다. 그 말인즉슨 딸의 결혼식에 참석하지 않는다는 뜻이었다. 하지만 선택의 여지가 없는 일이었고, 내가 내 평생의 사랑과 결혼하던 그날 엄마와 아빠는 자랑스럽게 첫 줄에 앉았다. 그렇지만 나는 엄마의 그 결정이 아무런 고민 없이 나오지는 않았을 것이라고 확신한다.

미리 경고하건대, 여러분의 스토리가 항상 그렇게 명백하지는 않을 것이고, 그 대가 역시 딸의 결혼식에 불참하는 것만큼 항상 명확하지는 않을 것이다. 그럼에도 여러분이 스스로에게 들려주는 스토리에는 항상 대가가 따른다는 점을 기억해야 한다. 그 대가는 행복일수도 있고, 자기실현일 수도 있고 건강일 수도 있다. 특히 부정적인 셀프스토리는 언제나 상당히 비싼 대가를 치러야 한다.

셀프스토리에 관해서는 무임승차란 없다. 이 스토리가 잠재의식 속에서 허둥지둥 돌아다닐 때마다 여러분은 무엇을 포기하고 있는지 생각해보자. 지금 상태에 머무르도록 붙잡아두는 스토리는 여러분이 살면서 만나는 간극을 뛰어넘도록 돕는 스토리와 정반대 방향으로 작용한다. 그 스토리에 여러분은 어떤 대가를 치르고 싶은가?

[관련 질문]
- 이 스토리가 사라지면 내 인생은 어떻게 될까?

- 나는 이 스토리 때문에 무엇을 놓치게 될까?
- 이 스토리가 작동할 때 나는 어떻게 행동해야 할까?

질문 5: 이 스토리가 내게 도움이 될까?

밸런타인데이에 꽃을 받은 시마 반살은 무슨 생각을 해야 할지 확신이 서지 않았다. 새 연인이 그에게 보낸 꽃은 형편없었다. 거의 다 시든 상태로 보기 흉한 상자 속에 축 늘어져 있었다. 그렇다고 받고도 모른 척할 수는 없었다. 시마는 밴쿠버에 있었고 애인인 서니는 뉴욕에 있었으므로 받은 꽃을 사진으로 찍어 보내고 고맙다고 전했다.

서니는 몹시 당황했다. 그가 주문한 꽃은 시마가 받은 것과는 완전히 다른 제품이었다. 상황은 금방 누그러졌고 소소한 농담거리로 바뀌었다. 그러면서 그에 대한 대화가 이뤄졌다. 이민자 부모의 딸이었던 시마는 아버지가 사업으로 고군분투하는 모습을 보며 자랐다. 그는 '우리라면 더 잘할 수 있을 것 같은데'라고 문득 생각했다.

서니도 동의했다. 두 사람의 해프닝은 즉각 사업 아이디어로 바뀌었고 머지않아 시마는 새로 사귄 애인과 새로운 사업을 벌이는 데 저축했던 돈을 투자하고 밴쿠버에서 뉴욕으로 이사할 계획을 세웠다.

모두가 쌍수를 들고 환영하지는 않았다.

시마는 반대하는 사람들이 너무 많았다고 회상했다.

"시작은 부모님부터였죠. 힘이 되어주려고는 하셨지만 그동안 모은 돈으로 사업을 시작한다고 하니 두려워하셨어요. 친구들도 현명한 결정이 아니라고 말했어요. 맥이 빠졌죠. 누가 내 편이 되어줄지 파악하느라 정말 애를 먹었어요."

자신의 계획에 다들 예상치 못한 반응을 하자 시마는 충격이 컸다. 그리고 이는 해묵은 스토리를 되살리게 만들었다.

시마의 아버지는 거의 빈손으로 캐나다로 이민 와서 노동자로 일했다. 그러다가 기회를 잡아 친구와 가족에게 거액을 빌려 사업을 시작했다. 당시로서는 엄청난 위험을 감수하는 일이었지만 좋은 결실을 맺었다.

언뜻 보기에 이 스토리는 시마가 새로운 모험에 선뜻 뛰어들도록 격려할 수도 있을 것처럼 보이지만 스토리는 여간 까다로운 게 아니다. 아버지가 신중한 태도를 보이자 그에게 다른 스토리가 등장했다. 자신과 출신 배경이 비슷한 서니와 공유하는 스토리였다.

시마는 결국 무슨 생각을 하고 있었을까? 그들의 부모님은 가족을 보살피기 위해 희생했다. 자신들이 그 모든 것들을 위태롭게 하지는 않을까? 점점 고민이 되기 시작했다. 더군다나 아버지가 사업 아이디어에 확신을 나타내지 않자 시마의 걱정은 더욱 늘어갔다. 과연 시마와 서니는 부모님이 그들을 위해서 한 모든 일을 순간적인 충동으로 무시하고 있었을까?

"실수를 할 수는 없었어요. 부모님의 돈이 걸린 일은 아니었지만 희생이 걸린 일이었으니까요."

머지않아 새로운 관계와 새로운 기회를 꿈꾼 시마의 스토리는 "만난 지 얼마 되지도 않은 남자랑 새로운 사업을 시작하겠다고 외국으로 떠나서는 안 돼"라는 스토리로 바뀌었다.

★★★

　여러분이 발견한 스토리와 관련해 여러분 스스로에게 묻게 될 가장 중요한 질문이 바로 '이 스토리가 나에게 도움이 될까?'이다.

　이는 지극히 개인적인 질문이며 자기 자신만이 대답할 수 있는 질문이기도 하다.

　또한 가장 어려운 질문이다.

　애초에 이런 질문을 한다면 그 대답은 '아니요'일 가능성이 높다. 그 스토리는 여러분에게 도움이 되지 않는다. 그 말은 여러분이 곧 해야 할 일이 있다는 뜻이다.

　시마의 경우, 그 일이 쉽지 않았다. 시마처럼 조심스럽고 신중한 사람이 새로운 사업과 관계에 관해 직감이 들려주는 스토리와 그런 꿈을 꿀 수 있도록 이끌어준 사람들이 말하는 상반된 스토리를 중재하기란 어려운 일이다.

　시마가 마침내 밴쿠버를 떠나 뉴욕으로 가는 공항에서 아버지는 그를 축복했다. 하지만 사업이 잘 풀리지 않는 때에 시마는 밤늦은 시간에 그 스토리(만난 지 얼마 되지도 않은 애인과 새로운 사업을 시작하겠다는 스토리)를 곱씹는 날이 많았다.

　처음에 두 사람은 원룸에서 사업을 시작했다. 시마가 꽃다발을 만들고 서니가 배달을 했다. 멀게는 코네티컷이나 메릴랜드까지도 배달했다. 사업 규모를 어떻게 확장할지 고민하는 동안 시마는 계속해서 해묵은 스토리와 마주했다.

　"매일 밤 울다가 잠들곤 했어요. 울기는 했지만 '항상 잘 될 거야, 잘 될 거야, 잘 풀릴 거야'라고 생각했죠."

시마와 서니가 하는 꽃 배달 서비스인 비너스 에 플러Venus ET Fleur
는 작은 스타트업으로 시작해 전 세계에 알려진 고급 브랜드로 성장
했다. 비너스 에 플러는 전 세계로 꽃을 배송하고 런던과 뉴욕에 호
화로운 매장이 있으며 오프라 윈프리와 카다시안 가족 같은 유명인
들에게 찬사를 받았다. 시마는 해묵은 스토리들을 버리고서야 성공
을 거둘 수 있었다.

어떤 스토리가 여러분에게 도움이 되는지는 오직 여러분 자신만
이 결정할 수 있다. 여러분이 내놓을 대답은 그동안 알고 있거나 믿
는다고 생각했던 모든 것에 반할 수 있다. 의사 집안에서 자라 잠재
의식 속에 "그렇게 나는 의사가 되어 쭉 행복하게 살았다"로 끝나는
스토리들로 가득한 사람이 정작 목에 건 청진기가 천직으로 생각되
기보다 아주 무거운 추처럼 느껴져 고민하고 있다면 스토리들을 다
시 검토해볼 시간일지도 모른다.

시마는 "그 모든 경험을 통해서 나는 내 직감을 신뢰하고 나 자신
을 믿어야 한다는 교훈을 얻었어요. 자기가 갈 길을 믿고 계속 나아
가야 해요"라고 말했다.

질문 6: 나는 이 스토리에서 어디에 있는가?

이 질문은 내가 제일 좋아하는 질문이고 그 자체만으로 여러분의
인생을 바꿀 힘을 지니고 있는 질문이다.

| 미스 아메리카나 |

언젠가 유명 팝 스타 테일러 스위프트를 담은 다큐멘터리 〈미스

아메리카나Miss Americana〉를 본 적이 있다. 그 다큐멘터리를 보며 인상적이라 생각했던 장면이 있다. 2018년 그래미 어워드 수상 후보를 발표하는 날, 테일러는 어떤 여성과 통화 중이었다. 그 여성은 테일러에게 후보 전체 목록이 나오기를 기다리고 있는 중이지만 현재 시점에서 테일러의 앨범인 〈Reputation〉은 주요 부문에 후보로 올라가 있지 않다고 말했다.

우리는 저마다 실망을 느끼면서 살아간다. 결승 샷이 림rim, 농구 골대에서 공을 던져 넣는 고리 부분 - 옮긴이에 맞았을 때, 마지막 순간까지 밀어붙였는데도 판매 목표를 채우지 못했을 때, 흔쾌히 승낙하리라 기대했다가 가슴 아픈 거절을 당했을 때, 누구나 살면서 정말로 열심히 일했던 어떤 일이나 어떻게 될 것이라고 기대했던 일이 예상과 다른 결과, 즉 실패로 판명되는 순간을 겪는다. 그 순간 잠시 우리는 시간이 정지된 채 동시에 속도를 내는 이상한 공간으로 스르륵 빠져든다. 그 짧은 시간 동안에 우리의 잠재의식은 걷잡을 수 없는 길로 우리를 데려가 셀프스토리들을 한꺼번에 눈앞에 비추며 "이 스토리는 끝났어. 난 실패자야"라는 결론을 내리라고 독촉한다. 만약 그런 결론을 내리면 우리는 하던 일을 즉각 멈추고 더 안전한 환경에 머무르려고 할 것이기 때문이다.

그 다큐멘터리 영상은 정확히 이 갈림길에 선 테일러를 포착했고, 그에게는 대단히 중요한 순간이었다. 그는 "어렸을 때나 지금이나 제 도덕률은 상대방에게 좋은 사람으로 여겨져야 한다는 것이었어요. 저는 칭찬을 많이 받을 때 행복하다고 느끼도록 키워졌어요. 그저 누군가가 머리를 쓰다듬어주기만을 바랐죠"라고 말했다.

그때 우리는 테일러에게서 셀프스토리텔링 달인으로서의 재능을 발견할 수 있었다. 테일러는 숨을 고르고 잠시 말을 멈추더니 소리 내어 말했다.

"괜찮아요. 별일 아니에요. 그냥 더 훌륭한 앨범을 만들면 돼요."

이는 스스로에게 하는 말이기도 했다. 테일러가 이 말을 하는 투가 뭔가 특별했다. 남들이 보기에 더 훌륭한 앨범이 아니라 '자신'이 보기에 더 훌륭한 앨범이라는 뜻으로 들렸다. 그리고 그 단순한 한마디로 테일러는 셀프스토리텔링 과정에서 가장 중요한 부분에 접근했다. 그는 이것이 자기 스토리의 끝이 아니라 '중간'이라고 결정했다.

스토리는 한순간에 만들어질 수 있지만 인생 그 자체만큼이나 길고 끊임없이 펼쳐지기도 한다. 끝은 시작이 될 수 있고 시작은 중간이 될 수 있다. 어떤 스토리의 중간이 다른 스토리의 끝이 될 수 있다. 이처럼 셀프스토리는 끝없는 가능성과 가능한 조합이 무궁무진하지만 일단 우리는 기본적으로 스토리를 '완결'이라고 본다. 진실하고 영구한 상태로 이미 완성됐다고 간주한다. 우리는 끝에는 마침표를 찍고 시작에는 제목을 쓰고 싶어 하며 거기에서 시작하려고 한다.

테일러 또한 그냥 쉽게 그 스토리 끝에 마침표를 찍고 끝마쳤다고 할 수 있었다.

나는 이미 내게 주어진 모든 성공을 달성했어. 이미 정상을 찍었지. 이제 음악 산업이라는 산의 뒤쪽으로 천천히 내려갈 때야. 끝.

테일러는 자기 스토리를 쓰는 과정에서 펜대는 전적으로 자기 손에 달렸다는 사실을 깊이 인식하고 이 지점이 스토리의 중간이라고 정했다.

밑줄 결말이 마음에 들지 않으면 그곳에서 스토리를 끝내지 말고 그곳을 중간으로 만들면 된다.

그런데 중간은 엉망진창이다. 중간은 힘들다. 혼란스럽고 모든 걸 갈등할 수 있고 불공평하게 느껴질 수 있다. 좌절감이나 억울함을 느낄 수도 있다. 하지만 중간은 원래 그렇기 마련이다. 그 사실을 인정하고 믿을 때 스스로를 조금이나마 풀어주게 된다.

시간이 흐르면 결국 스토리가 전개된다. 나중에 돌이켜보면 사건들은 제멋대로 일어나는 파괴 행위가 아니라 여러분을 목표 근처로 데려다주었거나 여러분이 만족할 결말에 이르기까지 배워야 할 교훈을 가르쳐준 디딤돌로 보일 것이다.

예컨대 극심한 빈곤에 시달린 어린 시절, 심지어 대대로 빈곤했던 어린 시절에서 비롯된 금전 관련 스토리를 지닌 사람이 있을 것이다. 어쩌면 현재 저소득이나 빚더미로 고통을 받고 있거나 경제적으로 새롭게 도약하기가 두려워 금전 스토리에 시달리고 있을 수도 있다. 하지만 그렇다고 해서 스토리가 끝났다라고 할 수는 없다. 여러분은 끝이 아니라 중간에 서 있다.

'나는 어디에 있는가'라는 질문은 스토리의 끝을 예측하려는 시도가 아니다. 단지 '스토리가 끝나지 않았음'을 확인하는 과정이다. 그 결정은 전적으로 여러분에게 달렸다. '여러분'이 결정하게 될 것이다. 스토리의 결말이 마음에 들지 않는다면 **끝내지 마라.**

발목을 잡는 부정적인 스토리가 모두 이러한 분석 과정을 통한 위대한 스토리의 중간 지점이라고 상상해보자.

평생에 걸쳐 수집한 거대한 스토리 덩어리를 발굴하는 과정에서 수면 아래 쪽으로 조금 더 내려다보기 시작할 때 여러분은 끝내 마침표가 찍힌 스토리들을 발견하게 될 것이다. 그 마침표는 자기 신뢰의 발목에 묶인 거대한 추 역할을 하면서 여러분을 깊은 곳으로 끌어당긴다. 이런 스토리를 발견하면 '내가 이 스토리에서 어디에 있는가?'라는 질문을 스스로에게 던져야 한다. 빨간 펜을 꺼내 들고 마음속으로 모든 마침표를 쉼표와 **일시정지** 표시로 바꾸자. 그러면서 이후의 일이 어떻게 펼쳐질지 지켜보길 바란다.

[관련 질문]

· 나는 왜 이 스토리가 영원하다고 생각하는가?

· 스토리를 새로운 방향으로 보낼 수 있는 사건은 무엇일까?

선택할 자유

일단 작동 중인 스토리를 포착하고 나면, 몇 가지 질문만으로도 표면 아래로 내려가 실제로 그곳에 무엇이 있는지 볼 수 있다. 여러분은 스토리의 징후를 발견하고, 스토리를 촉발하는 계기를 확인하고, 그 스토리가 삶에 미치는 영향을 볼 수 있을 것이다. 눈에 보이지 않는 스토리를 발견해서 **눈에 보이게** 만들 것이다.

그런 다음에는 어떻게 될까? 그때부터는 즐거움이 시작된다.

일단 의식의 표면 아래에서 활개를 치는 스토리들을 잘 이해하기 시작하면 그 스토리를 바꿀 수 있기 때문이다.

틀림없이 더 바람직한 스토리들이 있다.

그러면 우리는 그냥 **고르기**만 하면 된다.

스토리를 고르는 방법은 다음 장에서 이어진다.

6장
선택
도움이 되는 스토리로 다시 쓴다

위대한 스토리는 자기 자신에게 그런 스토리를
말할 수 있는 사람들에게 일어난다.

–아이라 글래스

나는 담당 편집자와 책 표지에 대해 논의하고 있었다. 그 당시 편집자는 아직 원고를 다 읽지 않은 상태였지만 이 책이 미칠 영향력을 생각하며 먼저 들떠 있었다.

나는 책 표지에 대한 의견을 몇 가지 제시했고, 그중에는 한 사람이 빙산 꼭대기에 서서 나머지 빙산 덩어리가 숨어 있는 수면 아래를 내려다보는 이미지가 있었다. 편집자는 내 의견을 듣더니 걱정된다는 듯이 말했다.

"아, 전 빙산 이미지는 별로인 것 같아요. 너무 불길하잖아요. 너무 커요. 너무 험하기도 하고요."

나는 가슴속에서 피어오르는 당황스러움을 숨기려고 애썼다. 그때 나는 이미 2장에 걸쳐서 우리 안에 있는 빙산에 대한 이야기를 다룬 상태였다. 그러나 담당 편집자는 빙산이 너무 육중하다며 우려했다.

그의 말대로 빙산은 육중하며 또한 불길하다. 거대하고 위협적이다. 하지만 그것이 바로 빙산을 받아들여야만 하는 이유다. 빙산을 보고 이해하는 과정에서 그 존재 자체를 인정해야 한다.

지금까지 우리는 아래와 같은 내용을 이야기해왔다.

- 내면의 스토리텔러가 우리를 바다로 밀어 넣어버리는 '어이! **빙산이다! 순간**'을 포착해야 한다. 그러면서 눈에 보이지 않는 스토리를 '눈에 보이도록' 해야 한다.
- 이제 수면 아래를 내려다보고, 그곳에 숨어 있는 많은 스토리의 실체가 무엇인지 확인한다.

우리 마음속에서 실제로 어떤 일이 일어나고 있는지 잘 살펴본다는 것은 막막하고 무서운 일이다.

인생이란 빙산에는 발목을 잡는 스토리들이 있다. 그렇지만 좋은 스토리들은 훨씬 더 많이 있다. 승리한 스토리들이 있다. 사랑과 우정의 스토리. 지지와 용기와 기쁨의 스토리. 여러분이 누구이든, 어디 출신이든, 어떻게 자랐든 간에 여러분만의 좋은 스토리가 내면에 존재한다. 여러분은 지금까지 친절을 베풀었고 친절을 경험했다. 두려움에 직면했고 견뎌냈다. 힘든 일을 했고 성장했다. 너무 사소하거나 너무 적어서 별 볼일 없게 느껴지더라도 긍정적인 스토리는 분명 내 안에 있고 이는 스스로에게 더 큰 도움을 줄 수 있다.

이런 긍정적인 스토리 역시 뇌리에 남아 있는 부정적인 스토리처럼 거창하고 방대할 수도 있고, 사소하거나 순식간에 지나갈 수도 있다. 그런데 우리 인간이 본능적으로 지녀 왔던 부정 편향이 활개를 치며 무섭고 고통스러운 스토리를 생존 수단으로 우대하는 통에 대개는 좋은 스토리가 나쁜 스토리보다 더 많이 존재할 수 있다는 것을 알지 못한다.

그렇기 때문에 이번 장에서 다룰 이야기가 가장 중요하다고 할 수 있다. 생물학적인 이유가 있다 할지라도 우리는 우리의 의지대로 인생을 개척해나갈 수 있다. 우리에게는 능력과 권리가 있고, 선택할 책임도 있다. 여러분 자신에게 **도움이 되는** 셀프스토리를 스스로 말해야 한다. 간극을 건널 수 있도록 도와주는 스토리를 찾아내고 이를 늘려가야 한다. 이번 장에서는 이 작업에 필요한 구체적인 전략 다섯 가지를 자세히 설명한다.

노란 벽돌 길이 여러분이 가고 싶은 곳으로 향하는 길이라면 그 길을 이루는 벽돌 하나하나는 스스로에게 들려주기로 **선택**한 스토리다. 스스로 정한 한계에 부딪힐 때나, 소셜 미디어에 올라온 게시물에 자극을 받거나, 건강한 식습관에서 벗어나거나, 또다시 실연을 겪을 때마다 갈림길에 서게 된다. 그럴 때 잠재의식에 주도권을 내어주고 늘 일어나는 일이라고 치부해버릴 수도 있고, 자신이 주도권을 쥐고 더 바람직한 스토리를 선택해 스스로에게 들려줄 기회로 사용할 수도 있다.

바람직한 스토리로
가는 길에 놓인 두 개의 함정

참가자들과 일대일 상담을 실시한 첫 번째 주는 정말 훌륭했다. 모두가 금세 스토리를 '포착'하는 것처럼 보였고 빙산 진술 목록을 준비해왔다. 게다가 몇몇 진술들은 어디에서 비롯됐는지 쉽게 '분석'할 수 있었다.

첫 번째 일대일 상담이 끝난 뒤 각 참가자는 다음 주에 스스로 정한 한계 대신에 들려주기로 '선택'할 수 있는 긍정적인 스토리를 두 가지씩 찾아오기로 했다.

둘째 주 첫 번째 상담 역시 순조롭게 출발했다. 참가자는 머릿속에서 자동으로 반복 재생되면서 자꾸 자기 자신을 비판하게 하는 썩 좋지 않은 스토리들을 문제 없이 찾아냈다.

나는 다음 단계로 참가자들에게 그 대신에 선택할 수 있는 다른 스토리를 찾았냐고 물었다. 한 참가자는 이렇게 말했다.

"글쎄요. 저는 일을 잘해요. 음, 그리고 똑똑하고 좋은 지도자라는 점이요?"

나는 이런 반응에 슬며시 우려가 들었다. 그러다가 깨달음을 얻었다. 참가자들이 고심하는 부분은 기업들이 자사 브랜딩을 위한 스토리를 찾으려고 할 때 고심하는 부분과 정확히 일치했다. 그들은 실제로 일어난 순간을 찾고 기억에 남는 스토리를 만드는 요소(감정, 세부사항, 인물 등 5장에서 다뤘던 구성요소들)를 담는 대신 일반화, 중요 항목, 고차원의 공허한 스토리나 논리를 언급했다.

이는 비즈니스에서 잘못된 판매 권유와 실패한 마케팅 전략으로 이어지며 인생에 비유하면 무기도 갖추지 않고 준비도 하지 않은 채 잠재의식의 통제권을 되찾는 전투에 나서는 것과 마찬가지라고 할 수 있다.

그런 새로운 관점으로 나는 먼저 스토리를 탐색할 때 접하는 주요한 함정이 무엇인지 참가자들에게 알려줬다. 그리고 도움이 되는 스토리를 선택할 수 있는 구체적인 전략을 제시했다.

함정 1: 스토리가 아닌 것을 선택한다

메건 탐테Megan Tamte는 여성 패션 브랜드 에버이브Evereve의 공동 창업자다. 오프라인 소매점은 죽었다는 뉴스가 계속 되는 팬데믹의 시대에도 에버이브는 미국 전역 매장으로 브랜드를 확장함으로써 상식을 거스르고 있다.

의심이 꼬리에 물거나 일이 잘 안 풀릴 때 메건은 미국 전역에 걸쳐 있는 소매점 리스트를 확인하면서 안심한다거나, 재무제표를 살피면서 자부심을 키운다거나 거울을 보면서 "메건, 넌 할 수 있어"라고 스스로 말하는 방법을 택할 수도 있었다.

하지만 그런 것들은 결국 스토리가 아니기 때문에 불안감을 해소하는 데는 별 도움이 되지 않는다고 할 수 있다. 일반화는 스토리가 아니다. 진술 역시 스토리가 아니다. 여러분이 올해 정한 목표 또한 스토리가 아니다. 단지 목표로 하는 위치일 뿐이다.

"나는 이탈리아에 갈 거야."

"나는 운동을 더 많이 할 거야."

이는 목표, 열망, 희망, 꿈을 말하는 '진술'이지 스토리가 아니다.

메건에게는 스스로에게 들려줄 수 있는 '진짜' 스토리가 많이 있다. 그가 오래전에 크레이트 앤 배럴Crate & Barrel, 미국 가구 및 홈 인테리어 브랜드-옮긴이에서 아르바이트를 하기로 결심했던 때의 스토리를 예로 들 수 있다. 아이를 낳은 지 얼마 되지 않았던 메건은 엄마가 되는 과정에서 자기 자신의 일부를 잃었다는 기분이 들었다. 친구들은 대체 왜 자유시간을 포기하면서까지 크레이트 앤 배럴에서 아르바이트를 하는지 의아해했지만 일을 하면서 메건은 때때로 느껴왔던 공허함을 메울 수 있었다. 에버이브를 창업한 지 10년째에 접어들면서 메건과 공동창업자인 남편은 투자자를 모집해서 회사를 일부 매각하기로 결정했다. 가장 먼저 투자를 결정한 사람은 다름 아닌 크레이트 앤 배럴의 공동창업자 겸 공동 CEO였다.

이제 자기 회사의 새로운 투자자가 된 크레이트 앤 배럴 설립자와 함께 한때 아르바이트로 일했던 그 회사의 커다란 유리문으로 걸어가면서, 메건은 크레이트 앤 배럴에서 아르바이트를 하기로 결심했던 때를 떠올렸다. 그 순간은 메건에게 그 어떤 것보다 훨씬 더 큰 의미가 있었고, 메건은 바로 이 '스토리'를 선택했다.

회의에 들어가기 전에 거울을 보면서 "나는 자격이 있어"라고 말하는 것은 자기 대화다. 한편, 거울을 바라보면서 여러분을 <u>현재의 자리까지 이끈 수많은 순간들과 결정, 도전, 위험을 자세하게 떠올린다면 이는 셀프스토리다.</u>

이런 셀프스토리는 훌륭한 스토리의 요소를 갖췄다. 자기 대화도 괜찮긴 하지만, 효과적인 '스토리'라고 볼 순 없다. 스스로에게 들려줄 좀 더 바람직한 스토리를 찾는다면 그저 이유를 나열한 목록이 아니라 실제로 일어난 '스토리들'인지 확인해야 한다. 변화를 추구하는 여러분에게 필요한 것은 실제 스토리들이다. 그 스토리들은 필요한 구성요소를 갖추고 있는가? 머릿속에서 그 스토리를 마치 영화처럼 재생할 수 있는가?

그냥 자기 대화가 여태껏 효과적이었다면, 여러분은 이 책을 펼치지 않았을 것이다. 지금 여러분에게 필요한 것은 바로 스토리다.

함정 2: 사소한 스토리를 무시한다

10년 전 에린은 지역 라디오 방송국에 광고를 판매하는 일을 했다. 지금은 잘 나가는 디지털 마케팅 대행업체를 운영한다. 이렇게 성공을 거두기 전까지는 그의 발목을 잡는 뭔가가 있었다. 그는 몸을 사렸다. 하지 말아야 할 때 서비스를 할인했고, 안 맞을 거란 걸 뻔히 알면서도 잘 맞지 않는 고객을 받았다. 순전히 자기자신에게 가치를 부여하지 않았기 때문이었다.

나는 에린에게 무척이나 동질감을 느꼈다. 우리에게 반드시 동기를 부여할 것이라고 생각했던 것들이 실은 그렇지 않았고, 다른 사람들이 성공적이라고 여겼던 것들에 딱히 수긍하지 못했다. 에린은 스토리를 찾으면서 내게 널찍한 사무실과 자기가 고용한 팀을 언급했고 만족스러운 실적을 언급했다. 이는 스스로 자랑스럽게 여겨도 될 만한 사실이었다. 문제는 에린이 "나는 지금 '당신에게' 얘기해야 한다고 생각하는 것들을 말하고 있어요"라는 분위기를 뚜렷하게 풍겼다는 것이다.

나는 다른 참가자들에게도 이런 느낌을 많이 받았다. 어쩌면 여러분도 같은 문제에 시달릴지도 모른다. 참가자들은 다른 누군가의 기준(이 경우 에린 자신이 아닌 청자인 내 기준)으로 짐작해 '충분히 훌륭한' 스토리나 사회적인 가치가 있다고 판단하는 스토리를 찾으려고 했다. 평생에 걸쳐 쌓은 부정적인 스토리들을 대체할 수 있는 '충분히 크고 괜찮은' 스토리를 찾으려 했다. 결론적으로 이는 여러 이유로 잘못된 생각이라 보면 된다.

첫째, 우리의 머릿속에는 과거에 일이 뭔가 잘못됐던 아주 심각한 스토리도 있겠지만, 지금까지 소개해온 사례처럼 실제로는 사소한 부정적인 스토리들이 훨씬 더 많다. 그 사소한 부정적인 스토리들이 자신의 발목을 잡는 스토리라면, 앞으로 나아가도록 돕는 스토리 역시 바로 사소한 긍정적인 스토리다.

둘째, 자신만의 스토리를 그 누구에게도 허락받지 않아도 된다. 다른 사람들이 어떻게 생각하는지는 중요하지 않다. 어떤 스토리가 자기 자신에게 열의를 불어넣고 노란 벽돌 길을 팔짝팔짝 뛰어서 건너게 만든다면, 그 스토리가 바로 정답이다.

에린의 경우, 라디오 광고를 판매하던 예전 직장에서 이런 순간을 겪었다. 처음에는 너무 사소하거나 중요하지 않다고 생각한 나머지 언급하기를 꺼렸지만, 어쩌다 그 이야기를 내게 다시 말했을 때 그 스토리가 정말로 그에게 큰 동기 부여가 됐다는 사실을 알 수 있었다.

스물네 살이었을 때 에린은 일에 흠뻑 빠져 있었다. 기대 이상으로 일을 정말 잘 해냈고, 그래서 그는 BMW를 샀다. 멋진 스포츠카였다. 에린이 그 돈으로 할 수 있었던 더 중요한 일은 수없이 많았다. 투자를 할 수도 있었고, 대학 등록금도 모아야 했고, 갚을 대출도 있었다.

하지만 에린은 차가 너무 마음에 들었다. 차에 앉을 때마다 성공을 확인하는 기분이었다. 새 차를 타고 회사 주차장으로 들어갔을 때 동료들이 고개를 돌리던 순간을 에린은 결코 잊지 못할 것이다. 빈정거린 직원들도 있었지만 축하한다는 뜻으로 고개를 끄덕인 동료들도 있었고 에린을 포함해 그런 멋진 차를 사려면 무엇이 필요한지 그 누구도 부정할 수 없었다.

자동차에 관한 스토리는 하찮게 보일 수도 있지만 에린에게는 그렇지 않았다. 사업에서 올바른 결정을 내리도록 도와줄 성공 스토리가 필요한 지금 이 시점에서 에린이 기댈 곳은 그 차에 관한 추억이다. 위의 스토리는 에린의 노고와 에린이 자동차 덕분에 느꼈던 기쁨을 표현했고, 이는 본질적으로 가치를 지닌다. 상당히 사소한 스토리였지만, 어쨌든 그건 에린의 스토리였고 결과적으로 효과가 있었다.

여러분은 자주 자기 스토리를 판단하려고 하는 경향이 있을 것이다. 남들이 보는 기준으로 가치가 없거나, 너무 하찮아 보이는 스토리들은 곧장 스스로도 무가치하다고 치부하는 경우가 많은데 전혀 그럴 필요가 없다. 스스로 느끼기에 좋은 스토리라면 주저 없이 사용하면 된다. 어느 때는 그 스토리에 흥미를 잃게 될 수도 있는데 그럴 때는 그저 새로운 스토리를 찾으면 된다.

그렇다면 새로운 스토리는 어떻게 찾아야 할지, 어떻게 해야 부정적인 스토리로 가득 찬 바다를 가르고 효과가 있는 스토리를 찾을 수 있을지 지금부터 알아보자.

바람직한 스토리를 선택하는
다섯 가지 방법

선택이란 스토리를 통제하고, 나아가 미래에 영향을 미치는 것이다. 지금까지는 바람직한 스토리들이 요리조리 피해 갔다고 하더라도 다음에 소개할 다섯 가지 방법을 통해 긍정적인 셀프스토리를 선택할 수 있을 것이다.

1. 대체: 나쁜 스토리를 끄집어내고 좋은 스토리를 담는다

이는 바람직한 스토리를 선택하는 가장 간단한 방법이며 그 전제는 단순하다. 일단 도움이 되지 않는 스토리를 발견하면 '그 스토리가 틀렸음을 증명하는 다른 스토리'를 찾는 것이다.

- 운동을 결코 꾸준히 할 수 없을 것이라고 확신하던 한 여성이 있었다. 그는 그 스토리 대신, 하프 마라톤에 나가기 위해 훈련하고 완주했던 스토리를 스스로에게 들려주기로 선택했다.
- 자신이 존경받는다는 사실을 증명해야 한다고 믿는 남성이 있었다. 그는 그저 자기답게 있었던 결과로 받았던 수많은 표창, 칭찬, 감사 편지에 얽힌 스토리를 스스로에게 들려주기로 선택했다.
- 자기 사업을 시작하기에 필요한 자질을 갖추지 못했다고 생각하는 여성이 있었다. 그는 자기 분야에서 가장 어려운 시험을 준비하고 치렀던 때의 스토리를 스스로에게 들려주기로 선택했다. 아무도 합격할 것이라고 생각하지 않았지만 결국 합격해낸 스토리였다.

- 자기 회사에서 결코 최고의 영업사원이 될 수 없을 것이라고 자책하던 남성이 있었다. 그는 일이 자신에게 정말로 어떤 의미인지(그의 관계와 가치관에 있어) 스스로에게 들려주기로 선택했고 그가 생각하는 성공의 의미가 동료들이 생각하는 성공의 의미와 다소 다르다는 사실을 인정하기로 마음먹었다(다음 장에서 공개할 그의 스토리를 기대해주길 바란다).

2. 재해석: 셀프스토리의 다른 측면을 본다

나는 어릴 때부터 머리숱이 지독하게 많았다. 소셜 미디어를 통해 모르는 사람이나 한동안 만나지 않은 친구들은 물론, 아홉 살짜리 내 아들도 내게 붙임머리를 했는지 물은 적이 있을 정도다.

나는 내 머리가 무척 마음에 든다. 하지만 딱 한 번 싫었던 때가 있었다. 초등학교 4학년이 끝날 무렵 영화 〈후크〉가 엄청난 인기를 끌었다. 엄마는 배우 줄리아 로버츠의 쇼트컷 머리가 너무 예쁘다고 하면서 나를 미용실로 데려가 머리카락을 온통 짧게 쳐냈다. 그 후로 나는 음식점과 슈퍼마켓에서 만난 모르는 사람들에게 굳이 내가 여자애라고 설명해야 했다.

엄마가 머리를 빗어줄 때도 좋진 않았다. 머리에 빗이 닿을 때마다 마치 고문실에 들어가는 기분이었다. 엄마가 머리를 빗으려고 하면 나는 머리를 뒤로 젖히며 비명을 지르곤 했다. 내가 계속 머리를 흔들고 비명을 지르는 동안 엄마는 간신히 화를 억누르면서 "세게 빗지도 않았어!"라고 늘 말했다.

이는 항상 있는 전투였는데 내가 딸의 머리를 빗어야 하기 전까지는 거의 잊고 살았던 일이었다. 이제 딸아이도 내가 머리를 빗겨주면 제 머리를 뒤로 젖히며 비명을 지른다. 그러면 나 또한 "세게 빗지도 않았어!"라고 말한다. 이 끊임없는 전투는 대개 딸아이에게 머리카락을 전부 잘라버리겠다고 협박하면서 끝난다.

나는 기조연설을 시작할 때 마음에 들지 않았던 스토리의 예로 이 쇼트컷 사건을 수없이 이야기해왔다. 청중들은 항상 이해한다는 듯이 고개를 끄덕인다. 자른 머리(대부분 엄마가 부추긴 경우가 많을 것이다)가 마음에 들지 않았던 경험이 없는 사람은 드물지 않을까? 그런데 결정적으로 최근에 들어서야 나는 이 일들을 다 연결해서 이해할 수 있게 됐다. 엄마는 나를 줄리아 로버츠처럼 꾸미고 싶어서가 아니라 내 머리를 빗는 일에서 벗어나기 위해 내 머리를 짧게 잘라버린 것이었다.

이는 삶을 바꾸는 스토리가 아니라 삶을 '보여주는' 스토리다. 이 사례는 어떤 스토리를 보고 이해하고 나서 다른 방식으로 이용하는 힘이 있다는 사실을 보여준다. 머리를 빗는 일만큼 일상적인 스토리도 그렇다면 다른 일들은 어떻겠는가? 다시는 형과 말을 하지 않는 계기가 된 그때 그 가족 모임은? 직장에서 승진을 하지 못했던 때는? 스토리, 특히 셀프스토리는 항상 해석의 여지가 있다. 때로는 더 많은 지혜와 경험을 쌓은 뒤에 어떤 스토리를 돌이켜보면 도움이 되는 무엇인가를 발견하게 된다.

3. 경로 변경: 어떤 스토리를 이용해 다른 스토리에 영감을 부여하라

메러디스는 뉴욕시에서 수학 컨설턴트로 일하면서 오랫동안 부모와 학교에 도움을 주는 자기만의 틈새 비즈니스를 시작하고 싶어 했다. 그는 자격이 충분하고 시작하는 데 필요한 모든 요소를 갖추고 있었지만 역시나 무엇인가가 계속 그를 가로막고 있었다. 창업에 착수할 시간을 낼 때마다 빈 종이만 노려보다가 끝나거나 몇 줄을 끄적이다가 딸들을 돌보러 자리에서 일어나는 일이 반복됐다.

메러디스는 자기 발목을 잡는 진술을 쉽게 찾아냈다.

"나는 일을 미루는 사람이야."

"나는 익숙한 영역을 벗어나면 성공할 수 없어."

"나는 남의 밑에서 일할 운명이야."

"나는 본질적으로 동기부여가 되지 않아."

이런 해묵은 스토리를 바람직한 스토리로 대체하는 단계로 나아갔을 때 문제가 발생했다. 새로운 스토리를 시도해보라고 할 때마다 그는 단칼에 거절했다.

메러디스에게는 내가 '단호한 편집자'라고 지칭하는 특성이 있다. 이전에 한 번도 해본 적이 없는 일을 하려고 할 때 내면의 스토리텔러는 손쉽게 밀어내려고 한다. 이처럼 다그치는 '편집자'는 빨간 펜을 들고 여러분이 충분히 탐색할 기회를 갖기도 전에 아이디어를 폐기하거나 결점을 찾아내는 내면의 존재라 할 수 있다. 메러디스가 그랬듯이 이런 상황에서는 선택할 새로운 스토리를 찾기가 어려울 수 있다. 새로운 스토리가 등장하자마자 이 편집자가 내쫓아버리기 버리기 때문이다.

완벽주의자, A유형, 에니어그램 1번 유형이라면 이 편집자에 대해 잘 알 것이다. 사실 이 편집자가 하는 말 자체가 거짓말인 것은 아니지만(대개 이 편집자는 이전의 경험이나 경험 부족을 근거로 실제 스토리를 지적한다) 지금 자리를 박차고 나아가겠다는 목표에는 확실히 도움이 되지 않는다.

내면의 편집자가 가장 기세등등한 때는 바로 여러분에게 실제로 아무런 과거의 경험이 없는 경우로, 편집자를 설득하기에 충분히 강력한 직접 연관된 스토리가 없을 때다. 우리는 주로 열정, 낙관주의, 자기 대화를 동원해서 편집자를 물리치려고 한다. 하지만 그럴 때마다 역부족이다. 빨간 펜은 대개 확언의 검보다 강하다.

이 시점에서 경로를 변경해야 한다. 이는 다그치는 편집자에게 거짓말을 하는 전략이 아니라 한 수 앞서 나가는 전략이다. 삶의 다른 영역에서 성공적으로 적용했던 스토리를 찾아 새로운 목표에 다시 적용하는 방법을 택해야 한다.

메러디스는 내면의 편집자를 간절하게 지나치고 싶어 했다(그가 고심하는 아이디어를 들은 뒤 나 역시 그가 해낼 수 있기를 진심으로 바랐다. 천재적인 아이디어였다). 한동안은 이 전략이 메러디스에게 효과가 없을 것 같다고 생각할 뻔하기도 했지만 결국 그는 뉴욕으로 이사했던 15년 전의 스토리를 찾아냈다.

때는 2005년이었고, 메러디스는 당시에 사귀던 남자친구와 함께 뉴욕으로 이사했다. 첫 해는 만만하지 않았다.

메러디스는 "처음 2주에서 3주 정도는 혼자였던 기억이 나요. 800

만 명이 사는 도시에 있으면서 어떻게 이처럼 철저하게 혼자라고 느낄 수가 있는지 실감했죠. 그해 한 해 동안은 학생들을 가르치기가 정말이지 힘들었어요"라고 말했다.

힘들었지만 불가능하지는 않았다. 메러디스는 학생들과 진전을 이뤘고 친분을 형성했다고 느꼈다. 연초에는 거의 매일 같이 자신의 한계를 시험하는 기분이었지만 연말에는 함께 이뤄낸 성과를 자랑스러워했다. 그래도 변화는 계속 찾아왔다. 남자친구는 뉴욕을 떠나고 싶어 했고 메러디스도 동의했다. 하지만 고통스러운 겨울이 지난 뒤 두 사람은 헤어졌다. 그해 여름 메러디스는 다시 뉴욕으로 향했다.

"크레이그리스트Craigslist, 미국 항목별 광고 사이트 - 옮긴이에서 무작위로 함께 살 사람들을 찾았어요. 이후로 여러 아파트와 직장을 전전하면서 계속 여기에 살고 있죠."

내가 메러디스에게 그 스토리를 앞에서 말했던 빙산 진술과 대비해보라고 하자 그의 눈이 번뜩 빛났다. 어떻게 '익숙한 영역에서 성공할 수 없거나', '본질적으로 동기부여가 되지 않는' 사람이 지구상에서 타인과 함께 살기에 가장 힘겨운 도시를 굳이 골라 한 번도 아니고 여러 번이나 이사를 하겠는가?

메러디스는 셀프스토리들이 말하는 그런 사람이 아니었다. 이제 그는 스스로 독립하기에 꼭 필요한 자질들을 갖추고 있다고 증명하는 스토리로 경로를 변경함으로써 내면의 편집자를 제압할 수 있었다.

경로 변경은 삶의 한 영역에서 스토리를 끄집어내 다른 영역의 성장을 뒷받침하도록 돕는 방법이다. 이 접근법의 핵심은 관련된 더 큰 주제를 떠올리는 것이다. 예를 들어 여러분이 영업직에 지원한다고 상상해보자. 자신이 그 일을 잘할 수 있을 거라 생각하지만 내면의 편집자는 면접 준비를 시작할 때마다 여러분이 하는 말을 족족 깎아내린다. 여러분이 한 번도 영업 업무를 해본 적이 없다는 게 이유다.

그렇다면 영업직에서 성공을 거두려면 무엇이 필요할까? 여러분이 판매해야 하는 상품의 가치를 사람들이 보도록 이끌어서 구매로 연결할 수 있어야 한다. 그런 주제에 들어맞으면서 경로를 변경해 이용할 만한 스토리가 자신 안에 있는가? 동네 정원을 조성하기 위한 기금을 마련한 경험이나 딸이 쿠키를 만들어 파는 일을 도운 경험과 같은 것들 말이다. 또한 영업을 하려면 거절에 대처할 수 있어야 한다. 역시 그런 경험 등을 떠올려 스스로에게 말해주면 된다. 면접에서 처음엔 거절당했지만 그 결정을 멋지게 뒤집는 답변을 해냈던 때의 경험과 같은 것 말이다.

또한 영업에는 동기와 갈망이 필요하다. 이때는 축구 연습을 할 때 가장 일찍 나오고 마지막까지 훈련하면서 팀이 우승할 수 있도록 기여했던 스토리가 제격이다.

이렇듯 한 번도 영업을 해본 적이 없다고 하더라도, 관련이 있는 다른 영역의 경험과 스토리들을 이용한다면 내면의 편집자가 웅얼거리는 목소리를 줄이는 데 도움이 될 것이다.

4. 조사: 다른 사람의 스토리를 빌려라

우리가 가진 스토리 가운데 상당수는 사실 우리 자신의 스토리가 아니라 다른 사람들에게서 받아들인 스토리다. 다른 사람의 스토리도 의도적으로 자신에게 도움이 되는 방향으로 사용할 수 있다.

앞 장에서 임신 중 체중 증가에 대해 친구가 내게 말해줬던 스토리를 기억하는가? 아이를 한 명 낳을 때마다 5킬로그램씩 몸무게가 는다는 이야기 말이다. 그 스토리가 사실이고 그 스토리가 마음에 들었을 때 내 인생이 어떻게 될지 잠시 생각해봤던 적이 있다.

결론적으로는 나는 그 스토리가 마음에 들지 않았다. 그래서 더 나은 스토리를 찾아 '조사'에 나섰다.

처음 내가 눈을 돌린 곳은 스피닝 연습장이었다. 그곳에는 멋진 몸매를 유지하는 엄마들이 많았다. 나는 그들과 대화하며 그들이 다시 운동을 시작한 시기, 시간을 내는 법, 자기 자신을 우선순위에 올리기 위한 난관 등을 들을 수 있었다. 흥미로운 스토리도 있었고 듣기만 해도 지치는 스토리도 있었다. 그들은 "시간이 좀 걸릴 수 있어. 하지만 예전보다 더 멋진 모습으로 돌아올 거야"라고 말했다.

나는 그 스토리들을 빌리기로 했다. 임신 중 34킬로그램이 느는 동안 스스로에게 그들이 말해줬던 스토리들을 들려줬고, 아들을 낳은 뒤에는 36킬로그램을 감량했다. 나는 아이를 낳을 때마다 더 강해졌다는 기분을 느꼈고, 이는 친구들에게 빌렸던 스토리 덕분이라고 굳게 믿는다.

| 빌린 스토리의 어두운 측면 |

그런데 이 접근법에는 위험이 따른다. 우리는 소셜 미디어를 통해 너무 많은 스토리를 접하고, 어떤 사람들은 자기 스토리를 너무 많이 공개한다. 그래서 우리는 그들을 관찰하고 우리 스스로가 바라는 성공을 선택하는 수단으로 '그들의' 스토리를 자신에게 들려주기로 선택하기 쉽다. 하지만 그들이 외부에 공개하는 스토리가 전부는 아니라는 걸 명심해야 한다.

나는 유명 기조 연설가 레이첼 홀리스와 비교되던 시기가 있었다. 우리는 둘 다 남편과 함께 일하는 30대 중반의 기업가이자 엄마였다. 우리는 같은 시기 혹은 몇 년 연속으로 같은 콘퍼런스에서 강연을 했다. 한 번은 아들과 함께 서점을 간 적이 있는데 내 기사가 실린 잡지 《석세스》를 발견하고는 신이 나서 그것을 집어 들었다. 엄마가 무척이나 자랑스러웠던 아들은 계산대 직원에게 "우리 엄마가 이 잡지에 나왔어요."라고 말했다.

직원이 표지를 가리키며 내게 "이 사람이 손님이세요?"라고 물었다.

아들은 말했다. "아니요, 그 사람은 레이첼 홀리스예요. 우리 엄마는 안쪽 어딘가에 나와요."

레이첼과 나는 비슷한 점이 너무 많았다. 그리고 레이첼이 급부상하고 있었다는 점을 고려하면 레이첼의 스토리를 듣고, 나 또한 그 스토리에 영향을 받아 내 스토리로 만드는 게 어쩌면 당연한 수순처럼 보였다. 레이첼은 활발한 활동을 벌였고, 더 크고 더 훌륭하게 나아갔으며 대규모 라이브 이벤트를 개최하기도 했다. 어쩌면 나도 그 방향으로 나아가야만 할 것 같았다. 의상 브랜드를 런칭하거나, 전국 극장에서 다큐멘터리를 상영하거나, 매일 인스타그램 라이브를 열고, 엄청난 인기를 끄는 팟캐스트를 진행하고, 대규모 사무실을 얻고 큰 팀을 꾸릴 수도 있었을 것이다.

하지만 그게 내겐 딱히 어울리는 것 같지 않았다. 나도 의욕적으로 일하는 것을 즐기고 한동안 그 스토리를 활용해본 적도 있지만, 내 인생의 다른 영역들에 너무 피해가 가는 것 같았다. 나는 나에게 맞는 방식대로 방침을 바꿨고, 속으로 레이첼만큼 성공할 수는 없겠다고 생각했다.

그랬던 터라 레이첼이 결혼생활을 마쳤다는 글을 읽었을 때 엄청난 충격을 받았다. 그들 스토리의 이면에서는 다른 사람들에게 알려지지 않은 일들이 벌어지고 있었던 것이다. 다른 사람들의 스토리를 조사해 받아들이고 영감을 얻을 때 이 점을 명심하기 바란다. 여러분이 실제로 아는 사람이 아니라면 그 사람의 전체 스토리를 늘 낱낱이 알 수 있는 것은 아니다.

빌리는 스토리는 조심해야 한다. 특히, 온라인상의 스토리는 겉보기와 다를 수 있다

또한 빌린 스토리는 어쩌면 비교에 가깝다. 여러분이 삶의 어떤 영역에서 목표를 향해 나아가고 있을 때 사무실에서 양 옆을 살핀다든지, 소셜 미디어를 열어 휴대전화 액정에 손가락을 스치기만 해도 여러분이 목표한 바를 이미 이뤘거나 훨씬 더 잘하고 있는 것 같은 사람들을 끝없이 볼 수 있다.

머리로는 그들의 가장 화려한 모습만 보고 있다는 사실을 알면서도 내가 가지지 못한 무엇인가를 그들은 이미 갖고 있다는 생각이 들기 마련이다. 돈과 시간이 넉넉하고, 스트레스가 적고, 운이 좋고, 유전자와 인맥도 그들이 훨씬 더 좋다고 생각하게 된다. 내면의 스토리텔러에게 그들은 여러분과 달리 마냥 특별해 보인다.

나는 소셜 미디어로 다양한 사람들, 작가들, 영감을 주는 사람들, 특히 나보다 앞서 있는 여자들을 볼 때 즐겁다. 물론 나도 '나는 결코

저 자리에 오르지 못할 것'이라거나 '저 사람들은 내게 없는 특별한 자질을 갖고 있다'고 생각하면서 **비교** 함정에 빠질 때가 있다. 하지만 다시 그 사람들에게서 배울 수 있고 그들 사례를 거저 볼 수 있다는 면에 관심을 돌린다. 비교는 기쁨을 훔치는 도둑일 수 있지만 한편으로 더 바람직한 스토리를 들려줄 완벽한 기회라는 점 또한 잊지 말아야 한다.

5. 다시 쓰기: 아직 존재하지 않는 스토리를 찾아라

때는 여름이었다. 휴가를 앞두고 나는 운동 프로그램을 시작하기로 결심했다. 예전에도 운동 프로그램을 과감히 시도한 적이 있었다. 3주 프로그램이나 90일 챌린지, 30일 완성 지옥 훈련 등 온갖 운동 프로그램을 해본 적이 있지만 결과는 항상 실패였다. 이틀째까지는 간신히 해내면서도 그 이후에는 무용지물이 된다. '온몸이 아파서', '시간이 없다'는 온갖 핑계를 대고 스스로 정당화하면서 늘 그만두곤 했다.

그리하여 이번에도 나는 운동 첫날을 맞이했다. 땀을 흘렸다. 괴로웠다. 그리고 "또 시작이야. 첫날은 그냥저냥 넘어가겠지만, 셋째 날 이후에는 그만둘 이유를 찾겠지? 내가 그렇지 뭐"라고 혼잣말을 되풀이했다. 이두근 운동을 하면서 "곧 그만둘 거야"라고 생각했다. 버피Burpee, 푸시업과 점프를 연결해서 하는 동작-옮긴이를 하면서는 "그래, 다시는 이 운동 안 할 거야"라고 생각했다. 몸을 움직일 때마다 나는 말 그대로 실패를 계획했다. 근력 운동을 할 때나 팔 벌려 뛰기를 할 때마다 스스로 그 스토리를 되새겼다. 겉으로는 반복 동작을 하고 있었지만 실제로는 어떤 식으로도 내게 도움이 되지 않는 스토리를 강화하고 있었던 거나 마찬가지였다.

그렇다면 도대체 어떻게 해결해야 하는 걸까?

- **'대체'로는 해결할 수 없었다.** 내겐 운동 프로그램을 성공적으로 끝낸 스토리가 하나도 없었다.
- **'재해석'은 효과가 없었다.** 과거 실패했던 경험을 도움이 될 만한 방식으로 바라볼 재간이 없었다.
- **'경로 변경'은 선택지 중 하나였다.** 내게는 일을 하면서 얻은 '포기하지 마' 스토리가 많았다. 하지만 바꾸기가 쉽지 않았다. 그것을 시도할 때마다 운동 대신에 도리어 일이 하고 싶어졌고, 바로 그것이 문제였다!
- **다른 사람들의 스토리를 '조사'하는 것 역시 도움이 될 것 같지 않았다.** 동기부여가 되기는커녕 심통만 났다.

그래서 나는 **다시 쓰기**로 마음먹었다. 미래의 내 모습에 관한 스토리, 아직 일어나지 않은 스토리를 처음부터 만들어내려 했다. 나는 스스로에게 이런 스토리를 들려줬다. 탈의실 스토리였다.

운동을 전부 끝까지 해낸 뒤에 맛있는 음식을 먹고 쇼핑을 갈 거야. 곧 예쁜 여름옷을 사러 갈 거고, 그 옷가게 탈의실 안에 나는 있을 거야.

나는 어떤 옷을 입어도 날아갈 것 같은 기분으로 탈의실 거울 앞에서 있는 자신을 상상했다.

부정적인 스토리는 곧 달라졌다. 용기를 주는, 신나는, 노력할 가치가 있는 스토리로 탈바꿈했다. 운동을 하면서 느낀 힘겨움과 고통, 포기하고 싶다는 생각까지 들게 했던 바로 그 요소들이 내가 새로 쓴 스토리에 가까워진다는 '물리적인 표현'으로 바뀌어 내게 힘을 줬다. 그리고 그 스토리와 함께 나는 하루도 빼먹지 않고 운동 프로그램을 잘 마칠 수 있었다.

가끔은 아직 일어나지 않은 스토리를 우리에게 들려줘야할 때가 있다. 스토리를 지어내는 것은 어렵지 않지만, 부정적인 스토리를 아직 일어나지 않은 스토리로 덮어씌운다는 것은 상당히 어려운 일이다. 내면의 스토리텔러는 여러분이 뜬구름을 잡고 있고 현실 감각이 없다고 말하면서 곧바로 반격할 것이다.

다음 장에서 이 반격에 대항할 수 있는 방법을 살펴볼 것이다.

꽁꽁 얼어붙은 빙산을 해결하려면 시간이 걸린다. 앞길을 막고 있는 스토리들은 오랜 세월에 걸쳐 몸집을 불려왔다. 반면, 새로운 스토리는 깨지기 쉽다. 새로운 스토리는 태어난 지 얼마 되지 않았기 때문이다. 에메랄드 시티로 가는 길을 가로막는 기존 스토리가 골리앗이라면 새로운 스토리는 그에 맞서는 다윗이라 볼 수 있다.

새로운 스토리를 선택하는 데 어떤 전략을 사용하든 간에 그 스토리는 발판을 마련해야 한다. 내 안에서 "어이! 빙산이다!"라고 외치는 소리를 들었을 때 만반의 준비가 될 수 있도록 새로운 스토리를 의식적으로 **설치**해야 한다.

7장
설치
다시 쓴 스토리를 부려먹는다

희망은 단순한 느낌이 아니다.
사랑과 마찬가지로 희망도 실천이다. 동사다. 행동이다.

−R. O. 권

어떤 발표든 시작하기 5분 전의 기분은 보통 최악이다. 세상에는 사람들 앞에서 말하는 걸 죽기보다 무섭다고 말하는 사람들이 많은데 이는 내게 더욱 큰 문제였다.

사람들 앞에서 말하는 것이 바로 내가 하는 일이기 때문이다. 누가 억지로 시킨 일도 아니고, 내가 스스로 선택한 직업이다. 그런데 이 일을 두려움에 거의 포기할 뻔한 적이 있다.

먼저 나는 무대를 사랑한다는 말을 해야 할 것 같다. 나는 청중과 스토리를 나누고 함께 있는 순간을 사랑한다. 팬데믹 이후에는 온라인상으로 청중과 만나는 일이 많아졌지만, 직접 만날 수 없더라도 여전히 그들에게 스토리의 힘을 배울 수 있다는 점에서 그 또한 매력

적이라고 생각한다. 게다가 나는 이 일을 꽤 잘 하는 편이다. 록 밴드를 결성한 부모를 둔 딸(기억하는가? 우리 아빠 마이크와 엄마는 록 밴드를 시작했다)이니 무대가 내 집처럼 느껴진다. 오랫동안 스토리텔링 연구와 적용에 몰두해오면서, 나는 지금의 일을 하는 데 차고 넘치는 자격을 갖췄다고 생각한다.

그러니 무대 공포증과 싸울 논리라면 충분히 갖추고 있었다. 하지만 두려움이란 하필이면 그런 식으로 작동하지 않는다. 고대에서부터 내려온 나의 뇌는 무대를 위협적이라 여겼고, 내 몸도 그에 따라 반응했다.

나는 한 달에도 여러 차례씩 수백, 수천, 어떤 경우에는 수만 명의 사람들 앞에 서곤 했다. 청중이 적든 많든, 나는 행사가 있을 때마다 몇 시간 전부터 두려움에 휩싸이기 시작했다. 가슴이 벌렁거리고 손에 땀이 나는 전형적인 증상 정도가 아니었다. 발코니에서 뛰어내리고 싶은, 화재경보기를 울리고 멕시코행 비행기에 올라 다시는 돌아오고 싶지 않은 그런 어마어마한 두려움이었다. 나는 호텔방, 연회장, 무대 뒤를 차례로 서성거렸다. 그러는 내내 나에게만 들리는 어떤 목소리가 내 머릿속 확성기에 대고 이렇게 외쳤다.

"넌 여기에 있을 사람이 아니야! 넌 줄 수 있는 게 없어! 네가 할 말은 저들이 이미 다 알고 있는 얘기야! 넌 전에도 실패했고 이번에도 실패할 거야."

몇 년 동안 수백 번을 반복하다 보면 불안이 가라앉을 법도 했지만 증상은 오히려 더 심해졌다. 성공을 거듭할수록 불안을 다스리기는 더 힘들어졌다.

온갖 시도를 다 해봤다. 수면 시간을 조절해보기도 하고 운동도 해보고 그냥 가만히 앉아 있기도 해봤다. 커피를 줄여보기도 하고 늘려보기도 했다. 명상, 긍정적인 확언, 단식도 해봤다. 합법적인 일이라면 무엇이든 해봤지만 아무것도 소용이 없었다.

분명히 뭔가 훨씬 더 큰 문제가 있었고, 한동안은 과연 내가 이를 극복할 수 있을지 의문이 들었다. 무대에 올라서면 금방 불안이 가라앉기는 했지만, 무대를 앞두고 몇 시간 동안(행사와 그 중요도에 따라 때로는 몇 주씩)은 고문에 시달리면서 새로운 직업을 찾아야 하는 것은 아닌지 매우 고민스러웠다.

그러다 스토리텔링이 바로 이 문제의 해결책일 수 있다는 걸 뒤늦게 깨달았다. 생각해보면 나는 스토리텔링에 대해 강의하는 사람인데 이 사실을 늦게 깨달았다는 점이 부끄러웠다(변명하자면 당시에는 주로 영업, 마케팅, 비즈니스 리더십에 관련된 스토리텔링을 다뤘다). 그래도 이제서야 분명히 알게 됐다. 비이성적이고 근거조차 없는 무대 공포증을 극복하려면 스토리가 유일한 희망이라는 것을 말이다.

그리하여 나는 다시금 스스로에게 스토리를 들려주기 시작했다.

감당하기 힘든 두려움을 누그러뜨리기 위해 나에게 도움이 되는 스토리를 스스로에게 바로 들려줬다. 이 경우, 가장 효과가 있었던 스토리는 일이 잘 풀리고 모두가 나를 마음에 들어했던 때의 스토리는 아니었다. 그런 일화는 내 불안을 진정시키는 데 아무런 도움이 되지 않았다. 대신 나는 '일이 지독하게 틀어졌는데도 끝까지 완수했던 스토리'를 다음과 같이 내게 들려줬다.

'혹시 기억하니? 그 테크놀로지 기업에서 90분짜리 연설이 예정되어 있던 날 말이야. 그때 아침부터 배가 너무 아파서 무지 걱정했었잖아. 알고 보니 급성 위장염 때문이었지. 그럼에도 연설을 강행하기로 했을 때, 시청각팀에서 무대 뒤에 양동이를 가져다두고 토할 것 같으면 마이크를 끄라고 신신당부하기까지 했었지. 다행히 청중은 전혀 눈치 채지 못했고, 발표는 완전 대성공이었어!'

이밖에도 바하마Bahamas에서 1,500명을 앞에 두고 연설했던 경험도 나에게 얘기했다. 강연이 3분의 2 정도 진행되었을 즈음 사례 연구 동영상을 재생하려던 차에 전기가 완전히 나가버렸다. 무대 위에 조명이 들어오지 않았고, 프레젠테이션은 당연히 화면에서 사라졌으며 동영상도 마이크도 작동하지 않았다. 강당은 칠흑 같은 어둠 속에서 비상등만 들어오는 상황이었다. 사람들은 무대 위에 서 있는 나를 "이제 우린 어떻게 하죠?"라는 표정으로 바라보고 있었다.

나는 진행팀을 단상으로 불러 비상사태인지 묻고 대피하지 않아도 되는지 확인했다. 그들은 전혀 위험한 상황은 아니라고 답했다. 그다음에 나는 청중에게 "제가 이 정도 목소리로 말하면 다들 잘 들리시나요?"라고 큰소리로 말했다. 그들은 "예!"라고 외쳤다. 나는 다시 "그럼 계속할까요?"라고 말했고 그들은 "예!"라고 외쳤다. 그래서 나는 연설을 이어갔다. 강당에는 오로지 나와 내 생각, 내 생각을 듣고 싶어 하는 사람들만 가득했다.

그날 강연을 마치고 청중이 올린 트윗을 보려고 트위터에 접속했다. 강당에 있었던 동료 기조연설가 한 명은 '나는 이 일을 훨씬 오래

했지만 킨드라만큼 잘 대처했으리라고는 장담할 수 없다'라는 트윗을 #완전프로라는 해시태그와 함께 올렸다.

캘리포니아에서의 강연 일정을 마치고, 다음날 오하이오주 콜럼버스로 가는 비행기에 오르기로 예정되어 있었으나 난관이 생겼던 스토리도 내게 이야기했다. 중서부 전역에 폭풍이 몰아치는 바람에 항공편이 취소된 후, 나는 인디애나폴리스로 가는 야간 비행기를 타고 새벽에 도착해 다시 세 시간 동안 차를 타고 콜럼버스로 이동했다. 호텔방에서 겨우 한 시간 정도 눈을 붙일 수 있었다. 그러고나서도 나는 의연하게 만 명의 청중을 앞에 두고 한 시간 동안 열정적으로 강연했다.

이런 스토리들이 계속 이어지면서 나는 사건 각각에 얽힌 모든 세부사항, 감정, 이미지를 기억할 수 있었다. 내가 만난 사람들과 내가 신었던 구두는 물론, 그때 얼마나 피로를 느꼈는지까지 정확히 말할 수 있었다. 이런 사건들은 내 기억에 남는 스토리들이었고, 나는 이 스토리들을 나 자신에게 들려주기 시작했다.

체계적으로.

강연이 있는 날이면 아침에 10분 정도 시간을 내서 호텔방 책상 의자에 앉아 스스로에게 스토리들을 들려줬다. 강연장으로 향하면서도 그런 스토리를 반복 재생했다. 무대 뒤에서 이름이 불리기 직전, 마음을 졸이는 그 순간까지도 계속 이야기했다.

처음에는 지극히 의도적이었지만, 시간이 흐르면서 내 잠재의식에서 이런 스토리들이 저절로 흘러나왔다. 마치 내 잠재의식이 나는 내 일을 무척 잘하고, 그렇게 불안에 시달릴 이유가 없다는 진실을 받아들인 듯했다. 논리만으로는 해결할 수 없었고 이전에 거둔 성공을 무심하게 떠올리기만 해서도 해결할 수 없었다. 감당하기 힘들었던 의심에 마침내 종지부를 찍기 위해서는 제대로 설치된 '스토리들'이 필요했다.

바람직한 스토리를 선택하고 내 안에 설치하기 전에는 일을 그만둬야 하나 고민했다. 두려움이 드리운 어둠은 무대 위의 빛을 이길 수 없었다. 나는 내 분야에서 최고였고, 꿈꾸던 일로 좋은 수입을 벌어들이고 있었는데도 하마터면 모든 커리어를 포기할 뻔했다.

지금까지 말한 스토리의 설치는 가장 중요한 마지막 단계이다. 이처럼 여러분에게 도움이 되는 스토리를 의도적으로 그리고 체계적으로 설치해야 한다. 설치된 스토리가 잠재의식이 작동하는 기본값으로 자리매김할 때까지 노력해야 한다.

이것이 인생이 진정으로 변화하는 단계이기 때문이다.

쉽지만은 않은
오래된 스토리 습관

이제 내면의 스토리텔러가 지닌 힘을 어느 정도 이해했을 것이다. 지금까지 우리 안에서 작동 중인 스토리를 포착하고, 이를 밝은 곳으로 끄집어내서 분석하는 법을 다뤘다. 도움이 되는 바람직한 스토리, 앞으로 나아가게 할 스토리를 선택하는 법도 익혔다.

그런데 유의할 것이 있다. 오랜 습관은 고치기 어렵다. 어떤 사람들은 신경학적 수준에서 어떤 습관을 완전히 제거하기란 불가능하고, 단지 옛 습관을 가릴 새로운 습관을 만들 수 있을 뿐이라고 말한다. 이전의 습관들은 마치 빙산처럼 여전히 도사리고 있는 것이다.

나쁜 습관에 다시 빠져들기 쉬운 이유가 바로 여기에 있다. 식이조절을 잘하고 있다가도 일진이 사나운 날이면 과자 한 박스를 다 먹어치워버린다. 그러한 버릇을 형성한 신경 연결이 뇌 속에 여전히 남아 있어서 다시 활성화하는 데 오래 걸리지 않기 때문이다. 풀이 빽빽하게 자란 숲속 길도 예초기만 있으면 다시 쓸 수 있듯이 신경 도로도 금세 러시아워에 대비한다.

스토리 역시 습관과 신경학적 토대가 같다. 뇌신경이 연결된 꾸러미다. '해묵은' 스토리들, 우리가 오랫동안 되뇌고 또 되뇐 스토리들은 그리 먼 곳에 있지 않다. 시간이 흐르면서 영향력이 줄어들 수 있지만 강력한 스토리들은 오랜 시간 그 힘을 유지한다.

다행인 건, 우리의 새로운 스토리들도 같은 시스템에서 작동하며 같은 방식으로 구축하고 강화할 수 있다는 것이다. 우리는 분명, 자신에게 도움이 되는 스토리들을 설치할 수 있다.

머릿속의 전학생

새로운 스토리는 전학생과 비슷해서 처음에는 별다른 관심을 받지 못한다. 아직 친하지 않은 전학생을 내 생일 파티에 불러야겠다거나 전학생에게 같이 놀러 가자고 물어볼 생각을 하는 사람은 많지 않다. 새로운 스토리 역시 이처럼 머릿속에 먼저 각인되지 않는다.

이 문제를 해결하는 방법 중 하나는 '노출'이다. 전학생이 주변에 계속 나타나고, 계속 노력하고, 계속 어슬렁거리다 보면 관심을 갖게 되듯이 스스로에게 새로운 스토리를 오랫동안 계속 들려주다 보면 기억 속에 단단히 자리를 잡기 시작한다.

이것은 결코 수동적인 작업이 아니다. 예컨대 나는 아들이 초등학교 2학년 때 전학을 갔던 때를 기억한다. 아들은 그냥 가만히 앉아서 누군가가 말을 걸어주기를 바라고만 있지 않았다. 적극적으로 아이들의 관심사를 알아내려고 노력했다. 아들은 만화책 모임을 시작했고, 반 친구들이 동전 수집에 관심을 갖도록 이끌었다. 운동장에서 다른 아이들이 같이 하고 싶어 할 만한 놀이를 만들었다. 아들이 기울인 모든 노력이 금방 결실을 맺지는 못했지만 3학년이 시작될 무렵에는 전학생이라는 꼬리표를 떼어내고 집단의 자연스러운 일원이 되었다.

바람직한 스토리들을 기용하고 잠재의식에서 저절로 작동하게 만드는 작업은 그냥 일어나지 않는다. 꾸준한 연습 없이는 어려운 일이다. 다음에 언급할 내용은 엄선한 스토리를 우리의 내면에서 저절로 흘러나오는 기본 사양으로 설치하는 방법에 대한 것이다.

바람직한 스토리 설치하기

6장에서 우리는 바람직한 스토리를 선택하는 방법과 좋은 스토리 선택지가 항상 있다는 것을 배웠다. 일단 우리 인생에 긍정적이고 힘이 되는 스토리들이 가득하다는 사실을 알아차리기만 해도 이 사실을 알지 못했던 상태보다 발전했다고 볼 수 있다. 나아가 인생을 바꾸려고 한다면 스토리를 선택해서 실제로 '사용'해야 한다. 새롭게 엄선한 스토리를 성공적으로 설치하는 전략으로는 다음 네 가지가 있다.

1. 자신에게 도움이 되는 스토리를 **쓴다**.
2. 스토리를 소리 내어 **말한다**.
3. 힘든 순간에 **대비한다**.
4. 하루하루 자신만의 스토리로 **시작한다**.

각각의 전략들은 우리의 셀프스토리텔링 능력을 키워줄 것이다. 모든 전략을 똘똘 뭉쳐 사용한다면 아무도 우리를 막을 수는 없을 것이다.

전략 1: 도움이 되는 스토리를 쓴다

셀프스토리텔링 프로그램 참가자들에게 이 전략을 소개했을 때 참가자들은 난감해 했다. 사람들 대부분이 일기 쓰기를 그리 좋아하지 않았다. 왼손잡이라거나, 손가락이 너무 크다거나, 너무 악필이어서 글씨를 쓰는 행위 자체만으로도 스스로 쓸모없다는 스토리 소용돌이에 빠진다는 이유를 대며 대놓고 언짢아 하는 사람들도 있었다.

일기 쓰기

그러던 어느 날 나는 배우 매슈 매코너헤이의 인터뷰를 들었다.[1]

매코너헤이의 책 『그린라이트Greenlights』가 많은 관심을 받으며 막 출간된 참이었다. 이 책은 매코너헤이가 지난 수십 년 동안 쓴 일기를 모은 자서전이었다. 인터뷰 내내 드러난 그의 생각은 명확했다. 자리에 앉아서 펜과 종이를 들고 자기 삶을 기록함으로써 지침이나 통찰이 필요할 때 자기가 쓴 글들을 다시 찾아볼 수 있었던 행위가 자신이 이룬 성공 전반에 반드시 필요한 조각이었다는 것이다.

일기 쓰기가 가치 있는 시도라는 생각은 매코너헤이의 직감에 그치지 않는다. 연구에 따르면 글씨를 적는 행위는 기억력 향상 외에도 여러모로 도움이 된다고 한다. 필기는 집중에 도움이 되고 우울감과 불안감을 해소해 기분을 좋게 한다.[2]

셀프스토리텔링에 국한해 언급하자면 손으로 글씨를 쓸 때 우리는 느긋해지고, 좀 더 철저하게 사고하며, 우리 생각을 좀 더 완전하게 처리하고, 스토리를 좀 더 명확하게 보게 된다. 그 결과 나중에 우리가 쓴 내용을 좀 더 쉽게 떠올리는 데 도움이 된다.[3]

매코너헤이는 일이 잘 풀리지 않을 때 일기를 쓰는 본능이 있다고 믿는다. 글씨를 적는 행위는 혼돈을 헤쳐 나가고 이해하도록 돕는다. 10대 시절에는 일기를 많이 썼던 내가 청춘의 호르몬 소동이 사그라들자마자 일기 쓰기를 그만뒀던 사실을 돌이켜 생각해보니 매코너헤이의 믿음에 공감이 갔다. 그런데 매코너헤이의 진짜 비결은 일이

'잘' 풀릴 때 일기를 쓴 것이었다. 가장 행복한 순간에 기록하자. 승리를 기록하자. 즐거운 스토리를 자신에게 말하자.

기분이 처질 때 일기를 쓰는 게 나쁜 것은 아니지만, 이는 **부정 편향**의 표현이기도 하다. 우리는 나쁜 일에 집중하고 좋은 일은 잊는다. 행복과 기쁨을 기록한다면 필요할 때 선택할 스토리 목록을 만들 수 있다.

기억나는 것이나 누군가에게 접한 어떤 스토리가 여러분에게 도움이 되었다면 기록하자. 기분이 좋아지거나 더 잘하고 싶다는 생각이 들거나 자신이 얼마나 훌륭한지 혹은 무엇을 할 수 있는지 떠올리게 하는 스토리라면 적자. 공책과 펜을 들어 글씨를 쓰자. 세부사항을 기록하고 감정을 적어 넣고 캐릭터도 적자. 스토리가 기억에 잘 남으려면 필요한 구성요소를 전부 기록해야 한다.

우리의 기억은 엉성하다. 정신적 장벽을 돌파하는 데 도움이 되는 스토리를 발견했다면 그런 스토리가 가장 필요할 때 그 스토리를 회상하는 일을 기억에만 의존하지 말자. 기록하고 주기적으로 다시 찾아보고 다시 읽음으로써 가장 바람직한 스토리들이 머릿속에 가장 먼저 떠오를 수 있게 해야 한다.

블로그, SNS도 좋다

앞서 무대공포증을 극복할 수 있게 해준 스토리를 통해 내 인생은 더욱 밝아졌다. 나 또한 그런 스토리를 일기장이나 블로그에 쓰기도 했다. 손으로 쓰는 것도 좋지만, 핵심은 **스토리를 기록**하는 것이다. 여러분의 스토리를 블로그나 SNS에 담을 수 있다면 그것도 좋은 방법이다.

　나는 인스타그램도 적극 활용했다. 내 계정에 올리는 글은 팔로워뿐만 아니라 동시에 내가 보려고 올리는 글이기도 하다. 게시물 각각이 작은 책갈피이며 도움이 되는 사소한 스토리가 기억날 수 있도록 이끌어줄 힌트가 된다. 끈질긴 몇몇 스토리들이 내 발목을 잡는다는 느낌이 들 때 나는 내 인스타그램 계정을 열어 '나만의 인생' 스토리를 읽는다. 내 일에 관한 스토리, 우리 아이들에 관한 스토리, 남편에 관한 스토리, 그간의 역경과 극복한 일들에 관한 스토리를 읽는다. 다른 사람들의 화려한 모습에 한눈 팔지 않고 내가 올린 나의 빛나는 장면들을 다시 보면 용기가 솟는다!

전략 2: 스토리를 소리 내어 말한다

　스토리를 목소리로 표현하면, 즉 '소리 내어 세상에 털어놓으면' 그 스토리에 힘이 생긴다. 소리 내어 말하는 행위는 스토리를 강화하고 공인한다. 연구에 따르면 소리 내어 혼잣말을 하면 기억력을 높이고 동기를 부여하며 자기비판을 줄이는 데 도움을 줄 수 있다고 한다.[4] 스토리를 소리 내어 말하는 행위는 아주 효과적인 연습이다. 이에 접근하는 몇 가지 방법을 소개한다.

혼자서 소리 내어 말하기

　새로운 연설을 준비할 때 나는 집안을 서성거리면서 소리 내어 말한다. 멋진 글을 작성한 뒤 이를 소리 내어 말하면 효과가 있다는 사실을 발견했다. 집안을 서성이면서 벽에 대고 말하는 동안에 최고의 통찰을 발견하곤 한다. 소리 내어 말하는 행위는 내가 하고자 하는 말을 단순히 연습하는 과정에 그치는 것이 아니라 내가 할 말을 '발견'하는 과정이라고 할 수 있다. 스토리가 정말로 활기를 띠는 순간이다. 또한 기대하지 않았던 연결 관계가 나타나기도 한다. 잊고 있던 내용이 기억이 나거나 기억할 필요가 없는 내용을 잊어버리기도 한다.

남에게 소리 내어 말하기

평생 내 스토리를 귀 기울여 들어줄 사람들이 있냐는 점에서 나는 축복받았다. 징징대고 투덜거리는 호들갑스러운 스토리뿐만이 아니다. 그런 스토리는 누구든 들어준다(기억하는가? 사람들은 부정적인 스토리를 좋아한다). 내가 가장 자랑스러웠던 때, 내가 가장 빛났던 때의 이야기를 들어주는 사람들이 있다.

엄마는 내 스토리를 들어준 첫 번째 청중이었다. 엄마는 항상 들어줬다. 중학교 시절, 2월 어느 날 체육 시간에 브룸볼broomball을 하고 집으로 돌아왔을 때도 그랬다. 브룸볼이란 부츠를 신고 헬멧을 쓴 뒤 막대기를 들고 스케이트장을 뛰어다니는 운동이다. 나는 운동을 잘하는 편이 아니었지만 브룸볼을 할 때만은 치열했다. 나는 엄마에게 모든 움직임, 상대편의 방어, 내가 너무 공격적이라고 혼났던 모든 때를 낱낱이 얘기했다. 나는 버스에서 내려 현관으로 걸어 들어가 배낭을 벗고 모자를 벗었다. 엉망진창으로 곱슬곱슬해진 머리카락이 얼굴을 덮었다(내 머리가 구불거리는 때는 비오는 여름날 아니면 브룸볼을 한 날 뿐이었다). 그때부터 엄마에게 브룸볼 이야기를 했고, 엄마는 한 마디도 빼놓지 않고 들었다.

그다음으로 학부 시절과 대학원 내내 룸메이트였고 지금까지도 제일 친한 친구인 마렌이 있다. 밤마다 학교나 아웃백 스테이크하우스에서 일하고 집으로 돌아오면 마렌이 내 이야기에 귀를 기울여줬다.

다음으로는 남편 마이클이 있다. 내가 빙산 깊은 곳에서 어떤 스토리를 파낼 때마다 그게 부정적이든, 긍정적이든 마이클은 언제나 귀를 기울인다. 이야기를 말할 때마다 스토리들은 확고해지고, 그런 스토리들이 내 인생에서 어떤 의미를 지니는지, 그런 스토리들에서 내가 어떤 교훈을 배울 수 있는지 더욱 확실하게 이해할 수 있다. 다시 이야기할 때마다 나는 내가 아는 나 자신을 강화시킨다.

여러분의 인생에도 이런 사람, 좋은 스토리를 이야기할 수 있는 누군가가 한 명쯤은 있을 것이다. 저녁을 먹으면서, 전화를 걸어서, 산책을 하면서 여러분의 멋진 순간을 소리 내어 이야기하면서 마음속에 단단히 새기길 바란다.

여러분이 스토리를 '찾고 있다'는 사실을 소리 내어 말하는 것 역시 아주 효과적인 전략이다. 스스로에게 도움이 되는 스토리를 찾다가 막히면 **누군가에게 털어놓자.** 앞서 4장에서 소개한 에이미는 분노한 고객과 힘겨운 업무 대화를 나눠야 했다. 닥쳐올 회의에 불안했던 에이미는 자신을 붙잡아두는 스토리들을 떠올리다가 남편에게 "긍정적인 스토리에 집중해야 해. 하지만 하나도 생각이 안 나"라고 말했을 때 비로소 돌파구를 찾았다. 스토리를 찾아야 한다는 필요를 다른 사람과 공유했을 때 비로소 에이미는 스토리를 발견할 수 있었다.

목소리를 사용하자. 목소리는 쓰라고 있는 것이다.

스토리를 나누고, 세상을 바꾸라

내가 이 책을 쓴 숨은 동기는 따로 있다. 나는 세상을 바꾸고 싶다.

처음에는 이러한 생각을 스스로 받아들이기까지 다소 시간이 걸렸다. 나는 한 번도 '우주에 흔적을 남기겠다'라는 포부를 가져 본 적이 없었다. 세상에는 물론 일론 머스크나 스티브 잡스처럼 우주에 흔적을 남기는 사람이 존재하지만 나는 그런 사람들과 제대로 말을 해본 적이 없었다. 『비범한 정신의 코드를 해킹하다』를 쓴 비셴 락히아니를 인터뷰했을 때도 그의 뇌가 작동하는 방식에 정말이지 어리둥절했던 기억이 난다. 마치 다른 차원의 사람 같았다. 락히아니와 대화를 나누면서 오랫동안 의심했던 생각, 내가 우주에 흔적을 남기는 일은 앞으로도 없을 것이라는 생각이 깨지진 않았다. 그렇다고 그 사실이 괴로웠던 것도 아니다. 처음부터 하고 싶은 일 리스트에 들어 있지도 않은 일이었다.

그러다가 이 책을 쓰기 시작했다. 나는 의도적으로 사람들이 셀프 스토리텔링 방법을 익힐 수 있도록 돕기 시작했고 효과가 있었다. 내게 늘 효과가 있었던 것처럼 사람들에게도 똑같이 효과가 나타났다. 참가자 각자에게 일어난 변화도 그 자체로 신나고 즐거운 일이었지만 더욱 큰일이 일어나기 시작했다. 참가자들이 자신이 선택한 긍정적인 스토리를 친구, 가까운 가족, 동반자, 배우자들과 나누기 시작하면서 처음에는 그저 연습이었던 과정이 순식간에 더 크게 바뀌었다. 사람들은 긍정적인 스토리를 말하면서 그 스토리를 들은 다른 사람들에게 자신의 긍정적인 스토리를 다시 논의하고 탐구하고 고민하도록 허락했다. 그러자 마법 같은 일이 일어나기 시작했다.

참가자들은 그들의 스토리를 공유했고 스토리를 들은 사람들은 다시 자신의 스토리를 공유하기 시작했다. 그런 일이 계속 이어졌다. 한 번 얘기할 때마다 긍정적인 스토리의 물결이 세상으로 밀려나갔다.

여기에서 무엇이 가능할지 그냥 상상해보자.

만약 여러분이 이 전략을 실행에 옮겨 긍정적인 스토리를 중요한 누군가와 공유한다면 어떻게 될까? 여러분의 스토리를 들은 사람들이 다시 긍정적인 스토리를 공유하고 그 사람들 또한 좀 더 스스로에게 만족하게 된다면, 스스로를 좀 더 믿게 된다면, 스스로에 대한 의심을 조금 내려놓는다면 어떻게 될까?

힘겨울 법한 기회에 승낙하고 회의에서 당당하게 발언하며 인생에서 중요한 사람에게 진실한 감정을 털어놓고 그렇게 훌륭한 자기 자신에게 한 발짝 더 가까이 다가간다. 스스로에게 더 친절해진 그들은 다른 사람들에게도 더 친절하게 대한다.

이 모두가 여러분이 여러분의 스토리를 공유했기 때문에 일어날 수 있는 일이다. 이것이야말로 우주에 흔적을 남길 내용이다. 우리가 스토리를 공유하면 세상이 바뀔 가능성이 열린다.

스토리를 소리 내어 다른 사람과 나눌 때 그들의 도움을 받을 기회를 얻는다. 동시에 이는 그들의 스토리를 들려 달라는 초대장이기도 하다. 여러분이 스토리를 공유하면 긍정적인 스토리텔링 물결이 세상에 퍼져나간다.

전략 3: 힘든 순간에 대비한다

샘은 매주 월요일에 이메일을 받는다. 그 이메일은 샘이 다니는 회사에 근무하는 최고 재무상담사들의 순위를 알려준다. 조금만 자세히 들여다보면 같은 팀 동료들과 비교해 샘의 위치가 어디인지 확인할 수 있다.

샘은 이 정보를 알고 싶지 않다.

샘은 그 이메일을 무시하고 싶다. 삭제하고 싶다. 하지만 상사가 보내는 이메일이라서 그렇게 할 수 없다. 적어도 대충 훑어보고 링크라도 눌러봐야 한다. 하지만 기분이 지독하게 나쁘거나 언짢아지는 건 어찌할 도리가 없다.

매주 월요일마다 같은 일을 겪어 샘은 이메일이 두려워진다. 샘은 이메일을 받는다. 샘은 이메일을 읽는다. 샘은 심란하다.

샘의 경우, 작동하는 스토리의 단서를 찾아내는 것은 어렵지 않았다. '난 충분하지 않아, 난 대체 가능해, 난 그냥 평균이야'와 같은 빙산 진술을 찾아냈다. 게다가 샘은 자기성찰에 능한 사람이다. 그는 그런 스토리들이 어디에서 비롯되는지 안다. 심지어 자신에게 도움이 되는 바람직한 스토리들도 골랐다.

문제는 이메일이었다. 이메일이 샘을 촉발했다. 셀프스토리를 바꿔보려고 개입해보기도 전에 그 이메일이 도착하고, 그렇게 샘은 곧장 '나는 평균이야'라는 빙산으로 곤두박질친다.

체중 감량 전문가들은 정크 푸드를 절대 사지 말라고 말한다. 오레오를 사지 않으면 마음이 약해지는 순간에 집안에 오레오가 없을 것이고 먹을 일도 없을 것이다. 생산성 전문가들은 쓸데없는 일에 시간을 허비하지 않도록 페이스북, 트위터, 틱톡, 인스타그램 등을 지우라고 말할 것이다.

이런 전략들은 효과를 나타낼 수 있지만, 세상에는 우리가 도저히 피할 수 없는 촉발 계기와 저항할 수 없는 계기가 있다. 아침에 알람이 울릴 때 여러분은 아침에 일어나서 결심한 대로 운동을 할 것인지 아니면 알람의 다시 울림 버튼을 누를 것인지 결정해야 한다. 상사가 마치 자기가 신이라도 되는 듯 여러분의 사무실 문을 두드리고, 여러분의 책상 쪽을 낱낱이 보고 있다. 너무나 괴롭지만 그럼에도 여러분은 상사와 계속 상호작용을 해야 한다. 이때는 당당하게 행동할 것인지 자기의심의 나락으로 떨어질지 선택해야 한다.

촉발 계기를 제거하는 전략은 효과적일 수 있지만 효과가 발휘되는 범위에는 한계가 있다. 인생에는 수풀에 숨어있는 뱀처럼 몰래 다가와 우리를 물어버릴 수 있는 부정적인 스토리 부비트랩함정이나 덫, 건드리면 폭발하는 장치-옮긴이이 잔뜩 있다. 이런 상황에서는 해독제가 필요하다. 부정적인 스토리를 촉발하는 계기를 없앨 수단이 필요하다. 힘든 순간에 대비하는 전략이 바로 그 해결책이다. 긍정적인 셀프스토리의 토대를 구축하는 작업은 중요하다. 하지만 공격에 직면하면 어떻게 될까? 이때가 바로 우리가 스토리로 만반의 준비를 갖춰놓아야 할 때다.

일단 바람직한 스토리를 선택해 이를 가까운 누군가에게 충분히 얘기하자. 그다음 이 새로운 스토리에 최고의 성공 기회를 부여해야 한다.

이때 건강 심리학 영역에서 쓰는 단순하지만 강력한 도구인 '실행 의도implementation intention' 형성이라는 방법을 사용한다. 실행 의도란 어떻게 '행동할 작정'인지 사전에 간단한 계획을 세우는 것이다. 연구자들은 운동이 건강에 주는 이로움에 관한 글을 읽는 것과 같은 단순한 동기 부여 방식을 쓰는 사람보다 "나는 다음 주 화요일 오전 10시에 체육관에서 맹렬하게 운동할 거야"라고 말하는 사람이 운동할 확률이 2배 이상 높다는 사실을 발견했다.[5]

이 방식을 다음과 같은 공식을 활용해 셀프스토리텔링에도 적용할 수 있다.

'촉발 계기가 발생하면 나는 <u>새로운 스토리를 떠올리게 하는 알림</u>을 말하고 나 자신에게 <u>새로운 스토리</u>를 들려줄 거야.'

샘은 몇 가지 훌륭한 스토리를 생각해냈고, 나는 그중에서도 한 스토리가 정말 마음에 들었다. 바로 나무 스토리다.

나무 스토리

샘은 몬태나에 있는 가족 목장을 기억한다. 샘은 아직 어린아이였다. 목장은 집 주변을 제외하면 그늘이 거의 없는 탁 트인 평원에 있었다. 그곳에 샘의 할아버지(할아버지 성함도 샘이었다)가 시간을 들여 그늘이 넓게 지도록 나무를 심었다. 나무들 덕분에 여름에는 시원했고 겨울에는 거센 바람을 피할 수 있었다.

샘의 아버지는 어쩌면 자기는 평생 혜택을 누리지 못할 수도 있는 일을 기꺼이 해낸 할아버지 샘의 너그러움과 선견지명에 감탄했다. 샘은 그때의 기억을 '앞 세대가 심은 나무 그늘에서 다음 세대가 더위를 식힌다'라는 격언과 함께 오래 담아두고 있었다.

나무 스토리는 처음에 다른 사람의 스토리였다. 엄밀히 말해 할아버지 샘의 스토리였다. 그런데 최근에는 샘도 직접 나무를 심었다.

시작은 정말 대수롭지 않았다. 마당을 청소하다가 나무가 한 그루 필요했다. 샘은 가정용품 판매점에 가서 나무를 한 그루 골라와 땅을 파기 시작했다. 샘은 나무를 심다가 갑자기 깨달았다고 말했다.

"나무를 심으면서 이것이 내가 항상 하고 싶었던 일이라는 걸 깨달았어요. 그리고 지금 하고 있다는 것도요. 당장 내 딸이 나무 밑에 앉지 못하더라도 누군가의 딸은 앉을 수 있겠죠."

그렇게 상황이 바뀌기 시작했다. 샘의 스토리는 그의 가치관과 깊은 관련이 있었고, 그는 그 사실을 즉시 알아차렸다. 그는 수많은 사람이 '하지 않는' 일을 하고 있었다. '중요한' 일이었다. 미래가 다가오기 전에는 결실을 맺지 않는 일이었다. '다른 누군가'를 위한 일이었다.

샘은 그리 오래지 않아 이 스토리가 그의 경력뿐만 아니라 그가 직면하고 있는 셀프스토리텔링 문제와도 충분한 관련이 있다는 사실을 깨달았다. 매주 확보되는 신규 계좌 목록 상위권에 오르지 못하더라도 샘은 사람들이 미래 자산 나무를 키울 씨앗을 심을 수 있도록 돕는 느리고, 중요하며, 때로는 생색도 나지 않는 일을 하고 있었다.

그것이 샘이 실행 의도로 사용하기로 한 스토리였다.

'촉발 계기가 발생하면 나는 새로운 스토리를 떠올리게 하는 알림

을 말하고 나 자신에게 새로운 스토리를 들려줄 거야.'

샘의 경우 월요일마다 오는 이메일이 촉발 계기였다. 나무 스토리는 알림이자 새로운 스토리다.

샘은 촉발 계기가 올 것임을 안다. 심지어 언제 올지도 안다! 이메일이 도착하면 그냥 새로운 바람직한 스토리를 떠올리기만 하면된다. 다음 월요일에 샘은 받은메일함을 열어 최고 실적자들을 기리는 회사 메일을 찾았다. 메일을 열어보기 전에 잠시 짬을 내 스스로에게 나무 스토리를 들려줬다. 나무 스토리는 샘과 그의 '목적의식', 샘이 자기 일을 하는 이유를 곧바로 연결한다.

스토리를 극대화하려면 가장 취약했던 순간들을 찾아보자.

· 소셜 미디어를 열어볼 때마다 스스로 무가치한 사람인 것 같다는 생각에 빠지는가? 앱을 열기 전에 자신에게 긍정적인 스토리를 말해보자.

· 가족과 함께하는 점심식사에서 불편함을 느끼는가? 주차장에 차를 세우고 식당 안내 데스크까지 가는 동안 자신에게 긍정적인 스토리를 말해보자.

· 거들먹거리는 상사에게 걸려온 전화를 보면 공황 상태 및 방어 상태에 빠지는가? 전화를 받기 전에 자신에게 엄선한 스토리를 말해보자.

· 집안에 단 음식을 두지 않으려고 하면서도 배달 앱을 열어 디저트를 주문하는가? 가족과 나눠먹겠다고 맹세하지만 눈 깜짝할 사이에 혼자서 다 먹어치우고 아무 일도 없었다는 듯이 시치미를 떼는가?

맨 마지막 사례를 예로 들어보자. 배달 앱을 열고 싶은 충동을 느낄 때 건강을 위해 운동을 하기로 다짐했던 걸 떠올려보자. 그리고 친구 집 뒷마당에서 열린 결혼식에 남편과 함께 참석해 자유롭고, 가볍고, 행복하고, 아름답다고 느꼈던 때와 같은 스토리를 스스로에게 들려주자. 그런 다음, 밀려오는 느낌과 감정에 주의를 집중하면서 쿠키를 주문하는 대신, 시트콤 〈오피스〉의 지난 회차를 틀면 된다.

물론 이 전략이 효과를 나타내려면 먼저 촉발 계기가 무엇인지 찾아내야 한다. 가장 흔한 후보로는 특정 인물, 시간대, 소셜 미디어, 몸 상태(지나친 피로, 지나친 배고픔, 탈수, 카페인 과다 섭취), 반복되는 사건을 꼽을 수 있다. 또한 촉발 계기가 언제쯤 닥쳐올지 알 수 있을 때도 있고 갑자기 허를 찔릴 때도 있다. 후자의 경우라면 일단 촉발 계기가 지나가게 두고 그 후, 엄선한 스토리를 자신에게 들려주면서 지혈을 한 다음 여러분이 선택한 경로로 돌아가면 된다.

전략 4: 자신에게 도움이 되는 스토리로 하루를 시작한다

자신에게 도움이 되는 스토리를 떠올리면서 하루를 시작하는 것이 가장 중요하다. 아침에 일어나면 스스로 바람직한 스토리를 재빨리 낭독한다. 아침 운동 시간이나 출근 시간에 다시 이야기한다. 샤워를 할 때나 커피를 내리는 동안 다시 상기한다. 너무 깊게 몰두할 필요는 없다. 일단 스토리를 완전히 기억하고 기록하면 핵심 단어 하나만 있어도 세부사항을 끌어낼 수 있다.

스토리 알림(feat. 포스트잇)

월은 활달한 분위기메이커이자 애정 넘치는 남편이고 헌신적인 아버지이며 성공한 자영업자다. 그렇게 되기 위해 월은 많은 시간이 필요했다. 시간이 너무 없어서 지하실 책상에서 1.5미터 정도 떨어진 곳에 있는 실내 자전거를 한 번도 타지 못했다. 사무실에 들어가면 건강한 점심식사를 챙길 시간이 없어서 회사 건물에 있는 패스트푸드점 중 한 곳에서 먹을 것을 사오곤 했다.

이 스토리가 어디로 흘러가고 있는지 이제 다들 눈치챘을 것이다. 월의 행동들은 결국 그가 원했던 삶으로 이어지지 않았다. 그렇게 해서 월은 나와 함께하게 됐다. 월은 정말 진지하게 자신의 스토리를 바꾸고 싶어 했다.

월은 똑 부러지는 사람이다. 월은 원하는 지점과 현재 지점과의 간극을 메우기 위해 자신이 '알고 있는 정보'를 찾아 해야 '할 일'을 할 때 활용하려 했다. 월은 효과가 있는 스토리를 찾았다. 짧고 단순한 스토리였다. 몇 년 전 월이 생활 습관을 바로잡아 건강한 몸무게에 도달했을 때 있었던 일이다. 사무실 복도를 걸어가고 있을 때 월이 존경하던 어떤 동료가 그를 붙잡고 말했다.

"안녕하세요, 월. 아주 보기 좋네요. 계속 열심히 운동하세요 응원할게요!"

월은 동료의 말이 인사치례가 아님을 알 수 있었고, 이유를 정확히 설명할 수는 없었지만 그 칭찬이 그냥 '너무 기뻤다.' 열심히 기울인 노력이 결실을 맺었다는 최상의 표현이었다. 월은 다시 그 기분을 느끼고 싶었다. 나와 월 둘 다 그 스토리를 스스로에게 들려주면 도움이 될 것이라고 확신했다.

- 매일 실내 자전거를 탈 시간을 낼 수 있도록 적당한 시간에 퇴근한다.
- 식단을 미리 계획해서 회사에 도시락을 가져가고 집에서도 항상 건강한 음식을 챙겨 먹는다.
- 주말에 해이해졌다면 다시 정상 궤도에 올려놓는다.

그러면 어떻게 해야 이 계획을 기억할 수 있을까? 윌이 매일 아침 눈을 떠서 제일 먼저 하는 일은 화장실에 들어가서 욕실장을 열어 칫솔을 집는 일이었다. 동료가 윌의 노력을 알아봐줬던 스토리를 가장 먼저 떠올릴 수 있도록 윌은 그 동료의 이름을 포스트잇에 적어 욕실장 안에 붙여뒀다.

이제 윌은 이를 닦을 때 단지 치아 건강을 돌보는 데 그치지 않고 정신 건강까지 챙긴다. 윌의 눈앞에 그가 추구하는 감정의 스토리를 떠올리게 해주는 알림이 붙어 있기 때문이다.

이 스토리 알림을 윌의 일상에 끼워 넣고 나서 몇 주 뒤 나는 그와 연락을 하게 됐다. 나는 그의 변화를 알 수 있는 놀라운 세부사항을 확인하겠다는 마음으로 부풀어 있었다.

"그냥 했어요."

나는 되물었다.

"그냥 했다고요?"

"네. 메모를 읽고, 스토리를 기억하고, 그냥 그렇게 했어요."

윌은 그동안 자기가 운동을 할 수 없는 이유는 너무 바쁜 탓이라고 몇 년 동안 주장해놓고 '하룻밤 사이'에 달라졌다. 월은 다음날 아침에 메모를 봤고, 그 스토리와 느낌을 떠올렸고, 그렇게 순식간에 바뀌었다. 월은 계획을 세워서 슈퍼마켓에 갔다. 운동 일정을 잡았다. 자투리 시간을 활용했다.

그는 "며칠 전에 회의와 회의 사이에 한 시간이 빈다는 사실을 알아차렸어요. 그래서 재빨리 자전거에 올라타서 운동을 했죠"라고 말하며 잠시 멈추더니 "네, 그게 끝이에요. 쭉 그런 식으로 했어요"라고 말을 끝냈다.

그게 전부였다. 똑 부러지는 월은 그렇게 노란 벽돌 길을 깔고 있었다.

메모지도 좋고 알람도 괜찮다. 어떤 식으로든 여러분 자신이 진짜 어떤 사람인지 떠올리게 하는 엄선한 스토리로 하루를 시작하자. 나에게 도움이 되는 스토리를 꼬박꼬박 들려줘야 한다. 그렇게 해야 발목을 잡는 스토리보다 도움이 되는 스토리가 더 크고 더 강해진다.

해묵은 스토리는
쉽게 사라지지 않는다

해묵은 스토리들은 언제나 순순히 바뀌려고 하지 않는다.

초등학교 3학년인 딸아이가 온라인 작문 수업 과제를 하는데 옆에서 도와준 적이 있었다. 딸은 지독하게 좌절한 상태였고, 척 봐도 "나는 이걸 할 수 없어"라는 스토리가 아이의 작고 예쁜 머릿속을 차지하고 있었다.

　환경이 별로 이상적이지 않긴 했다. 초등학교 3학년생 스무 명이 계속 떠들고 맞장구치는 가운데 화상 수업 화면을 보면서 글을 쓰기란 힘든 일이다. 하지만 나는 딸아이가 글을 잘 쓴다는 사실을 알고 있었고, 딸아이 역시 그 사실을 알고 있다는 점도 알았다. 하지만 그 순간에 딸은 다른 스토리에 주도권을 내줬다.

　우리는 점심을 먹으면서 딸아이가 글을 쓰면서 힘겨워했던 것에 대한 주제로 이야기를 나누었다. 아이는 과제를 하는 동안 기분이 어땠는지 말했고, 아주 전형적인 셀프스토리텔링 문구인 결정적인 진술을 언급했다.

　"나는 글을 잘 못 써요."

　"스토리를 어떻게 써야 할지 모르겠어요."

　"글을 쓸 거리가 도저히 떠오르지 않아요."

　이런 스토리들은 너무나 확실하게 다가온다. 아이든 어른이든 곤두박질치는 소용돌이에 쉽게 휘말리기 쉽다. 그러므로 우리에게는 이를 대체할 스토리가 당장 필요했다!

　나는 딸아이에게 작년 말에 받은 상을 기억하는지 상냥하게 물었다. 아이는 멍한 눈으로 나를 보다가 이내 '최우수 작가' 자격증을 받았던 걸 떠올리면서 서서히 표정을 바꾸었다. 나는 아이가 그날을 잘 떠올릴 수 있도록 선생님들이 얼마나 자랑스러워했는지는 물론 자기 자신의 노력을 스스로 얼마나 자랑스러워했었는지도 덧붙여 말했다.

　그렇지만 해묵은 스토리는 쉽게 사라지지 않는다. 우리에게 도움이 되지 않는 스토리들은 주도권이 위협받는다고 느낄 때 더 깊이 파고들곤 한다. 아이는 다시 이렇게 반박했다.

"하지만 선생님들은 엄마가 작가라서 그냥 그 자격증을 나한테 줬을 뿐이에요."

나는 즉시 아이가 쓴 온갖 다양한 스토리들을 아이 스스로 천천히 떠올리게 했다. 돌고래 책, 바이올렛이라는 캐릭터에 대해서 쓴 여러 스토리들, 발레에 대해 다룬 이야기 등 나는 아이의 글쓰기 능력을 잘 보여주는 스토리를 아이에게 하나하나 들려줬고, 서서히 새로운 스토리가 통제권을 잡아가는 모습을 볼 수 있었다.

다음 작문 시간에 아이는 자리에 앉았다. 나는 아이의 연필 끝에서 흘러나온 단어들이 종이 위에 자리하는 모습을 지켜봤다.

이 일화에서 얻을 교훈은 '기존 스토리들이 끈질기게 버틸 것을 예상'하라는 것이다. 오래된 스토리들은 신경에 새겨진 습관이다. 신경에 내장돼 있다. 발판도 있고, 포기하려고 하지도 않는다.

언젠가는 새로운 스토리들이 해묵은 스토리들의 장악력을 누그러뜨릴 것이다. 하지만 어느 날 아침에 문득 일어나 깨달음을 얻어서 그날 갑자기 인생이 완전히 달라질 것이라고는 기대하지 않는 것이 좋다(여러분이 윌이 아니라면).

그보다는 '과정'을 예상해야 한다. 쉽지는 않겠지만 불가능하지도 않다. 해묵은 스토리를 만들게 한 요소는 새로운 스토리를 만들게 할 요소와 똑같다. 할 줄 모르는 일을 애써 하는 게 아니라 의도적으로 하는 작업이라고 생각하면 된다.

해묵은 스토리들이 계속 얼쩡거리더라도 낙담하지 말아야 한다.

나의 경우, 내게 도움이 되지 않는 스토리로 그것을 대체하더라도 옛 스토리들을 나 자신의 일부로 생각하려고 한다. 예를 들면 머리를 잘 못 잘랐을 때 찍은 옛날 사진을 손가락으로 가리키며 "한때는 저런 적도 있었지만 이제는 아니야"라고 말할 수 있는 것과 같다.

새로운 스토리를 완전히 몸에 익힐 때까지 적어도 한동안은 오래된 스토리들이 머릿속을 맴돌 것이다. 사실 '언제까지나' 맴돌 수도 있다. 이 게임은 머릿속에 작동 중인 스토리를 포착한 다음 겁을 줘서 쫓아버리는 것과 같다.

부정적인 스토리를 새롭고 취약한 스토리로 덮어씌우기는 쉽지 않은 일이다. 내면의 스토리텔러는 여러분이 뜬구름을 잡고 있고 현실 감각이 없다고 말하면서 반격할 것이다. 관건은 이 새로운 스토리를 더 크게 말하고 끊임없이 반복해서 말하는 것이다. 처음 스트레스의 징후가 나타날 때는 해묵은 스토리가 즉시 행동을 개시할 수도 있다. 그렇다고 해서 여러분이 신중하게 계획한 **새로운 스토리**로 향하는 길을 차단하거나 앞길을 바꿀 수 없는 건 아니다.

스토리에 관한 스토리

앞길을 바꿔라.

셀프스토리텔링 프로그램에 참가한 사람들에게 일어났던 일을 비유하는 표현이라 할 수 있다. 그들이 스토리를 선택하고 설치할 때마다 그들의 삶은 더욱 활기를 띠고, 강단성이 생겼으며, 그들의 삶이 더욱 '그들 자신의 것'이 되었다.

하루하루 지날수록 '다른' 스토리를 듣는 것이 얼마나 가치 있는 일인지 더욱 분명하게 드러났다. 인간관계, 업무 생활, 재정 상태를 바꾼 사람들, 더 좋은 부모, 더 좋은 동반자, 더 좋은 친구가 된 사람들, 건강이나 사업을 완전히 바꿔놓은 사람들의 실제 사례를 확인하는 경험은 매우 소중하다.

그런 스토리들은 이야기하는 당사자뿐만 아니라 '듣는' 사람들에게도 중요했다. 그런 스토리들 덕분에 다른 사람들도 더 좋은 스토리를 실현할 수 있었다. 그런 스토리들 덕분에 다른 사람들도 바람직한 스토리를 선택할 수 있었다.

지금부터 그 이야기를 나누고자 한다.

스토리가
곧 자본이다

변화를 부르는 스토리의 힘

8장

비즈니스와 경력
성공을 부르는 스토리

우리는 나아가면서 스토리를 쓰고 있었어요.
그 모든 것을 보고 종합해보니, 다시 꿈을 꿀 수 있을 것만 같아요.
이제야 미래가 보여요.

-헤더

스포츠를 좋아하는 사람이라면, 서맨사 폰더Samantha Ponder를 알 것이다. 그는 ESPN 채널에서 방영하는 〈선데이 NFL 카운트다운〉을 진행했고, 그전에는 대학 미식축구와 대학 농구 리포터로 활약하기도 했다. 서맨사는 날카롭고 침착하며 무엇보다도 자기 일에 정통하다.

코치의 딸이자 오랫동안 스포츠팬이었던 서맨사는 어릴 때부터 꼭 운동 선수가 되지는 않더라도 커서 스포츠 관련 직종에 종사할 수 있을 것이라고 생각했다. 라디오 방송에서 스포츠 이야기를 하거나 스포츠를 소재로 글을 쓸 수도 있을 것 같았다. 고향 농구팀인 피닉스 선스Phoenix Suns의 담당 아나운서가 될 수도 있었다. 구체적인 계획은 없었지만 최대한 스포츠와 가깝게 지내고자 했다.

그러다가 고등학교 3학년 때 연설문 쓰기 대회에서 우승한 서맨사는 수천 명이 참석하는 졸업식에서 자기가 쓴 연설문을 읽을 기회를 얻었다.

"연설하기 직전에 교장 선생님이 저를 소개하면서 '5년 뒤에는 ESPN에서 서맨사를 보게 될 것입니다'라고 말씀하신 기억이 나요."

서맨사네 집에는 ESPN은 고사하고 케이블 방송 자체가 나오지 않았고, 서맨사는 그렇게 거창한 꿈을 꿔본 적도 없었다. 돌이켜 생각해보면 교장 선생님이 자신을 이끌어낸 것 같다고 서맨사는 말했다. 교장선생님의 말은 정말 효과가 있었다. 서맨사는 금세 중심으로 나아갔고, 일요일마다 열심히 뛰어다녔다.

최근에 서맨사가 참여하는 한 프로그램의 역사를 다룬 다큐멘터리가 공개됐다. 진행자는 서맨사의 동료에게 서맨사에 대해 질문했다. 그는 "서맨사는 정말 자기 일에 정통해요"와 같은 대부분 긍정적인 발언만 했다. 서맨사가 유명세를 얻기 위해서가 아니라 스포츠를 사랑해서 그 일을 한다고도 언급했다. 하지만 서맨사는 '딱 한 마디 말'이 마음에 걸렸다고 했다. 굉장히 사소하고 그렇게까지 나쁜 말도 아니었는데 말이다.

"그 동료가 '서맨사는 좀 변덕스러워요'라고 말했을 때 별안간 저는 모든 일에 의문을 품게 됐어요!"

서맨사는 '내가 진짜 변덕스러운가?'라는 의문이 들었다.

'어떤 의미로 변덕스럽다고 말한 거지?'라는 의문이 들었다.

'변덕스러운 게 나쁜 건가?'라는 의문도 들었다.

'다른 사람들도 나를 변덕스럽다고 생각하나?'라는 의문도 들었다.

알려진 인물로서 서맨사는 인터넷상에서 이름 모를 사람들이 퍼붓는 비판에 익숙했다. 서맨사가 지닌 훌륭한 자질 중 하나이자 오랜 시간에 걸쳐서 갖춘 자질이 바로 그런 지적들을 당연하게 받아들이거나 완전히 무시하는 능력이다. 하지만 이 경우는 달랐다. 듣도 보도 못한 일개 인물이 아니라 그가 같이 일하는 동료이자 존경하는 사람이었기 때문이다.

서맨사는 그 한 마디가 전문직업인으로서 스스로를 돌아보는 데 놀라울 정도로 많은 영향을 미쳤다고 말했다.

일할 때 작동 중인 셀프스토리

내가 내놓은 첫 번째 책 『스토리의 과학』은 비즈니스에서 스토리텔링을 활용하는 법을 다룬다. 이 책에서는 '스토리텔링은 어떻게 고객을 사로잡고, 청중에게 영향을 미치고, 비즈니스를 바꿔놓는가'를 이야기했다. 나는 비즈니스에 종사하는 사람들이라면 필수적으로 활용해야 할 네 가지 스토리 공식을 소개했다. 세일즈와 마케팅, 리더십에서 발휘할 수 있는 스토리텔링에 대해 아낌없이 설명했고 인터뷰와 프레젠테이션에서 스토리텔링이 얼마나 중요한지 상세하게 설명했다. 또한 기업가이든, 한 조직에서 승진을 거듭하며 자신만의 영역을 구축하는 사람이든 누구나 자신만의 브랜드, 즉 '나라는 브랜드'를 개발하는 데 있어 개인의 스토리텔링이 얼마나 중요한지도 자세히 썼다. 핵심만 말하면 비즈니스 영역에서도 가장 중요한 스토리는 세심하게 공을 들여 남들에게 겉으로 말하는 스토리들이 아니라, '우리가 우리 스스로에게 털어놓는 스토리'다.

주의할 점은, 멋진 마케팅 스토리를 만들어내거나 다음번 영업에서 꺼낼 놀라운 오프닝 스토리를 스스로에게 들려준다 하더라도, 내면의 부정적인 셀프스토리가 제멋대로 날뛰도록 방치하고 긍정적인 스토리는 외면해버린다면, 이는 마치 흘러내리는 모래 위에 성을 쌓고 있는 것이나 다름없다. 직업적 성공과 성취는 한 번에 한 가지 스토리씩 내면에서 쌓여 외부로 나아간다.

다행스럽게도 서맨사 폰더는 꽤 능숙한 셀프스토리텔러의 자질을 타고났다. 서맨사는 오래전부터 빙산을 해체하기 시작했고, 그에 힘입어 지금의 자리에 올라섰다. 변덕스럽다는 평을 듣고 반응한 뒤로 서맨사는 곰곰이 생각했고 결론에 도달했다. 바로 우리 각자의 내면에는 평생 살아온 만큼 스토리가 있으며 이런 스토리들이 우리가 세상을 보는 방식에 영향을 미친다는 결론이었다. 우리는 평생 살아온 만큼 내면에 스토리를 갖고 있기 때문에 다른 사람의 말에 숨은 뉘앙스를 낱낱이 이해할 수 있는 방법은 없다. 자기 셀프스토리도 가까스로 헤아리는 판에 남들의 셀프스토리를 전부 알아내기란 불가능하기 때문이다. 서맨사는 시도조차 오만한 것이라고 말했다.

남들이 나에 대해 하는 말들은 거의 통제할 수 없다. 그런데도 우리는 너무 많은 업무 시간을 다른 사람들이 무슨 생각을 하는지 파악하느라 낭비한다. 그 대신에 우리가 실제로 바꿀 수 있는 스토리, 우리가 스스로에게 들려주는 스토리에 집중해야 한다.

이번 장에서는 그런 시간을 재할당하는 법을 집중적으로 다룬다.

여러분이 전문 영역에서 어떤 포부를 실현하고 싶다면, 외부나 주변 스토리에 집중하는 대신 자신의 내면에 있는 스토리에 집중해야 한다. 스토리를 통제하려면 먼저 스토리를 포착해야 한다.

1단계: 작동 중인 스토리를 포착한다

직장에서 일어나는 셀프스토리의 경우, 빙산의 일각은 다음과 같이 형태도 크기도 아주 다양하다.

- 나는 충분히 훌륭하지 않아
- 아무도 내 아이디어를 존중하지 않아
- 내 상사는 나를 미워해
- 내가 아무리 열심히 일해도 사람들이 알아주지 않아
- 난 그냥 여태껏 운이 좋았을 뿐이야
- 그건 내가 할 수 있는 일이 아니에요

회의 시간에 당당하게 의견을 밝히지 못하고 후회를 거듭한다면, 셀프스토리가 작동 중일 가능성이 높다. 인맥을 만드는 식사 자리나 모임에서 있었던 일을 지나치게 곱씹는다면 아마도 셀프스토리가 있을 것이다. 이처럼 지난 일을 비판하거나 위축되어버리는 상황을 단서로 활용해 더 뿌리 깊은 셀프스토리를 발견해야 한다.

지금까지 한 말이 이해되나요?

『여성의 공간 주장 안내서A Woman's Guide to Claiming Space』를 쓴 저자 일라이자 밴코트Eliza VanCort와 업무적인 대화를 나눈 적이 있다. 밴코트는 확신이 서지 않을 때 다음의 문구들을 특히 강조해 말했다.

"내 말이 무슨 뜻인지 알겠어요?"

"무슨 말인지 이해되나요?"

"그렇죠?"

이러한 문구들은 자칫하면 자기회의를 드러내는 결정적인 증거가 될 수 있다. 자기회의가 있는 곳에는 셀프스토리가 있기 마련이다. 스스로 이런 말을 내뱉는 순간을 포착했다면 셀프스토리 빙산 역시 포착했을 가능성이 높다. 그 순간을 마음속에 잘 새겨두고 해당 의사소통이나 프레젠테이션이 끝난 뒤에 다시 한번 꼭 생각해보도록 하자.

미래는 피드백에 달려 있다

나는 고등학교 시절 연설 팀에서 가장 중요한 훈련을 받았다. 연설 팀 활동을 하면서 사람들 앞에서 말할 때 느끼는 두려움에 면역이 생기기도 했고 가장 도움이 된 점은 피드백을 무리없이 받아들일 수 있게 되었다는 것이다. 대회가 있을 때마다 적어도 세 차례에 걸쳐 서로 다른 심판 세 명과 경쟁자인 청중을 대상으로 연설을 했다. 연설이 끝나면 심판은 연사가 무엇을 잘했는지, 개선의 여지가 있는 부분(대개는 무엇을 잘못했는지)이 무엇인지 매우 자세히 쓴 종이를 건넨다. 몇몇 불량 심판을 제외하면 피드백은 대부분 무척 건설적인 내용이었다. 하지만 대단히 신중한 피드백이라고 해도 기분이 상할 수 있다. 나는 피드백 용지를 받아 들고 뼛속까지 분노를 삭인 적도 많았다. 한번은 '기절할 것처럼 보였고, 말을 너무 빨리한다'는 평가에 약이 올라 몹시 화를 냈던 적도 있다. 그런데 문제는 내가 '실제로' 말을 너무 빨리했다는 점이다. 나는 목표를 달성하려면, 대회에서 우승하려면 정말로 말하는 속도를 늦춰야 했다.

직업 세계에서도 마찬가지다. 작동 중인 셀프스토리를 포착하는 가장 손쉬운 방법 중 하나가 바로 피드백에 세심한 주의를 기울이는 것이다. 여러분이 받은 피드백은 물론, 여러분이 그 피드백에 반응하는 방식에도 관심을 기울여야 한다.

먼저 피드백 그 자체를 살펴보자. 만약 여러분이 좀 더 협동적인 사람이 되어야 한다는 피드백을 들었다면, 아마도 어린 시절에 어떤 집단에 속해 합심하여 목표를 이룬 것보다는 혼자 최고가 되었을 때 칭찬을 받았던 셀프스토리들을 기반으로 일하고 있을 가능성이 높다. 혹은 몇 년 동안 경쟁이 치열한 회사에서 1등을 향해 달리는 데 익숙해져 있다가 현재는 팀워크를 훨씬 중요하게 여기는 완전히 다른 조직 문화를 가진 회사에서 일하고 있는 것일 수도 있다.

글로벌 기업에서 근무하는 한 임원과 대화할 기회가 있었다. 그는 항상 다음과 같이 의사소통에 관한 부분을 개선해야 한다는 피드백을 받았다고 말했다.

'서면 및 구두 의사소통 상황에서 더욱 계획적이고, 더욱 체계적이며, 더욱 사려 깊어야 합니다.'

승진을 바라보는 사람에게 신중한 의사소통은 앞으로 나아가기 위해 반드시 필요한 요소다. 이런 피드백은 어떤 셀프스토리들이 여러분을 격려하는지 살펴볼 수 있는 기회가 된다. 여러분이 가족 중에서 가장 연장자라면 한번도 심각하게 이의제기를 받은 적이 없었을 수도 있다. 우물 안 개구리처럼 재능과 매력만으로도 그럭저럭 잘 살아왔을 수도 있다. 하지만 이제 여러분은 재능과 매력이 넘치는 많고 많은 개구리 중 한 명이라서 두각을 드러내려면 더 많은 것이 필요하다. 현재 여러분에게 불리한 영향을 주는 특정 행동들이 있을 것이다. 그러한 행동을 유도하는 보이지 않는 스토리들이 있을 것이며 피드백은 이러한 스토리들을 포착하는 탁월한 실마리가 될 수 있다.

다음으로, 눈에 보이지 않는 셀프스토리를 포착하기 위해 피드백을 도구로 사용할 때는 피드백에 대한 '반응' 역시 중요하다는 것을 잊지 말자.

포춘 선정 500대 기업에 다니는 한 임원이 부하 직원 한 명 때문에 고심하고 있었다. 부장인 그 부하 직원은 업무 능력이 대단히 뛰어나고 목표한 바를 모두 달성했다. 하지만 누군가가 피드백을 전달할 때마다 그는 울기 시작했다.

"그 부장은 회의실을 뛰쳐나가 문을 세게 닫아요. 화상 회의를 하다 말고 울음을 터트리고 카메라를 꺼버리죠… 정말 골칫거리예요."

임원은 이 상황에 대해 부장과 여러 차례 직접 대화를 나눴고 몇 가지 해결책을 제시했다.

"그 직원은 추진력과 의욕이 있고 승진을 목표로 하고 있어요. 하지만 피드백을 감당하지 못한다면 승진은 무리예요."

건설적인 피드백은 받아들이기 힘들 수 있다. 피드백을 받았을 때 우리는 화가 날 수도 있고 슬픔을 느낄 수도 있고 질투와 분노, 복수

심에 불탈 수 있다. 뺨이 화끈거리고 입술이 떨리고 심장 박동이 빨라지면서, 결국 울음을 터트릴 수도 있다. 나는 보통은 평정이 미덕이라고 생각하지만 평정심을 잃는 것이 이 경우에는 기회가 될 수 있다.

'피드백에 대한 반응'에 주의를 기울이면 여러분의 발목을 잡고 있는 스토리를 포착할 결정적인 증거를 잡을 수 있다. 어쩌면 울음은 완벽주의에 얽힌 여러분의 과거 스토리를 암시할 수 있다. 분노는 모욕이나 무시를 당했다고 느꼈을 때의 스토리를 암시할 수 있다. 건설적인 피드백은 직업 세계에서 앞으로 나아가기 위해 꼭 필요하며 이제 작동 중인 셀프스토리를 포착하는 도구로도 사용할 수 있다.

2단계: 셀프스토리를 분석한다

태미는 새로운 일을 탐색하고 있다. 태미는 디지털 마케팅 분야에서 몇 년 동안 경력을 쌓았다. 지금 하는 일을 좋아하지만 현재 다니는 회사에서 최고 직급에 오른 그는 다른 분야에서 새롭게 도전할 준비를 마쳤다. 그 분야는 태미와 같은 업무 능력을 갖춘 사람들에게 한창 인기 있는 시장이다. 최근에 태미는 자기와 같은 사람을 찾는 훌륭한 기업이 많은 새로운 도시로 이사했다.

그런데도 그는 옴짝달싹 못하고 있다.

논리적으로 볼 때 태미는 당연히 자신을 내세워야 한다. 얻을 것만 있고 잃을 것은 없는 상황이다. 그런데도 "그냥 아무것도 할 수 없을 것 같아요"라고 하면서 아무것도 하지 않고 그렇게 태미는 조금씩 잠식당하기 시작한다. 왜 그는 '그냥' 이력서를 보내지 않는 걸까?

그러다가 태미는 그 이유가 스토리에 있다는 사실을 깨달았다. 오래전에 새로운 도시로 이사해 새로운 일자리를 찾기 시작했던 때 생긴 스토리다. 태미는 자신만만하게 일자리 탐색에 나섰다. 그는 경력이 있었고 이를 뒷받침할 칭찬 일색의 추천서도 있었다. 하지만 몇 주일 동안 구직 활동을 하고 수많은 면접을 본 끝에 그가 들은 대답은 전부 '불합격'이었다. 심지어 일주일 동안 아홉 군데에서 불합격 통보를 받고 엄청난 충격에 빠진 적도 있었다. 나중에는 훌륭한 일자리를 구해 자기를 거절했던 회사들과 몇몇 프로젝트를 함께 진행하기도 했지만 몇 년이 지난 뒤에도 그때 느꼈던 수치심과 두려움이라는 감정은 여전히 사라지지 않고 건재했다.

5장에서 나는 셀프스토리를 분석할 때 스스로에게 물어봐야 할 질문 여섯 가지를 소개했다. 그중에서 두 번째 질문이 '**이 스토리는 진실인가?**'였다. 이 질문에 대한 대답이 '아니요'일 때도 있고 때로는 '예'일 때도 있다. 실제로 태미는 구직 과정에서 아주 많이 불합격했다.

여러분 중에는 실제로 정리해고를 당한 적이 있거나 탐탁지 않은 조건과 이유로 일자리를 잃은 경험이 있을 수 있다. 성공으로 가는 길이 곧게 뻗은 직선로인 경우는 드물다. 위아래, 양옆으로 오락가락하는 것은 물론이고, 몇 차례 끊기거나 쉬어가는 기간도 있기 마련이다. 보도에 따르면 노동 인구 중 90퍼센트 이상이 실업을 경험한다고 한다.[1]

때로는 그런 셀프스토리들이 정말 진실이고 썩 달갑지 않은 경우도 있다. 그러니 여러분이 일에서 성공하고자 한다면 그런 스토리들을 받아들이는 법을 배워야 한다. 일부러 미화하거나 그런 일이 일어나지 않았다는 듯이 행동하지 말자. 윤색하지 말자. 그냥 받아들이고 그 스토리가 속해 있는 과거에 그대로 두어야 한다. 그런 다음, 더 바람직한 스토리를 선택하는 과정을 바로 시작하자.

3단계: 도움이 되는 스토리를 선택한다

헤더는 펜실베이니아에 산다. 아내이자 네 아이의 엄마(이것만으로도 엄연한 상근직이다)인 헤더는 부업으로 다소 무모한 목표와 원대한 꿈을 가지고 일하는 신진 사업가이기도 하다. 부업과 기업가 정신을 논할 때 '무모한 목표'와 '원대한 꿈'은 기본적으로 필요조건이다. 그러나 헤더의 사업은 그가 원하는 위치에 이르지 못했고, 목표는 오히려 상황을 악화시키는 듯 보였다. 그는 내게 "목표를 세우고 이를 달성하지 못하는 현실이 너무나 힘들어요. 사업을 시작하면서 거대한 목표를 세웠고, 지금 4년 차인데 이제 간신히 수면 위로 떠오른 느낌이에요."라고 말했다.

사실 모두가 가끔씩은 자기가 하는 일에 그런 느낌을 받곤 한다. 누가 사업을 키우고 싶지 않겠는가? 누가 더 많은 급여나 밝은 전망을 바라지 않겠는가? 하지만 헤더의 경우 그가 지금 있는 곳과 가고 싶은 곳 사이의 간극을 평생 메울 수 없을 것만 같았다. 간극이 좁아지기는커녕 점점 커져만 가는 것 같았다. 마치 '뒷걸음질'을 치는 듯했다. 헤더가 세운 사업 목표와 시각화, 꿈이 앞으로 나아갈 원동력과 영감을 주기보다는 상황을 악화시키는 듯 보였다.

목표 때문에 길을 잃게 된다는 발상은 지금껏 일을 하면서 앞으로 나아가는 법에 대해 배웠던 모든 내용에 반하는 것처럼 느껴질 수 있다. 우리는 성공하려면 큰 꿈을 가져야 한다고 배웠다. 목표를 세우고 과녁을 겨냥하라고 배웠다. "끝을 염두에 두고 시작하라"라거나 "달을 겨냥하라! 그러면 다소 빗맞더라도 별을 맞힐 것이다"라는 말을 들으며 나아가곤 했다.

이 명쾌한(동시에 천문학적으로 불가능한) 지혜가 완전히 틀린 것은 아니다. 목표는 바람직하고, 특히 업무에서는 '분명히' 목적이 따른다. 하지만 목표에는 반드시 언급해야 할 어두운 면이 있다.

비전에 질리다

만약 어떤 목표를 '꿈꿀 수' 있다면, 우리의 뇌는 이미 그 목표를 이뤘다고 생각할 수도 있지 않을까?

실제로 그런 일이 벌어질 수 있다.

여러분이 비전 보드를 만들면서 목표를 구체적으로 오랜 시간에 걸쳐 마음속으로 그리다보면 이렇게 생생한 미래를 바탕으로 한 사고가 오히려 역효과를 낳을 수 있다는 증거가 있다.

한 연구에서 연구원들은 성취감을 주는 직업을 찾으려는 참가자들을 대상으로 각각의 방식과 진척 상황을 추적했다. 그중에서도 성취감을 주는 일을 할 미래에 대한 상상에 가장 많은 시간을 쓴 참가자들이 오히려 지원서를 더 적게 냈고, 일자리 제안을 더 적게 받았

으며, 실제로 취직했을 때 더 적은 보수를 받았다.[2]

이처럼 마냥 미래를 생각하기만 하다 보면 실제로 업무를 하려는 시도 자체가 줄어들 수도 있다. 과도한 시각화는 뇌의 일부분을 속여 이미 그 목표를 달성했다고 생각하도록 유도함으로써 아이러니하게도 그 일을 하려는 동기를 떨어뜨린다는 연구 결과도 있다.

여정 vs 목적지

목표를 달성하는 데 도움이 된다고 해서 목표치를 계속 높이면 반드시 좋은 결과가 보장되는 것은 아니다. 「엇나간 목표Goals Gone Wild」라는 연구를 실시한 연구원들은 지나친 목표 설정은 의도하지 않은 결과를 초래할 수 있다는 걸 발견했다.[3] 목표에 집착할 때 우리는 절차를 무시하거나 비윤리적으로 행동할 수도 있다. 시야가 좁아져서 결국 목표만이 눈에 들어오는 사태에 이른다.[4]

바로 여기에서 문제가 생긴다. 목적지에 지나치게 집중하면 목적지로 가는 여정에서 마주치는 스토리들을 충분히 인정하고 존중할 수 있는 에너지는 바닥나버리고 목표가 엇나갔다는 최종 결과에만 집중하여 쓸쓸함만 남아버린다. 헤더가 바로 이런 상황이었다. 헤더는 자신이 세운 목표로 인해 자신이 지금 있는 곳이 바라는 곳에서 얼마나 멀리 떨어져 있는지에만 초점을 맞추게 됐다. 반짝반짝 빛나는 미래의 성공한 헤더는 너무나 밝고 멋진 모습이라 현재의 자신은 그저 따분하고 초라하게 느껴졌다.

헤더는 세 번째 상담 시간에 자신에게 '도움이 될' 스토리들을 찾아오기로 했다. 이루지 못한 일 대신, '이미' 달성한 여정, 진전, 성공에 다시 주의를 집중할 스토리들이 필요했다. 처음에 헤더는 긍정적인 스토리보다 부정적인 스토리를 찾기가 훨씬 쉬웠다고 인정했다. 다시 한번 말하지만 이는 부정 편향이 작동하기 때문이다. 의기소침했던 순간들이 기억에 두드러져서 생생하고 더 쉽게 떠오른다. 헤더는 이를 알아차렸다.

"그 모든 부정적인 스토리들을 관통하는 공통점은 내가 나 자신의 결핍, 나 자신의 실패에 초점을 맞추고 있다는 사실이었어요. 내가 충분하지 못하다고 느꼈거나 목표를 달성하지 못했거나 실패했을 때였죠."

그때 헤더는 깨달음을 얻었다. 부정적인 스토리와 반대되는 스토리, 즉 그가 충분했을 때 스토리, 목표를 달성했을 때 스토리, 쉽게 말해 '성공했을 때' 스토리를 찾기 시작했다.

"내 인생을 통틀어 최고의 스토리, 내가 가장 성공했던 순간들은 내가 갖고 있지 않은 것에 주의를 기울일 때가 아니라 내가 주는 것, 기여하는 것에 집중했을 때 일어났어요."

헤더에게 최고의 스토리들은 그가 어디로 가고 있는지 혹은 무엇을 놓쳤는지가 아니라 그가 이미 가지고 있는 것과 해낸 것에 관한 스토리였다.

헤더는 자신이 원했던 순위를 달성했던 때의 스토리를 발견했다.

"남편에게 말했을 때가 기억나요. 주방에서 나를 들어 올리고는 빙글빙글 돌았어요. '너무 신나. 당신이 정말 자랑스러워'라고 했었죠."

이는 '목표'라는 안개와 분노 속에 완전히 묻혀 있던 스토리였다.

헤더는 회사 영업 출장을 따냈던 때를 떠올렸다.

"팬데믹 때문에 출장은 취소됐지만 그렇다고 해서 제가 따냈다는 사실까지도 평가절하되는 것은 아니죠."

헤더는 부업으로 벌어들인 부수입으로 가족 휴가를 갈 수 있었던 스토리를 기억했다.

"휴가를 떠났던 날, 내가 얼마나 행복했는지 기억나요. 내가 이 일을 해냈어요! 내 덕분에 우리 가족이 휴가를 갈 수 있었죠."

일단 적극적으로 찾아 나서자 이런 스토리는 어디에나 있었다. 헤더가 원대하고 무모한 목표와 꿈을 갑자기 이룰 수는 없었지만 '이미' 이룩한 성취를 훨씬 긍정적으로 받아들이게 됐고, 그 덕에 앞으로 다가올 미래를 낙관하게 됐다.

마지막 상담 시간에는 마치 다른 사람과 대화하는 기분이 들었다. 그는 "그냥 할 수 있을 것 같고 신나요. 몇 주일밖에 지나지 않았지만 내가 느끼는 방식이 완전히 바뀌었어요"라고 말했다. 내가 "나는 충분하지 않아"와 같은 헤더의 빙산 진술, 그 이면에 숨은 스토리들을 포착할 작은 단서들을 몇 가지 다시 언급하자 헤더는 말했다.

"민망하네요. 하지만 그게 제 모습이었죠. 딱 그렇게 느꼈어요. 그런 식으로 느끼고 싶지는 않았지만 어떻게 해야 그렇게 느끼지 '않을' 수 있는지 잘 몰랐어요."

살면서 자신이 현재 있는 곳에 만족하지 못하거나 자신의 잠재력을 발휘하지 못해 낙담하는 시기를 겪어보지 않은 사람이 누가 있을까? 잠재력은 냉혹한 주인이 될 수 있고, 목표는 자기 힘을 과시할 수단을 갖고 있다. 기술을 배우면 새로운 기술을 배울 수 있다. 성취를 이루면 새롭고 더 큰 성취를 이룰 수 있다. 자신감은 더 큰 자신감을 부른다. 잠재력은 끊임없이 움직이는 이정표처럼 여러분의 성장을 돕는다.

하지만 여러분이 얼마나 발전했는지 알려주는 스토리들을 되돌아보면서 자신의 성장을 기뻐하지 않는다면 별다른 의미가 없을 것이다. 바람직한 스토리를 선택하고 이러한 습관을 반복하면 본질적으로 목표와 연결되고, 일적으로 부족한 점을 자연스럽게 보완할 수 있다.

마지막 상담 시간이 끝나기 전에 헤더는 몇 백 킬로미터 떨어진 곳에 있는 우리 두 사람이 서로 마주 보며 웃는 얼굴이 담긴 화상 통화 화면을 사진으로 찍었다. 헤더는 웃으면서 "꼭 기억할 거예요"라고 말했다. 이 역시 그에게 좋은 스토리가 될 것이다.

4단계: 엄선한 스토리를 설치한다

일과 관련해 엄선한 스토리를 설치할 때 여러분이 선택할 수 있는 방법은 무궁무진하다.

셀프스토리텔링 프로그램에 참가한 한 여성은 거들먹거리는 상사가 자기 자리에 다가올 때면 언제나 창업을 꿈꾸는 스토리를 준비했다(상담이 끝날 무렵, 그는 하던 일을 그만두고 남편과 함께 직접 회사를 차렸다). 한 남성 참가자는 온라인 및 오프라인으로 주요 기부자들을 만나기 직전에 자신에게 스토리를 들려줬다. 한 여성은 소셜 미디어 계정을 열기 직전과 직후에 스스로에게 스토리를 들려줬다. 7장에서 여러분은 내가 무대에 오르기 직전에 어떻게 스토리를 설치하는지 확인했다. 태미는 이제 이력서를 보내기가 망설여질 때마다 자신에게 스토리를 말할 수 있다. 헤더 또한 스스로 이룬 진척 사항에 불안을 느끼기 시작할 때면 언제나 스스로에게 자신이 충분히 잘 해냈던 때의 스토리를 들려줄 수 있다.

일적인 문제에서는 바람직한 셀프스토리를 설치해야 할 때가 많을 수밖에 없는데 관련하여 특히 중요한 몇 가지 상황을 소개한다.

왜 할 수 없는지에 관한 셀프스토리

줄리는 기운과 긍정성이 넘치는 사람으로, 주름 하나 없는 얼굴과 나이를 잊은 체격으로 모든 중력과 자연의 법칙을 거스른다. 건강 및 피트니스 코치인 줄리는 펠로톤Peloton, 미국 소재 운동 기구 및 미디어 기업-옮긴이이 온라인 수업을 시작하기 한참 전부터 피트니스 수업을 해왔다. 그는 평생 운동복을 입고 뛰어올랐고 여러분도 할 수 있다고, 나아가 여러분도 해야 한다고 느끼게 한다. 줄리가 이루려는 꿈은 무엇일까? 직접 피트니스 및 코칭 기업을 세우는 것이다. 여러분이 조금이나마 알고 있는 줄리에 관한 지식으로 미뤄볼 때 충분히 그가 할만한 일이라 느낄 것이고, 줄리 자신도 그 길로 잘 나아가고 있다. 줄리도 이를 원하고 모든 징후로 미뤄볼 때 그는 이 목표를 이룰 능력을 타고났다. 그런데 줄리에게 막상 물어보면 할 수 없다고 말한다. 줄리가 말하는 그 이유는 다름 아닌 '나이가 너무 많아서'다.

그렇다. 어떤 나이든 간에 대부분의 사람들이 "나는 너무 늦게 시작했어요. 같은 일을 하고 싶어 하는 나보다 젊은 사람들이 너무 많아요. 나는 너무 나이가 많아요"라고 말하곤 한다. 조금만 더 부추기면 줄리는 자신의 셀프스토리가 마치 진실이라는 듯 그 믿음을 뒷받침할 온갖 스토리들을 늘어놓을 것이다.

자기가 할 수 없는 이유를 대는 스토리를 말하는 사람은 줄리만이 아니다. 마크도 있다. 회사의 창고에서 상자에 라벨을 부착하는 일부터 시작한 마크는 성실히 노력한 끝에 결국 회계팀의 선임 직원이됐다. 하지만 그에게 물어보면 자기는 사실 회계 업무를 할 수 없다고 말한다. 왜냐하면 그에게는 공인회계사 자격이 없기 때문이다. 세라도 마찬가지다. 세라는 오랫동안 지역 사회 조직에서 활동한 경험이 있고 열렬하게 공직에 출마하고 싶어 하지만 주저한다. 왜냐하면 그가 한 번도 공직에 출마한 적이 없기 때문이다. 선출직 공무원이라면 누구나 첫 출마 경험이 있다고 말해도 그는 여전히 자기가 할 수 있다고 믿지 않는다.

바람직한 스토리를 설치하기 위한 시작점은 자기가 할 수 없는 이유에 얽힌 스토리를 말하는 때다. 이는 가장 쉽게 발견할 수 있는 지점이며 유머 감각을 갖고 접근할 수 있다. 우리가 스스로에게 들려주는 스토리들, 나아가 스스로에게 그렇게 말하는 근거가 되는 스토리들이 대부분 터무니없는 소리인 경우가 많다. 이런 스토리들을 여러분에게 도움이 되는 스토리들로 교체하는 것이 다음 단계로 나아가는 첫 번째 발걸음이다.

이룬 것과 이루지 못한 것에 관한 셀프스토리

나는 가끔 미국 수영선수 라이언 록티를 떠올리곤 한다. 그는

2016년 브라질 올림픽 이후 스캔들로 전 세계 뉴스의 헤드라인을 장식했다. 기소는 나중에 취하됐지만 상당 기간 동안 출전 정지 처분을 당했고 수백만 달러에 달하는 스폰서 후원과 존경을 잃었다. 록티는 꽤 심각한 물의를 일으켰고, 그의 행동을 정당화할 수는 없다. 하지만 나는 록티가 우리가 자신의 직업적 성공 스토리를 다른 사람의 맥락에서 스스로에게 들려줄 때 어떤 일이 일어나는지 보여주는 궁극적인 사례라는 생각을 떨칠 수 없다.

록티는 수많은 과오를 범했지만 물속에서는 차원이 남다른 선수였다. 한 가지 영법이 아니라 네 가지 영법 모두에 뛰어나야 해서 가장 훈련하기 힘든 종목인 개인 혼영에서 록티는 거의 무적이었다. 록티는 올림픽에서 금메달 6개를 포함해 총 12개 메달을 획득했고, 세계 기록을 다수 보유했다. 그는 "총 메달 수를 기준으로 했을 때 올림픽 역사상 두 번째로 많은 메달을 획득한 남자 수영선수"다.[5]

마이클 펠프스 다음으로 많다.

그렇다, 마이클 펠프스. 다들 알다시피 그의 이름을 언급하지 않고서는 미국 수영을 논할 수 없다. 그렇게 한다면 신성모독일 것이다. 하지만 록티의 관점에서 그 사실을 잠시 생각해보자. 펠프스가 록티보다 1년이 아니라 10년 뒤에 태어났더라면 어땠을지 상상해보자. 펠프스가 수영선수가 아닌 육상선수나 피겨스케이팅 선수였더라면 어땠을지 상상해보자.

라이언 록티가 수영 영웅이 됐을 것이다.
라이언 록티가 올림픽 정신의 표상이 됐을 것이다.

라이언 록티가 역사상 최고의 수영선수로 여겨졌을 것이다.

닭이 먼저냐, 달걀이 먼저냐는 논쟁과 마찬가지로 기술이 먼저인지, 태도가 먼저인지도 온종일 논쟁할 수 있다. 물론 펠프스가 없었다고 해서 저절로 록티가 수영 황제가 되지는 않았을 것이다. 하지만 나는 록티의 자멸 패턴이 어느 정도는 펠프스의 넓은 어깨라는 그늘에 가려 있으면서 스스로에게 들려준 셀프스토리가 빚은 결과라고 감히 추측한다.

록티를 비난할 수 있을까? 만약 여러분이 일하면서 거둔 성공을 받아들이고 즐기는 데 어려움을 겪어본 적이 있다면 여러분은 정말로 그와 달랐다고 단언할 수 있는가? 목표를 세우고 달성했지만, 성공을 축하할 새도 없이 동료나 경쟁자가 달성한 '더 큰' 목표를 떠올리게 된다. 친구나 가족이 승진을 축하해주는데도 정작 여러분 스스로는 승진하기까지 남들보다 오래 걸렸다는 생각에 축하를 무시해 버린다.

셀프스토리텔링 프로그램에 참가했던 한 여성은 전 동업자 때문에 힘들었던 일을 털어놨다. 두 사람은 아주 원만하게 갈라섰다. 동업자가 아주 먼 지역으로 이사했고 더는 함께 일할 수 있는 상황이 아니었다. 그 여성은 동업자가 떠나서 슬펐지만 한편으로는 혼자서 무언가 해낼 생각에 들떠 있었다. 그는 대단한 일을 해냈고 상당한 진전을 이뤘으며 훌륭한 고객을 확보했다. 그 모든 성과에 마음이 흡족했던 터였다. 그러던 중에 완전히 다른 분야로 진출하기로 결심했던 전 동업자의 이야기를 전해 들었다. 대성공을 거둔 전 동업자는 그가 1년 매출로 세운 목표를 한 달 만에 벌어들이고 있었다. 그것과 비교하자니, 자신의 모든 성과가 갑자기 대단치도 않게 느껴졌다.

여기에서 핵심은 **그것과 비교하자니**다.

만약 여러분이 자기가 이룬 것과 이루지 못한 것을 비교하면서 괴로워하고 있다면 여러분의 성취를 다른 사람의 성공 스토리와는 떼어놓고 따로 보자. 여러분의 성취 그 자체를 바라보고, 이야기하고, 오로지 자신에게 다시 이야기한 다음에 그 성취가 다르게 느껴지는지 살펴보자. 때로는 자기가 가진 것의 반짝임에만 집중하고 그것만으로 충분하다고 상기할 필요가 있다.

변화와 미지에 관한 셀프스토리

파얄 카다키아Payal Kadakia는 클래스패스ClassPass 창립자이자 크리에이터다. 클래스패스는 주변에 있는 헬스클럽, 피트니스 센터, 댄스 교습소를 고객이 필요에 따라 편리하게 이용할 수 있도록 서비스하는 회사다. 2020년 1월, 클래스패스는 가장 최근에 열린 펀딩에서 기업 가치가 10억 달러 이상이라는 평가를 받았다. 하지만 전적으로 대면 피트니스 강좌를 중심으로 구축된 기업인 클래스패스에게 2020년은 끔찍했다. 상황이 급변하고 있었다. 소용돌이에 휘말린 것 같았다. 어떤 기업가라도 동요할 수밖에 없는 상황이었다. 다행히 카다키아에게는 스토리가 있었다. 기업가라면 누구에게나 필요한 핵심 스토리 중 하나인 변화와 미지에 관한 스토리였다.

카다키아는 마치 어제 일처럼 생생하게 기억한다. 그는 오랫동안 이중생활을 해왔다. 낮에는 뉴욕시 일류 기업에서 대단히 존경받는 역할을 수행하는 성공한 직장인이었고, 밤에는 사람들의 고충을 해결할 혁신적인 기술 아이디어를 제시하는 여성이었다. 자신을 위한 결정과 부모님의 걱정에서 비롯된 압박까지 더해 힘겨워하던 카다키아는 직장을 그만두고 싶다는 열망을 더는 마음속에 담아둘 수가 없었다.

"그날은 추수감사절이었어요. 부모님과 집에 함께 있었는데 저는 문득 부모님께 월요일에 출근하고 싶지 않다고 말해버렸어요."

그 말을 했을 때도 카다키아는 회사를 설립하겠다고 완전히 결심한 상태는 아니었다. 그때 어머니가 딸을 바라봤다. 미국으로 이민 온 어머니는 항상 딸이 안정적인 경력을 쌓기를 바랐다.

"나를 바라보던 어머니는 회사를 그만두라고 했어요."

카다키아는 아직도 믿기지 않는다는 목소리로 이 스토리를 말했다.

"어머니는 '네가 그만둬야 한다고 생각해'라고 말했어요. 어머니는 나를 믿고, 내가 이미 능력을 증명했으며 갖춰야 할 조건을 모두 갖췄다고 말했어요. 나는 좋은 학교를 나왔고, 훌륭한 경력을 쌓았죠. 어머니는 지금이 바로 적기라고 말했어요. 만약 하겠다면 나가서 자신을 걸고 뭐든 세우라고 말했죠."

카다키아는 한동안 어머니가 한 말을 생각하다가 결국 용기를 내서 직장을 그만뒀다. 이는 누구에게든 아주 힘든 결정이다.

카다키아는 고요한 깨달음이 배어 나오는 목소리로 "나는 항상 그날을 회상해요. 초고층빌딩 사무실의 커다란 유리문을 걸어 나오던 때를 기억해요. 두려웠어요. 나는 그만둘 생각이었고, 앞으로 어떤 일이 일어날지 전혀 몰랐죠"라고 말했다.

휴일이 끝나고 사무실에 출근한 카다키아는 사직서를 제출하고 회사 전체에 사직한다는 사실과 그 이유를 설명하는 이메일을 보냈다. 얼마 지나지 않아 회사 전체를 관장하는 부회장 한 명에게 자기 사무실로 오라는 전화를 받았다.

"사무실에 들어가자 부회장은 내가 무슨 일을 시작하려고 하는지 좀 더 자세하게 알려달라고 했어요. 그래서 설명했더니 즉석에서 수표를 써줬습니다. 내가 아직 시작하지도 않은 회사에 투자하고 싶다면서요."

그 스토리가 카다키아의 기본 사고방식으로 자리 잡았다. 이제 카다키아는 두려움과 불확실성을 직면할 때마다 회사 문으로 걸어 나와 미지의 세계로 들어가면서 느꼈던 두려움과 그 두려움보다 더 컸던 흥분을 떠올린다. 그는 두려움의 저편에서 어떤 대단한 일이 기다리고 있는지 결코 알 수 없다는 사실을 떠올리도록 그날의 스토리를 스스로에게 들려준다.

성공이란 '과연' 무엇인가

2020년 봄에 나는 잡지 《석세스》의 최고 스토리텔링 책임자로 발탁됐다. 그 역할의 일환으로 〈킨드라 홀과 함께하는 성공 스토리〉라는 팟캐스트를 시작했고, 정말 멋진 사람들을 인터뷰하면서 그들의 스토리를 들었다. 그들은 어떻게 해서 지금 있는 자리에 올랐는지 들려줬고, 그들에게 성공이 어떤 의미인지 얘기하기도 했다. 그 대답

중 몇 가지를 소개한다.

- 패션 브랜드 후부FUBU 창립자이자 CEO이며 텔레비전 프로그램 〈샤크 탱크〉에 자주 출연하는 데이먼드 존은 성공이란 "스스로 한계에 도전하고, 그 과정에서 성공하든 실패하든 결과적으로 자기가 내린 결정을 감수하는 능력"이라고 말했다.
- 윌 스미스가 출연한 영화 〈행복을 찾아서〉의 실제 주인공 크리스 가드너는 성공이란 자신의 가치관을 반영하는 일을 할 수 있고 다른 사람들이 꿈을 믿고 성취할 수 있도록 돕는 일이라고 언급했다(또한 자신이 '세계 최고 할아버지'라는 사실이 가장 중요하다고 덧붙였다).
- 부동산 투자자이자 리얼리티 프로그램 〈플립 오어 플롭Flip or Flop〉 진행자인 타렉 엘 무사Tarek El Moussa는 "성공이란 내가 매일 추구하는 느낌입니다… 숫자도 아니고, 물건도 아니죠. 느낌이에요."라고 말했다.
- 미국 기업가이자 《뉴욕 타임스》 베스트셀러 작가이며 《포브스》 선정 미국에서 가장 부유한 자수성가 여성 중 한 명이 제이미 컨 리마는 성공이란 자기가 하고 있는 일이 자기 자신보다 더 크다는 사실을 아는 것을 의미한다고 말한다. "내가 개인적으로 아는 사람 중에는 돈이 아주 많고 이력도 대단하며 엄청난 영예와 수십억 달러를 가진 사람들이 많습니다… 그렇지만 그들이 기쁨으로 가득 차 있지 않고 그들 자신보다 더 큰 일, 다른 사람들에게 도움이 되는 일을 하지 않는다면 성공했다고 생각하지 않아요."[6]

성공의 의미를 물어봤을 때 다른 몇몇 주제도 능장했다. 대개는 성공이 소유가 아니라(크리스 가드너는 "집 여러 채에 동시에 살 수는 없잖아요?"라고 농담했다) 그보다 훨씬 무형에 가깝다는 의견이었다. 또한 그들이 생각하는 성공의 정의는 시간이 흐르면서 변화했다고 말했다. 예전에는 성공이 단 하나의 의미였다면 경험과 지혜가 쌓인 지금은 또 다른 의미를 지닌다고 했다. 이는 유익하고 통찰력이 있는 정의였다. 개인적으로는 그간 일을 하면서 느꼈던 의문에 영감을 주는 내용이기도 했다.

인터뷰를 하던 당시에 나는 내 인생에서 '성공'이라는 단어를 다시 정의하고 있었다. 내가 스스로에게 말하고 있는 스토리들이 더는 제대로 효과를 발휘하고 있지 않다고 느꼈다. 앞으로 나아가기 위한 노란 벽돌을 깔고 있기는 했지만 최종 목적지가 무엇인지 다소 혼란스러웠다. 그때 나는 내가 인터뷰했던 사람들처럼 나 또한 최종 목적지가 바뀌었다는 사실을 깨달았다.

나는 언제나 왕성한 활동가였다. 고등학교 여름 방학 때 나는 오전에는 골프장에서 맥주를 팔았고, 오후에는 동네 비디오 가게에서 일했으며(비디오테이프를 되감는 업무), 저녁에는 드라이브인 식당에서 웨이트리스로 일했다. 대학원에 다닐 때는 커뮤니케이션 입문 수업 조교로 일주일에 여러 반을 가르쳤고, 학위 논문을 썼으며, 아웃백 스테이크하우스에서 매니저로 일했다. 늦은 밤에는 노래 주점에서 뮤지컬 〈그리스〉 메들리, 〈Love Shack〉 듀엣, 브리트니 스피어스 노래를 불렀다.

사업을 시작한 이후로는 한층 더 활발하게 일했다. 아이가 둘이었지만 대수롭지 않았다. 2년마다 이사를 했어도 문제없었다. 매년 새해 전야에 나는 전년도를 능가하는 거대한 수익 목표를 세웠다. 일에 대한 열정은 내 정체성에서 빼놓을 수 없는 부분이 됐다. 더 열심히 일하고, 더 빨리 뛰고, 스스로를 한계까지 밀어붙였다. 그리고 이는 여러모로 내게 도움이 됐다.

남편과 2020년 목표를 함께 세우면서도 그 야망은 전혀 다르지 않았다. 우리는 2019년에 거대한 목표를 달성했고 2020년의 목표치를 그 두 배로 설정했다. 나는 의욕적으로 일을 시작했다. 2020년이 시작된 이후, 8주 동안은 집에 있었던 날이 총 열흘 정도밖에 되지 않았다. 놀라운 일이었고 우리의 무모한 목표를 향해 순조롭게 나아가는 중이었다. 그러다가 갑자기 이런 의문이 들었다.

'왜?'

'왜 두 배가 필요할까?'

'내 인생에서 무엇이 부족하기에 두 배의 수익이 필요할까?'

사실 내 인생에서 유일하게 부족한 것은 바로 '나'였다.

나는 너무나 의욕적으로 사는 데 몰두한 나머지 그것이 만들어낸 아름다운 삶을 놓치고 있었다. 너무 바빠서 친구, 가족과 즐길 시간도 없이 산다는 게 무슨 의미가 있겠는가?

팬데믹이 덮치기 전, 평생 처음으로 나는 잠시 멈췄다. 내 삶을 점검할 수 있을 만큼 길게 한숨을 돌렸고 이미 그 안에 내가 원했던 모든 것이 있음을 깨달았다. 성공은 내 주변 어디에나 있었다. 나는 그저 그것을 있는 그대로 바라보기만 하면 되었던 것이다.

여러분이 스스로에게 들려주는 경력과 직업적 성공에 관한 스토리들은 분명히 효과를 나타낼 것이다. 여러분은 움직임과 변화를 성험하게 될 것이고 흥미진진한 일들이 계속 일어날 것이다. 스토리라는 벽돌을 하나씩 놓을 때마다 여러분만의 길은 앞으로 펼쳐질 것이며 그 이상을 통찰할 수 있게 될 것이다.

9장
건강과 웰빙
몸과 마음을 지키는 스토리

몸과 마음은 별개가 아니다.

-디팩 초프라

자라를 소개한다. 이미 자라를 알고 있을 수도 있다. 누구나 자라를 안다. 통계를 내기는 불가능하지만 자라를 '아는' 사람은 하나같이 자라를 '아낀다'. 대화 중 자라의 이름이 나오면 온갖 이유를 대면서 자라가 그야말로 최고라는 말을 주고받느라 대화가 적어도 2분은 더 길어진다. 너 나 할 것 없이 한없이 칭찬한다. 친구들은 물론, 업무상 연락하는 이들도 그를 좋아한다. 심지어 내 아들도 초등학교 2학년 현장 학습 때 버스에서 자라의 옆자리에 앉은 이후로 자라를 아주 깊고 열렬하게 사랑하게 됐다. 20분 동안 동전과 크리스털 수집에 관한 이야기를 나누고 나서 관계가 더욱 돈독해졌다.

자라는 그런 사람이다. 아주 좋은 사람이다. 아마도 여러분은 그 누구에게도, 특히나 '좋은' 사람들에게는 나쁜 일이 일어나지 않기를 바랄 것이다. 그중에서도 자라에게 나쁜 일이 생긴다면 마치 법을 위반하는 일처럼 느낄 것이다.

그러던 2월의 어느 금요일, 자라는 남편 조너선과 생후 7개월 된 두 사람의 아이와 함께 초등학교 강당에 앉아 있었다. 그들은 초등학교 2학년인 딸과 1학년인 아들이 학교 힙합 공연에 나가 춤추는 모습을 지켜보고 있었다. 색깔을 맞춘 티셔츠를 입은 초등학생 200명이 춤 솜씨를 뽐내는 모습을 지켜보는 것만큼 흐뭇한 일도 없다. 즐겁고 마음이 가벼워지는, 세 아이의 엄마인 자라에게 뿌듯하고 기분 좋은 일이었다.

한편 조너선은 글로벌 브랜드에서 재능 있고 활기찬 최고 마케팅 담당자로 근무하고 있다. 조너선은 자라가 임신 후기에 들어서면서부터 퇴근 후, 집에 돌아오면 소파에 쓰러지기 일쑤였다. 자라의 출산 때도 그는 병원에 있는 시간 내내 거의 자다시피 했다. 자라는 출산은 자신이 하고 있는데 정작 조너선이 병원 소파에서 곯아떨어졌다고 말했다.

그들의 결혼생활을 지키기 위해서(아내가 갓난아기와 밤을 새우는 마당에 남편이 온종일 잠을 자는 법은 없다) 조너선은 건강 검진을 받기로 했다. 자라는 남편이 빈혈이거나 주말에 햄턴스Hamptons에 놀러 갔을 때 모기에 물리는 바람에 뎅기열에 걸렸을 거라고 대수롭지 않게 생각했다.

어찌 됐든 조너선은 빈혈과 희귀 열대병 논쟁에 결말을 짓고자 학교 공연 전날 주치의를 찾아가 혈액 검사를 받았다.

힙합 공연이 끝난 뒤 조너선은 택시를 타고 사무실로 향했고 자라는 아기와 함께 걸어서 집으로 돌아갔다. 자라가 오전 수유를 하려고 막 자리를 잡았을 때 갑자기 아파트 현관문이 열렸다.

조너선이었다.

자라는 "휴대폰 놓고 갔어?"라고 물었다.

"아니, 나 백혈병이래."

조너선은 문간에 선 채 그렇게 말했고, 한동안 두 사람은 멍하니 넋을 놓고 있었다.

"주치의가 전화했어. 일하러 가는 길에. 차를 돌리라고 하더라고. 뉴욕 장로교병원으로 가야 해. 당장. 나 암 걸렸대."

자라는 한 문장씩 내뱉으며 무너져 내리는 조너선을 바라봤다.

이후 몇 시간은 위기관리 상황이었다. 일단 아이를 돌봐줄 곳을 찾은 자라는 조너선과 함께 병원으로 향했다. 센트럴파크를 가로질러 평소보다 한 시간 정도 더 걸리는 먼 길로 돌아갔다. 뛰는 사람들, 친구들과 걷는 사람들, 아무렇지 않게 하루를 즐기는 사람들이 있었지만 조너선과 자라에게는 전혀 평범하게 느껴지지 않았다. 두 사람은 이제 삶이 영영 전과는 달라질 것이라고 짐작했다.

두 사람의 생각은 틀리지 않았다. 병원에 도착하자 이것이 생사가 달린 문제임이 분명해졌다. 회의와 논의와 계획이 있었다. 이 모두가 차분하게 체계적인 동시에 정신없이 혼란스러웠다. 두려웠던 날이 저물 무렵 자라는 욕실에서 다시 정신을 차렸다.

욕실은 철저하게 혼자 있을 수 있는 공간이다. 욕실 문을 걸어 잠그는 그 순간 저절로 안도의 한숨이 나오곤 한다. 또한 휴식은 언제나 금방 끝나므로 한층 더 신성하다. 그렇게 자라는 잠긴 욕실 문 안에 서서 욕실 세면대의 차디찬 도자기 표면을 잡고 몸을 가눴다. 그는 시선을 들어 커다란 욕실 거울 속에 비친 자신의 눈을 바라보며 자신의 스토리를 곰곰이 생각했다.

세 아이를 홀로 키우는 엄마로 살아가는 삶은 과연 어떨까.

그토록 사랑하는(특히 피곤하다는 말이 남편이자 아버지로서 구차한 변명이 아니라 '암' 때문이었다는 사실을 안 지금은 더욱 그랬다) 조너선이 없는 삶은 과연 어떨까.

추도사로 어떤 말을 하게 될까.

자라는 그 스토리를 이야기하면서 말했다.

"이상한 기분이 들었어요. 어둡고 뒤틀린 듯했죠. 하지만 그 스토리의 끝까지 가봐야 했어요. 그러고 나서는… 음…"

그는 적어도 치료 과정이 전부 끝날 때까지 다시는 그곳에 가지 않겠다고 결심했다.

"그것은 절대 우리의 스토리가 아닐 거라 생각했어요."

마음, 몸, 스토리

먼저 분명하게 밝혀두고 싶은 점이 있다. 모든 일이 마찬가지겠지만 건강 문제에 있어서는 특히 우리가 도저히 통제할 수 없는 요소들이 있다. 조너선이 암을 자청했다고 말한다거나 마음가짐이 중요하다고 그래야 치유될 수 있다는 식의 말은 너무나 무책임하다. 조너선은 공격적이고 무시무시한 병원 치료를 받아야 했다. 자라는 조너선이 최첨단 기술의 최고 수준 화학 약물을 혈관으로 투입하는 치료를 충분히 받았다고 말했다.

우리가 이번 장에서 다루는 내용은 우리가 통제할 수 있는 범위 안에 있는 것들이며, 마음가짐은 분명히 그중 하나다.

자라는 기업가이자 작가인 짐 론이 했다는 "풍향이 아니라 돛이 우리가 어디로 갈지 결정한다"라는 말을 실시간으로 살아내고 있었다.

바람은 암 진단이라는 현실이었고, 돛은 자라가 그 진단에 접근하는 방법이었다. 전자는 절대 통제할 수 없는 대상이고 후자는 분명히 통제할 수 있는 대상이다. 건강과 관련해 통제할 수 있는 대상이 있다면 우리는 '반드시' 통제해야 한다.

마음이 가는 곳에 몸이 따라간다

팬데믹이 발생하기 직전 몇 달 동안 나는 계속 돌아다녔다. 2020년이 시작된 이후 처음 몇 주 동안은 집에 있었던 날보다 밖에서 잔 날이 더 많았다. 2020년 1월 1일부터 2월 20일까지는 출장을 다니느라 내 침대에서 잔 날은 17일뿐이었다.

출장 중에 인스타그램 스토리에 '무엇이든 물어보세요'라는 글을 올린 적이 있는데 댓글 중에 이런 질문이 있었다.

"어떻게 그렇게 출장을 많이 다니면서 병이 나지 않을 수가 있나요? 나는 여행할 때마다 병이 나요."

그 질문은 내게 단순히 건강과 관련된 질문이 아니라 '여행과 건강'을 주제로 하는 셀프스토리텔링에 대한 질문이었다.

나는 여행할 때 병이 난다는 말을 굳이 나 자신에게 하지 않는다. 나는 그런 스토리를 말하는 호사를 누릴 수 없다. 내 인생에서 그 스토리의 논리를 아래의 순서대로 쭉 따라가 보자.

여행할 때마다 매번 병이 난다고 나 자신에게 말한다

↓

내 일을 하려면 항상 여행을 해야 한다

↓

나는 일을 할 때마다 병이 날 것이다

결과는 병이 나거나 아니면 일을 그만두게 될 것이다. '여행은 곧 발병'이라는 스토리는 내게 도움이 되는 스토리가 아니므로 하지 않는다. 절대 고려하지 않는다. 그 스토리는 내 근처에도 올 수 없다. 그렇다면 여행하는 동안 건강을 지켜주는 나만의 행동 수칙과 비법이 있을까? 물론이다. 나는 보안검색대를 통과하자마자 1리터짜리 물을 구입하고 목적지에 도착하면 물병을 다시 채운다. 비행기를 탈 때는 꼭 발포성 비타민 보충제를 챙기고 출장 기간 동안 매일 아침 섭취한다. 총 수면 시간은 물론 취침 시간도 각별히 신경쓴다. 시차 증후군을 관리하기가 어려울 수 있기 때문이다. 알코올 섭취를 제한한다. 몸에 무리가 가지 않는 음식을 먹는다. 밖에 나가서 산책을 하려고 노력한다. 팬데믹 이후로는 비행 중에도 마스크를 꼭 챙겨 쓰고 손소독제를 자주 사용한다.

건강의 기틀을 만드는 것은 내 행동이다. 그리고 내가 통제할 수 있는 범위 내에서 건강을 보장하는 것은 셀프스토리다.

자기관리 난문

나는 날개 돋친 듯 팔려나간 베스트셀러 『나는 상처받지 않기로 했다』의 저자 에이미 모린과 자기관리의 개념과 자기관리가 어떻게 정신적 강인함으로 이어지는지 이야기를 나눴다. 모린은 우선 '자기가 재미있다고 느끼는 일'을 굳이 판단하거나 중요한지 따지지 말고 우선 해보라 권했다.

나는 셀프스토리텔링 프로그램에 참여했던 한 여성을 떠올렸다. 그의 정신 건강은 심각한 위기 상태였다. 그는 혼자만의 시간을 가져야 한다고 생각했다. 하지만 재미만을 위해서 어떤 일을 해본 지가 너무 오래돼서 어디서부터 시작해야 할지 난감해 했다. 그런 감정은 문제에 불안을 더할 뿐이었고 부정적인 스토리에 불을 지폈다. 마지막 상담에서 그는 헛간을 개조해 만든 사무실 지붕에 눈이 쌓여 있는 것을 세 시간 동안 치웠다고 말했다.

나는 그 일이 즐거웠냐고 물었다. 그는 이상하다는 듯이 나를 쳐다봤다.

"지붕에 쌓인 눈을 치우는 일이 '즐거웠냐'고요?"

그렇게 되묻고 그는 곰곰이 생각하다가 그 일을 즐긴 것 같다고 대답했다. 고된 작업이었지만 동시에 도를 닦는 기분이었고 누구도 방해하지 않았다. 지붕 위에서 눈을 치우는 동안은 누구도 그에게 무언가를 요구하지 않았다. 그는 야외에서 단절된 채 명상하는 기분을 느꼈다고 했다.

우리는 정신 건강을 관리할 방법을 생각할 때 편견을 갖는 경우가 많다. 단순히 '올바른' 방법만 고민하는 대신에 실제로 '멘탈 케어를 제대로 했던 경우'의 스토리를 스스로에게 들려주는 것이 좋다.

예를 들어 나는 레고 세트 조립을 무척 좋아한다. 처음엔 어린애들이나 하는 놀이라고 생각해 주저했지만 어느 순간 아이들에게 레고를 사주면서 내 것도 하나씩 챙기기 시작했다. 오랫동안 출장을 다니고 업무 스트레스에 시달릴 때 우리 가족은 주말 내내 함께 레고를 조립하곤 했다. 팬데믹으로 재무 상태가 불안정해지면서는 레고를 구입하기가 벅찼다. 2021년에 접어들면서 다행히 사업은 회복됐지만 스트레스가 심했던 나는 즐기거나 자기 관리를 할 수 없었다. 그러던 차에 레고와 함께 보냈던 주말이 떠올랐고 다시 레고 조립을 시작했다.

지금까지 성인에게 레고를 가지고 놀라고 말하는 전문가를 아직 본 적은 없지만 '나'한테는 그 방법이 효과적이었다. 기억하자. 여러분만의 자기관리 스토리는 여러분만 쓰고 말할 수 있다.

건강상의 문제에 있어 변화를 원한다면 이번에도 간단한 네 단계가 모든 것을 바꿀 수 있다. 작동 중인 스토리를 포착하고, 이를 분석해 그 스토리가 어디에서 왔고 왜 존재하는지 이해한 다음, 바람직한 스토리를 선택해 이를 머릿속의 자동 운영 체제로 설치하자.

우선 스토리들이 모습을 드러내는 다양한 방식을 들여다보는 데서 시작해보자.

1단계: 작동 중인 스토리를 포착한다

코리와 영상 통화가 연결된 순간 나도 모르게 미소로 화답했다. 코리는 항상 명랑하고 잘 웃는 사람 같았다. 그는 기업 트레이너로 사람들 앞에서 보내는 시간이 많고, 그 역할을 하면서 어떻게 빛을 발할지 훤히 보이는 사람이었다.

이제 코리는 반대 처지에서 내가 이끄는 스토리텔링 프로그램의 참가자로 그의 셀프스토리와 그런 셀프스토리가 건강, 특히 체중에 어떤 악영향을 끼치고 있는지 살피는 데 초점을 맞췄다. 코리가 말한 고민은 이러했다.

"팬데믹이 오면서 나는 전처럼 많이 움직이지 않아요. 쭉 재택근무를 하고 있어요. 전에 했던 일을 하지 않고, 먹는 음식도 이전만큼 몸에 좋지 않을 거예요. 정말 깜짝 놀랄 만큼 체중계 수치가 슬금슬금 올라가고 있어요."

나는 손을 들었다. 나 역시 그런 적이 있다고 말하니 코리는 한층 더 활짝 웃으며 말했다.

"맛있는 음식을 전부 포기하고 사느니 좀 통통한 편을 택하겠어요!"

코리는 그 말을 하면서 마치 태양이 지나는 길을 구름이 가로지르는 것처럼 어떤 생각이 자신의 마음을 스쳤다는 걸 깨달았다. 그리고 그 그림자를 바라보는 것처럼 그는 말을 이어갔다.

"이건 나한테 하는 변명과 내 입으로 들어가는 것을 통제하려는 노력 간의 싸움이라고 생각해요."

그는 조금 웃었다. 나 역시 무슨 뜻인지 알겠다는 의미로 웃어 보였다. 너무 친숙한 스토리를 접하면 저도 모르게 웃음이 나곤 한다.

그래서 나는 코리에게 그냥 "기분이 어때요?"라고 물었다.

이야기를 시작한 이후 처음으로 코리의 얼굴에서 웃음기가 사라졌다.

그는 "별로예요"라고 말했다.

여러분이 비슷한 문제로 고민하고 있다면 이 사실을 인정하는 것이 얼마나 중요한지 잊지 말아야 한다. 신체 긍정 운동, 즉 다양한 형태와 크기의 몸이 제각각 사랑받을 가치가 있다는 주장은 대단히 바람직하다. 이런 집단적인 사고방식 전환은 타당하고 중요하지만 그렇다고 해서 여러분 개인이 '자기 신체'에 관해 느끼는 감정이 '틀린' 것은 아니다. 한편, 여러분이 자신의 몸을 있는 그대로 '사랑한다'면 멋진 일이다! 여러분이 사회가 강요하는 이상적인 신체상과 자신의 신체를 분리했고, 그렇게 한 뒤에도 여전히 자기 몸이 마음에 들지 않는다면 그것 또한 나쁜 게 아니다!

여러분의 건강 및 웰빙과 관련된 문제를 포함해 어떤 영역에서든 별로 만족하지 않는다고 느낀다면 쌍안경을 꺼내 여러분이 지각하는 의식 범위 바로 밖에 사는 스토리 덩어리가 얼핏 눈에 띄는지 확인하고 그 표면을 샅샅이 훑어봐야 한다.

자신에게 변명하는 진술은 다음과 같이 다양하다.

- 나는 여행할 때마다 병에 걸린다
- 나는 에너지가 별로 없는 사람이다

- 나는 절대로 1.6킬로미터를 달릴 수 없다
- 나는 그냥 뼈대가 클 뿐이다
- 독감이 유행하면 나는 반드시 걸린다
- 나 자신을 위한 시간이 없다
- 잠은 죽어서 많이 잘 것이다

나는 코리에게 자기 진술을 좀 더 깊이 파보라는 과제를 줬다. 일주일 뒤에 코리는 늘 자기 머릿속을 맴돌고 있는 중요한 진술 몇 가지를 찾아왔다. '나는 항상 이 문제에 시달릴 거야'와 '나는 나 자신을 사랑하고 내 몸을 사랑해' 같은 문장들이었다.

이 두 문장을 다시 읽어보자.

- 나는 항상 이 문제에 시달릴 거야
- 나는 나 자신을 사랑하고 내 몸을 사랑해

이상한 점을 눈치챘는가? 서로 모순되는 이 두 진술이 어떻게 한 공간에 존재할 수가 있을까? 여기가 바로 셀프스토리텔링과 건강 문제가 어려워지는 지점이다. 우리의 건강 스토리는 겉보기와 다를 수 있다. 시간이 흐르면서 숨은 스토리 빙산은 층층이 쌓여가지만 그렇다고 해서 모든 층들이 서로 꼭 들어맞지는 않는다. 스토리들은 모순될 수 있다. 극과 극으로 보일 수 있다.

상충하는 스토리들에 직면하면 어떤 것을 믿어야 할지 알기 어렵다. 이를 돌파하려면 어려움이 있을 수 있지만 간극을 건너기 위해 꼭 치러야 할 과정이다.

코리는 두 번째 문장이 어쩌면 '잘 치장한 변명'일지도 모른다는 것을 인정했다. 그는 웃으면서 "나는 나 자신을 사랑해요. 와인을 전부 다 마시고 케이크도 전부 다 먹을 수 있죠"라고 말했다.

언뜻 보기에 긍정적인 것처럼 보여도 실은 여러분이 가고 싶은 곳으로 가지 못하게 막는 이런 진술들을 경계해야 한다.

2단계: 셀프스토리를 분석한다

코리는 이렇게 고백했다.

"저에게는 이것이 가장 강렬한 조각이었어요. 내 빙산 속 스토리들을 믿을 수가 없네요. 어렸을 때 일까지 거슬러 올라가서 생각했어요. 그러다가 내 다리와 사촌의 다리를 비교했던 기억이 났어요. 어린아이 눈에도 우리 둘의 다리는 정말 달랐어요. 사촌의 다리는 무척 가늘었어요. 너무나 뚜렷하게 기억나는 그 사소한 스토리가 성인이 된 후에도 내 행동 방식에 줄곧 영향을 미치고 있었네요."

코리가 떠올리는 세부사항의 수준 역시 놀라웠다.

"좀 더 나이를 먹고 나서 그 사촌과 진짜 맛있는 나초를 파는 술집에 간 적이 있어요. 나는 '나초를 꼭 시켜야 해!'라고 했죠. 그러자 마르고 예쁜 사촌이 '아, 나는 먹는 데 신경 쓰는 편이야'라고 하더군요. 나는 속으로 '깃털 같이 가벼우면서 먹는 데 신경을 쓴다고?'라고 생각했죠. 그다음에는 나도 먹는 데 신경을 써야 하는 건지 고민이 됐어요. 그래서 마시고 싶었던 맥주 대신에 보드카 소다 칵테일을 시키고 말았죠.”

더 심각한 스토리들도 있었다. 아버지에 관한 스토리였다.

“내가 기억하는 한 언니와 나는 둘 다 항상 뚱뚱했어요. 아버지가 정말 건강이 안 좋았어요. 위우회술을 받았고, 당뇨병을 앓았고, 심부전을 겪은 뒤 결국 몇 년 전에 돌아가셨죠. 반면에 엄마는 아무런 문제도 없었어요.”

코리는 살짝 미소를 지으며 짐짓 화난 듯한 모습으로 위를 바라보면서 말했다.

“대체 왜 우리는 그런 유전자를 물려받았을까요?”

놀랍게도 여러분은 간단한 질문들로 자신에 관한 사실을 발견할 수 있다. 알기만 해도 전투에서 절반은 이긴 것이라는 옛 속담이 사실이라면 잠시 시간을 내서 스스로를 분석하는 것만으로도 간극을 건너기 쉽게 만들 수 있다.

질문: 이것은 진실인가?

나는 여행을 할 때마다 수면 시간에 극도로 불안을 느끼곤 한다. 수면은 건강을 지탱하는 핵심 기둥이고, 성장기에 나는 많이 자야 한다는 말을 항상 들었다. 친구네 집에서 자고 온 날 몸이 좋지 않으면 엄마는 “너는 잠을 많이 자야 해”라고 말하곤 했다. 대학교에서 시험 공부하느라 밤을 새우고 나서 봄 방학 첫날에 몸이 아프면 엄마는 “너는 잠을 많이 자야 해”라고 말하곤 했다.

그 진술의 이면에는 어릴 적에 ‘정말로’ 내가 아팠던 때 스토리들이 숨어 있다. 하지만 수면이 항상 그 원인이었다고는 상상하기 어렵다(나는 손을 잘 씻지 않는 편이기도 했다). 그런 스토리들 밑바탕에는 내가 주변 사람들보다 더 많이 자야 하는 사람이라는 전제가 깔려 있었다.

그 진술과 이를 뒷받침하는 스토리들은 내가 성인이 되어 아이를 낳기 전까지 계속 나를 따라다녔다. 집에서 신생아(아니면 강아지라도)를 키워본 적이 있다면 제대로 잠을 자기가 얼마나 어려운지 알 것이다. 그런데도 나는 살아남았다. 자지 않고는 살아남을 수 없었던 소녀가 두 살 이하의 아이 두 명을 키우는 엄마가 되어서도 살아남았다. 이는 분석해야 할 스토리가 분명 있다는 뜻이었다.

스토리텔링 과정 2단계에서 내가 여러분에게 물어보라고 권했던 질문 중 하나가 바로 "이 스토리는 진실인가?"였다.

나는 답을 몰랐다. 내가 잠을 많이 자야 했나? 얼마나 자야 많이 자는 것일까? 나는 시험해보기로 했다. 처음에는 몇 개월, 나중에는 일 년 넘게 실제로 내가 얼마나 잠을 자야 하는지 확인했다. 나에게는 일곱 시간이 최적의 수면 시간이었다. 여덟 시간을 자면 아주 좋지만 매일 그 정도로 잘 필요는 없고, 여섯 시간만 자면 조금 부족하게 느껴졌다.

나는 수십 년 동안 나를 사로잡고 내 행동을 바꾼 수면에 관한 스토리를 믿었다. 이는 전해 받은 스토리였다. 진실인지 아닌지 생각조차 해보지 않고 받아들인 스토리였다. 그 스토리를 좀 더 잘 이해하고 나서야 나는 이를 어설프게 두려워하는 마음에서 벗어났다.

받아들인다

세스는 뉴욕시에서 열심히 돈을 버는 젊고 잘생긴 남자였다. 스트레스 때문인지 시대 영향인지 세스는 담배를 피우는 습관을 들이게 됐다. 하루에도 몇 번씩 시내 중간 지대에 있는 사무실 밖으로 나가 길거리에서 담배를 피웠다. 술집과 버스 정류장에서도 피우곤 했다. 사람들과 어울려서도 피우고 혼자서도 피웠다.

그리고, 세스는 담배를 싫어했다. 피우기 시작한 이후로 줄곧 끊으려고 애썼지만 늘 오래가지 않았다. 세스는 그의 룸메이트에게 자주 푸념하곤 했다. 그러다가 담배를 끊고 싶다는 그의 끊임없는 한탄에 결국 짜증이 폭발한 룸메이트는 이렇게 말했다.

"정말? 정말로 끊고 싶어? 내가 보기에 넌 꽤나 흡연을 즐기는 것 같아. 그냥 받아들이는 게 어때? 흡연자가 돼. 받아들여. 그게 도움이 될 거야."

세스는 한 번도 그런 생각을 해본 적이 없었다. 만약 스스로 흡연자라는 사실을 완전히 받아들인다면 어떨까? 그렇게 나쁠 것 같지는 않았다. 다음날, 세스는 담뱃불을 붙일 때마다 "나를 봐! 나는 흡연자야! 나는 흡연을 좋아해!"라고 혼잣말을 했다. 하지만 그날 밤이 깊어올 무렵 그는 정말로 입맛이 씁쓸했고, 이는 타르와 니코틴 혼합물 때문이 아니었다.

세스는 룸메이트에게 "흡연은 역겨워요. 나는 사실 흡연을 혐오합니다"라고 말했다.

그리고 담배를 끊었다.

때로는 어떤 스토리를 완전히 인정해야만 이를 있는 그대로 보고 비로소 떠나보낼 수 있다.

3단계: 도움이 되는 스토리를 선택한다

"그것은 절대 우리의 스토리가 '아닐 거'라 생각했어요."

자라는 이 말을 하면서 스토리를 선택했다. 일생일대의 싸움에 나선다는 사실을 이해하고, 앞으로 얼마나 힘들어질지 짐작조차 할 수 없다는 점을 이해하며, 자신과 조너선의 영혼이 얼마나 한없이 연약해질지 각오했다. 그러면서 자라는 조너선이 치료를 받는 동안에 그들 스스로에게 들려주는 스토리들을 맹렬하게 지키기로 결심했다. '최악의 경우 시나리오'를 곱씹지 않기로 했다. '만약'이라는 토끼 굴에 빠져 길을 잃는 사태도 없을 것이었다. 자라는 조너선이 생존할 확률이 1퍼센트인지 99퍼센트인지 알려줄 스토리나 참고문헌도 원하지 않았다. 이를 가리켜 누군가는 부정이라고 말할 수도 있겠지만 자라에게 이는 전략이었다. 자라는 나쁜 스토리에 휘말리지 '않기'로 선택했을 뿐만 아니라 가능한 좋은 스토리를 '믿기'로 선택했기 때문이었다.

자라는 "조너선의 주치의와 나눴던 대화를 절대 잊을 수 없을 거예요"라고 말했다. 치료를 시작할 때부터 의사들은 거의 자라하고만 소통했다. 조너선은 한 번에 한 단계씩 당면한 치료에만 집중하고자 했다. 조너선이 할 일은 목숨을 걸고 싸우는 것이었다. 자라가 할 일은 그 싸움의 승산이 조너선에게 유리하게끔 이끌 동기와 정보를 제공하는 것이었다. 미국 최고 의사 중 한 명인 주치의가 자라를 보면서 확신에 찬 어투로 전혀 허세 없이 "조너선이 어떤 병인지 잘 압니다. 치료할 수 있다는 것도 알고요"라고 말했다. 의사는 치료가 공격적일 것이라고 경고했다. 근본적으로 조너선에게서 모든 것, 나쁜 세포와 좋은 세포를 전부 들어낼 것이었다. 조너선은 입원해서 한 달은 퇴원할 수 없을 예정이었다.

"자라는 치료를 부활로 보라고 말했어요. 나는 그 스토리가 마음에 들었죠. 그 스토리를 완전히 받아들이기로 했어요. 나아가 축하하기로 했죠. 40대에 완전히 새롭게 태어나다니 얼마나 아름다운 일이에요. 그런 기회를 얻는 사람은 드물어요."

자라는 조너선에게 위와 같은 부활 스토리를 들려주고 그 아이디어를 받아들이라는 주치의의 권유도 말했다. 자라는 "그 스토리에 저항하는 사람들은 더 힘든 시간을 보내고 덜 바람직한 결과를 얻게 되죠"라고 말했다. 조너선이 그 스토리를 받아들일 수 있다면 마음은 몸을 치유의 길로 인도할 수 있었다.

자라는 그 중대성을 재차 강조했다.

"정말이에요. 이는 비과학적인 접근법이 아니에요."

미국에서 가장 기술 수준이 높은 병원 중 한 곳에서 조너선에게 고도로 수준 높은 약물을 투여하고 있었다. 그런 상황에서도 세포를 완전히 파괴하는 스토리 대신 희망의 스토리를 선택하고 부활 스토리를 받아들이기로 한 선택은 치료에서 중요한 부분이었다.

자라의 스토리 선택은 생사를 가르는 문제였다. 나는 내 마음속 모든 진심을 담아 여러분의 셀프스토리가 그런 압박감을 견뎌야 할 일이 없기를 바란다. 하지만 동시에 꼭 생사가 달린 상황이 아니더라도 건강 문제에 있어 셀프스토리는 특히 중요하다는 사실을 알았으면 좋겠다.

시간 쪼개기와 공동체 창조의 교훈

미셸은 시간이 없다. 일단 정규직으로 중요한 직책을 맡고 있다. 대부분의 아이들이 그렇듯이 시간과 에너지를 많이 쏟아부어야 하는 아이 둘을 키운다. 게다가 미셸 가족은 건강 문제와 관련해 힘겨운 경험을 했다. 남편이 크론병 진단을 받은 이후 미셸이 린치 증후군 진단을 받은 데 이어 남편이 다시 신장암이라는 무서운 진단을 받으면서 모든 상황이 미셸에게 불리하게 돌아가는 듯 보였다.

미셸에게는 운동할 시간이 없는 온갖 이유와 운동하기에는 너무 피곤한 이유를 스스로에게 댈 수 있고 실제로도 갖다 댄 수많은 스토리 도서관이 있었다. 게다가 인터뷰 당시에는 한때 미셸이 즐겨했던 그룹 피트니스를 더는 할 수 없는 상황이어서 이 스토리까지 그 도서관에 더할 수 있었다.

하지만 미셸은 '변화'하고 싶었다. 그리고 스스로에게 들려주는 스토리를 먼저 바꾸지 않는다면 어떤 변화도 오래가지 않을 것이라는 결론을 내렸다. 그리하여 미셸은 자신에게 도움이 되는 스토리를 찾아 나섰다. 이른바 시간과 공동체 창조에 관한 스토리다. 미셸은 딸을 과외 활동에 데려다주고 나서 딸이 연습을 마칠 때까지 차에서 기다리며 엄마와 통화하려고 하다가 눈앞에 빈 운동장이 있다는 사실을 깨달은 날의 스토리를 발견했다. 그는 "엄마와 통화하는 동안 운동장을 걸으면 어떨까?"라고 생각했다. 그래서 그렇게 했다. 딱 한 번 있었던 일이지만 그 스토리를 자세하게 떠올리자 열의가 샘솟았다. "나는 시간이 없어"라던 미셸의 스토리가 "나는 시간 만들기 천재야"로 바뀌었다.

또한 미셸은 잊고 있었던 그룹 피트니스 스토리의 새로운 부분을 발견했다. 미셸은 친구들과 함께 운동하기를 좋아했지만 애초에 그들을 모은 사람도 미셸 자신이었다.

"친구들을 부추겨서 함께 운동하자고 한 사람이 바로 나였어. 내가 친구들이 단체로 운동을 시작하게 만들었어!"

미셸은 '그냥' 그룹 피트니스를 즐기는 데 그치지 않았다. 미셸은 사람들이 그룹 피트니스에 '동참'하도록 의욕을 불어넣는 일에도 뛰어났다.

이렇게 엄선한 스토리 두 개로 미셸의 기분은 한결 가벼워지고 기대에 부풀었다. 미셸은 친구와 가족 몇 명에게 연락했다. 한 공간에 다 같이 모일 수는 없었지만 우연히도 다들 집에 트레드밀이 있었다. 그들은 매일 일을 마친 뒤 단체 통화를 하면서 따로 또 같이 걷곤 했다.

같이 걷던 구성원 중 한 명이 병에 걸려 더는 걸을 수 없게 됐을 때도 미셸은 걷기를 계속했다. 미셸은 "예전의 나라면 그렇게 하지 않았을 거예요. 그냥 어영부영 그만뒀겠죠"라고 고백했다.

미셸에게 이 변화는 사소한 일이 아니었다. 마지막 상담 시간에 나와 미셸은 힘겹게 작별 인사를 나누었다(누군가와 가장 내밀한 스토리를 나누다 보면 깊은 유대감을 형성하게 된다). 미셸은 "이 시간을 통해 아주 오랫동안 죽은 듯이 있었던 나의 마음속 한 조각이 다시 깨어났나는 말을 꼭 해야겠어요… 다들 아팠고 힘든 시간을 보내고 있었던 터라 지난 5년 동안 그 스토리 빙산 조각을 봉쇄해뒀던 것 같아요"라고 말했다. 미셸은 잠시 말을 멈추고 평정을 되찾았다.

"너무나 빨리 변화가 일어났어요… 주변 사람들 모두 이미 그 변화를 알아봐요. 이제는 이 일을 하지 않을 수 없어요."

앞으로 미셸은 자신에게 도움이 되지 않는 스토리를 다시는 스스로에게 들려주지 않을 것이다. 그리고 여러분 역시 마찬가지다.

잠을 못 자는 것인가, 시간을 얻는 것인가

내 친구 한 명은 수면 문제에 시달렸다. 그는 일단 잠이 잘 '들고', 밤새 잠든 상태를 '유지'하는 데도 문제가 없다. 사실 그가 겪고 있는 문제는 '수면'이라기보다는 '기상'이다. 매일 새벽마다 3시 30분이나 4시쯤 갑자기 깨서 다시 잠들지 못한다. 그러면 칠흑 같은 어둠 속에서 몇 시간씩 침대에 누워 눈을 감고 머릿속에 갑자기 맴도는 달갑지 않은 수다를 잠재우려 애쓴다. 그러다가 6시나 7시 정도에 마지못해 일어나 하루를 맞이한다.

이는 지극히 짜증나는 일이었다. 그는 말 그대로 잠을 잃어버리고 있었다. 나 역시도 수면 스토리를 겪어본 사람이라 친구에게 낮 시간에 피곤한지 물었다. 친구는 "아니, 심하게 피곤하지는 않아. 그냥 너무 일찍 일어날 뿐이야"라고 말했다.

나는 최근에 〈밀리언 달러 리스팅 뉴욕Million Dollar Listing New York〉부동산 중개인들의 삶을 추적하는 미국 리얼리티 텔레비전 프로그램-옮긴이에 출연하는 라이언 서핸트를 인터뷰하면서 들었던 이야기를 친구에게 들려줬다. 다른 사람들은 하루가 24시간인 세계를 살아가고 있는 반면 서핸트에게 하루는 40시간인 것 같았다. 그것이 어떻게 물리적으로 가능한지 궁금해하고 있을 때 서핸트가 단서를 하나 밝혔다. 그는 "나는 매일 아침 새벽 4시에 일어납니다"라고 말했다.

일 년 중 어느 시기이든, 설사 해가 일찍 뜨는 일광절약 시간제daylight saving, 해가 일찍 뜨는 봄에서 가을까지 시간을 표준시보다 1시간 앞당기는 제도. 서머타임이라고도 한다. - 옮긴이 시행 기간이더라도 어쨌든 새벽 4시는 확실히 '어둡고', 그렇게 어두울 때 일어나면 뭔가 잘못됐다는 느낌이 들기 마련이다.

나는 서핸트에게 "그 시간에 뭘 하세요?"라고 물었다. 그는 이메일을 보낸다고 했다. 그는 다른 사람에게 자기를 대신해서 이메일을 보내는 일을 시킨 적이 있었다. 하지만 그것은 서핸트에게 중요한 업무였고, 아웃소싱이 불가능하다는 사실을 뼈저리게 깨달았다. "그래서 일어나면 이메일에 답장을 보내고 운동하고… 그렇게 하루를 시작합니다"라고 그는 말했다.

나는 친구에게 이 스토리를 들려준 다음 "알겠지? 너는 성공의 비결로 이른 기상을 꼽는 사람과 같은 시간에 일어나고 있어. 심지어 노력해서 그 시간에 일어나는 것도 아니잖아! 사실 난 그렇게 일찍 아침을 맞이하는 네가 부러워"라고 말했다. 친구는 웃으면서 "한 번도 그런 식으로 생각해 본 적이 없었네"라고 말했다.

그때부터 내 친구는 해가 뜨기 전에 일어나는 성공한 사람들의 스토리를 자신에게 들려주기로 했다. 그는 이른 기상을 결점이 아니라 장점으로 보게 됐고 그 이후로는 줄곧 잘 지내고 있다.

4단계: 엄선한 스토리를 설치한다

다시 코리 이야기로 돌아가자. 내 연구 프로그램의 우등생인 코리는 한 번도 빼먹지 않고 매번 출석했지만 처음에는 다소 회의적이었다고 말했다. 그는 망설이다가 "솔직히 말해서 시작은 했지만 얼마나 도움이 될지 잘 모르겠다고 생각했어요"라고 말했다. 코리의 회의적인 태도는 좋은 의도에서 비롯됐다. 그는 무엇을 바꿔야 할지 알았고('논리적으로는' 무엇을 해야 할지 알고 있었다) 추진력도 있었다. 그는 단지 의무감이 없을 뿐이었다고 말했다. 코리는 도움이 될 법한 스토리를 찾으러 나섰다. 그리고 두 개의 스토리를 찾아냈다.

"예전에 트레드밀에서 아주 멋지게 달린 경험이 있었고 실내 운동장에서 달리며 정말 즐거운 시간을 보낸 적이 있었어요."

어이없게 들릴 수도 있지만 이 단순한 스토리 두 개를 매일 아침 스스로에게 들려준 덕분에 코리는 자리에서 일어나 체육관에 갈 수 있었다. 게다가 이 현상은 코리를 '넘어서' 번져나갔다.

"정말로 깨달음을 얻은 순간이 있었어요. 스토리텔링이 정말로 효과가 있다고 실감한 계기였죠."

휴가 기간에 코리와 남편, 아이들까지 집에서 빈둥대는 대신 집을 나서 체육관으로 향했다.

"내가 스토리텔링 프로그램에 참여하지 않았더라면 우리 가족이 밖에 나가 운동을 하는 일은 절대 없었을 거예요. 그 주에 우리 가족은 체육관에 세 번이나 갔어요. 아이들은 나와 같이 뛰거나 농구를 했어요. 남편은 근력 운동을 했죠. 그 자체가 멋진 추억이 되었고, 우리는 가족이 함께 시간을 보내는 완전히 색다른 방법을 찾았어요."

코리는 매일을 부지런하게 그 스토리들과 그 과정에서 발견한 새로운 스토리들로 시작했다.

"매일 아침 일어나 이 스토리들을 내게 들려주면서, 나에게 필요했던 책임감과 동기를 부여했어요. 셀프스토리텔링 과정을 거치면서 나 자신에 대한 믿음이 좀 더 커진 것 같아요."

건강 목표를 달성하는 데 필요한 모든 것을 갖추고 있고 무엇을 해야 할지도 알지만 막상 실행하기가 어려웠다면 그 원인은 '자신에 대한 믿음 부족'일 가능성이 높다. 약속에 나오겠다고 말해놓고 계속 반복해서 나가지 않으면 어떤 관계이건 타격을 입히게 된다. 여러분 자신과의 관계도 예외는 아니다. 매일 아침 꾸준히 셀프스토리를 들려주는 것부터 시작하자. 그것이 여러분이 원하고 누려야 할 결과를 이끌어내는 행동에 박차를 가할 것이다.

촉발 계기에 대비한다

건강과 운동 목표를 방해하는 계기는 시간대, 냉장고, 기분, 날씨, 아이들이 핼러윈에 받아온 사탕에 손을 뻗게 만드는 스니커즈 초코바 광고에 이르기까지 어디에나 도사리고 있다. 계기는 순식간에 일어나지만 그 영향은 며칠, 몇 개월, 심지어 평생에 걸쳐 뒤섞여서 쌓인다. 평생 아침 운동을 거르는 삶과 평생 알람이 울리자마자 일어나는 삶은 아주 다른 결과를 만들어낼 것이다. 이런 계기가 발생하는 순간에 대비해 스토리를 마련해둔다면 어떤 계기가 아무리 제멋대로 나타난다고 하더라도 여러분의 인생을 바꿀 수 있다.

아이러니하게도 내 촉발 계기 중 하나는 마이클이 운동하는 것이다. 나는 그 사실을 어느 주말 아침에 마이클이 운동복을 입고 거실로 나와 운동화 끈을 묶고 달리러 나갔을 때 깨달았다.

그때 나는 '극도로' 짜증이 났다. 마이클이 마치 운동이 너무나 쉬운 일인 것처럼 행동했기 때문이었다. 하지 않으려고 한 시간 동안 돌아다니지도 않았고, 아침 반나절 내내 운동할 생각도 하지 않다가 결국 하지 않기로 결정하지도 않았고, 운동을 하지 말아야 할 온갖 이유를 대며 변명하지도 않았다. 그냥 '나갔다'.

나는 마이클이 실제로 아무런 잘못도 하지 않았다는 것을 알고 있었다. 사실 그는 올바른 방법을 내게 보여주고 있었다. 짜증이 가라앉은 뒤 나는 마이클이 주말에 나보다 먼저 운동을 나가는 것이 오래된 촉발 계기였다는 사실을 깨달았다. 그가 너무 아무렇지도 않게 문을 나서고 나면 "나는 시간이 없어" 스토리와 "나는 아이들을 돌봐야 해" 스토리, "누군가는 빨래를 해야 해" 스토리가 줄지어 빠르게 내 눈앞을 스치고 지나갔다. 그러면 반드시 운동 빼먹기로 이어지는 소용돌이가 몰아쳤다.

촉발 계기의 정체를 깨달은 나는 곧바로 부정적인 스토리가 소용돌이 치는 것을 제압하고 통제력을 되찾기 위해 엄선한 스토리를 내 안에 끼워 넣기로 결심했다.

- 나는 몇 년 전에 한 결혼식에서 밤새 춤을 췄던 스토리를 나에게 들려줬다(7장에서 가상 상황처럼 언급했던 그 일화는 내 이야기였다). 그때 나는 운동을 열심히 하고 잘 챙겨 먹어서 정말 아름답고 강하다고 느꼈다.

- 나는 딸이 태어난 뒤 어느 봄날 밤에 자선 행사에 참석한 스토리를 나에게 들려줬다. 나는 멋진 드레스를 입었고 무척 강하고 활기찬 기분이었다.
- 나는 내가 다시 규칙적으로 운동하고 스스로 자랑스럽게 느꼈던 때에 친구가 나를 칭찬했던 스토리를 나에게 들려줬다.

나는 이런 종류의 스토리를 나에게 몇 개 더 들려줬다. 그러고나서 90초 안에 스핀용 운동화를 신고 잽싸게 자전거에 올라탔다. 아이들에게는 책을 읽거나 영화를 보거나 비디오 게임을 하라고 말했다. 상관없었다. 나는 운동을 할 것이었다!

한 시간 동안 500칼로리를 소모하고 마이클의 부러운 시선을 받았을 때(스피닝은 마이클의 달리기보다 훨씬 더 재밌다) 나는 마치 새 사람이 된 듯한 기분을 느꼈다.

여러분의 인생이 여러분의 진로를 방해하는 촉발계기로 가득 차 있다고 느낄 때면 올바른 방향으로 나아가고 행동하기가 어려울 수 있다. 이런 순간에 대비해 여러분이 어디로 가고 싶은지, 왜 그곳으로 가고 싶은지 떠올리게 하는 스토리를 엄선해서 마련해두길 바란다.

그 후로 오래오래 건강했습니다

조너선은 한 달 내내 입원했고, 매일 매시간 그의 몸에는 화학 약품이 끊임없이 흘러들어갔다. 대단히 공격적인 치료여서 조너선은 필요할 때마다 모르핀을 직접 투여할 수 있었다.

치료를 받으면서 조너선의 몸은 침도 삼킬 수 없을 정도로 망가졌다. 자라는 매일 아침 병원에 와서 남편이 입을 살짝 벌린 채 침이 베개로 천천히 떨어지도록 옆으로 누워 있는 모습을 봤다. 자라는 여섯 시간 동안 그의 곁에 앉아 있곤 했다. 자라는 조너선의 귀에는 절대 들리지 않도록 주의를 기울이면서 의사들과 상담했고, 심지어 상태가 나빠졌을 때에도 조너선에게는 치료가 순조롭게 진행되고 있다고 알렸다. 누구라도 부활이 쉬울 것이라고 기대할 수는 없기 때문이었다. 그런 다음에는 병원에서 나와 집으로 가서 아이들과 함께 저녁 시간을 보냈다.

자라는 3킬로미터 정도되는 거리를 매일 걸으며 병원을 오고갔던 시간을 회상했다.

"매일 병원에서 나오면 친구들에게 바로 전화를 걸었어요. 집으로 걸어가는 내내 그날 있었던 일을 이야기했죠. 뭔가 잘못된 이야기는 하지 않고 조너선이 잘 해내고 있다는 이야기를 했어요. 치료가 어떻게 진행되고 있는지, 다음 조치와 중요한 단계들이 무엇인지 말했죠. 친구들은 그저 듣기만 했어요. 내가 모든 이야기를 털어놓도록 들어주면서 이야기가 끝나면 '자라야, 조너선이 정말 잘 견디고 있구나! 넌 이겨낼 거야. 너희 부부는 꼭 해낼 거야'라고 말하곤 했어요. 병원에서, 완전히 진이 빠지는 환경에서 오랜 시간을 보낸 뒤에 친구들에게 그날 이야기를 하면 기운이 났죠. 그런 뒤에 현관문으로 들어서면 큰 아이 둘이 내게로 달려와요. 나는 막내를 들어 품에 안고 미소를 지으면서 전혀 의심하는 기색 없이 '아빠는 정말 잘하고 있어! 치료 효과가 나타나고 있단다! 아빠가 낫고 있으니 곧 집으로 돌아오실 거야!'라고 말할 수 있었죠."

자라는 잠시 말을 멈추더니 이내 이렇게 말했다.

"마치 매일 집으로 걸어오는 길에 그 스토리를 말하면서 진짜 이루어질 현실로 만드는 기분이었어요."

나는 자라가 이 내용을 이야기할 때 두 가지 깨달음을 얻었다. 하나는 바로 스토리를 소리 내어 말할 때 생기는 명백한 힘이다. 스토리를 말하면서 어떻게 현실을 창조할 수 있는지 다시 한번 깨달았다. 다른 하나이자 더 중요한 깨달음은 살면서 우리 스토리를 귀 기울여 '들어주는' 사람이 있다는 사실은 대단한 축복이며, 우리도 다른 누군가에게 그런 사람이 되어줄 수 있다는 점이다. 나는 각자 바쁜 삶을 살아가는 와중에도 전화를 받아서 자라가 3킬로미터를 걸으면서 이야기를 털어놓을 수 있게 해준 친구들을 생각한다. 우리는 모두 그런 친구가 되도록 노력해야 한다.

나는 조너선이 치료를 잘 받았다는 소식을 전하게 돼서 정말 기쁘다. 처음에 한 달 동안 입원 치료를 받고 열흘 동안 기력을 회복한 이후 조너선은 다섯 달 동안 일주일은 병원에서 화학 요법을 받고 3주일은 집에서 지내는 치료를 받았다. 그 이후에는 몇 년 동안 혈액 검사를 하고 외래 진료를 받았다. 이제 조너선의 암 치료는 차도를 보이고 있다.

처음에 자라는 맨해튼 동쪽 끝에 있는 공원을 거닐면서 친구로서 내게 조너선 이야기를 들려줬다. 일 년 뒤, 내가 두 사람의 사연을 이 책에 소개해도 괜찮을지 묻자 자라는 조너선과도 이야기를 나눠보라고, 조너선 입장에서 그의 이야기를 들어보길 권했다.

조너선과도 대화를 나누었을 때 그의 이야기는 자라의 이야기와 비교해보면 앞뒤가 많이 어긋나지는 않았지만 조금은 다른 부분도 있었다. 하지만 무엇보다 중요한 것은 조너선이 스스로에게 들려주기로 한 스토리에 대해 몰입하는 방식이 자라와 같았다는 점이다. 실제로 이 두 사람이 서로는 몰랐지만 그것이 절묘하게 겹쳤던 하나의 순간이 있었다.

2월 어느 금요일 택시 안에서 전화를 받고 병원으로 향했을 때 담당 의사는 조너선과 자라에게 주말을 보내고 오라고 말했다. 주말 동안 사태를 파악하고 평범한 일상의 끝자락을 즐기라고 말했다. 치료는 다음주부터 시작할 예정이었다.

월요일 아침에 조너선은 일찍 일어나 아내가 아이들을 학교에 데려다주러 나서는 길에 뽀뽀를 하고 샤워를 하러 욕실로 향했다. 욕실 문을 잠그는 순간은 특별했다. 잠깐이나마 오직 나만의 휴식 공간이 생긴 듯 했다. 홀로 생각을 정리할 수 있는 귀중한 순간이었다. 샤워기에서 물이 흘러나오고 커다란 욕실 거울의 가장자리를 수증기가 천천히 덮을 때 조너선은 욕실 세면대의 차디찬 도자기 표면을 잡고 몸을 가눴다. 그는 시선을 들어 거울에 비친 자신의 눈을 바라봤다.

"넌 해내야 해."

그렇게 그 스토리가 시작됐다.

10장
돈과 재무
진정한 부를 실현하는 스토리

돈에 관한 이야기는 집안 대대로 이어집니다.
그것이 내가 끊어야 할 스토리예요.

−에이미

친구에게 100달러를 빌려줬다고 상상해보자. 가령 다 같이 식사를 하고 나서 일단 여러분이 먼저 계산을 했고, 이후 각자의 몫을 받을 예정이었다. 현관문에 들어서기도 전에 송금해주는 친구들도 있고, 시간이 약간 지나 현금으로 건네는 친구들도 있다. 특별한 일이 없는 이상 웬만하면 다들 돈을 바로 갚을 것이다.

그러던 어느 날 아이들을 데리러 학교 앞에 서 있는데 아직 돈을 주지 않은 친구가 나타난다. 하교하는 아이들로 주변이 어수선한 가운데 친구가 여러분에게 100달러짜리 지폐처럼 보이는 종이를 건넨다.

건네받은 종이를 가만 보니 벤저민 프랭클린이 인쇄되어 있기는 하지만 진짜 돈은 아니었다. 녹색 물감으로 칠한 바탕에 사상사니의 글씨는 사인펜으로 적혀 있고, 심지어 뒷면은 그냥 흰색이다. 마치 초등학교 2학년 정도 되는 아이가 그린 것 같은 조악한 종이 조각에 불과했다.

친구는 "요전에는 고마웠어"라고 말하고, 여러분은 손에 든 종이 쪼가리를 내려다본다. "농담이지?" 여러분은 이내 말꼬리를 흐리며 친구에게 다시 묻는다.

친구는 농담이 아니라고 확실하게 말한다.

"돈이란 그저 신념 체계일 뿐이야. 우리 모두가 이걸 100달러라고 '믿으면' 100달러가 '되는' 거야."

그는 아무런 가치 없는 종이 쪼가리를 여러분 손에 쥐어주고는 활짝 웃으며 친구의 집에 놀러가자는 자기 아이의 손을 잡고 유유히 떠나간다.

황당한 사례일 수 있지만, '돈이란 신념 체계다'라는 말은 한번쯤 짚어볼 만하다.

돈은 궁극의 스토리다.

돈이 존재하는 유일한 이유는 바로 스토리의 힘 때문이다. 지갑에 들어 있는 현금과 은행 앱에 찍힌 숫자는 돈에 가치가 있다는 스토리를 바탕으로 한 신념 체계일 뿐이다. 우리는 모두 1달러, 1프랑, 1페소, 1파운드, 1위안에 신뢰할 만한 가치가 있다고 믿기로 선택했고, 그 덕에 우리는 화폐를 교환 매개체로 사용하고 있다.

돈에 가치가 있다고 믿는 공통 신념은 인류 역사상 가장 오래되고 강력하며, 아마도 가장 중요한 스토리 중 하나일 것이다. 이 스토리가 초기 경제 발달을 이끌었다. 화폐가 생기면서 우리는 장거리를 오

3부 ♠ 스토리가 곧 자본이다

가며 물건을 거래할 수 있게 됐다. 식료품을 사기 위해 금덩어리를 깎거나, 배관공에게 식기세척기 수리를 맡기기 위해 무거운 밀이나 사과를 주는 수고 따위를 하지 않아도 된다.

돈은 궁극의 스토리일 뿐만 아니라 가장 묵직한 스토리이기도 하다.

아마도 여러분은 "돈은 나무에 열리지 않는다"거나 "돈은 모든 악의 근원"이라거나 "가벼운 지갑은 무거운 저주"라는 말을 들어 봤을 것이다. 혹은 자녀에게 "너는 돈으로 만들어지지 않았어"라거나 "반짝인다고 다 금은 아냐"라고 경고한 적이 있을 수도 있다.

지금쯤이면 여러분은 이런 문장들의 정체를 알아차렸을 것이다. 이것들은 바로 우리 의식 표면 아래에 숨은 거대한 돈 스토리를 가리키는 빙산 진술이다. 앞에서 언급한 예는 보편적인 진술일 뿐이다. 우리 개개인의 빙산 진술은 다음과 같이 훨씬 더 다양하고 한층 더 강력하다.

- 나는 돈 문제에 어두워
- 나는 절대 부자가 되지 못할 거야
- 나는 좋은 물건을 살 여유가 없어
- 돈은 희귀해
- 돈은 내 소관이 아니야
- 나는 힘들 때를 대비해서 저축하기보다는 지금 이 순간을 즐기고 싶어
- 월급이 꼬박꼬박 나오는 일자리가 필요해
- 항상 카드 값 내기가 벅차

책, 속담, 인용문, 촌철살인하는 진술과 독백. 돈 스토리는 다양한 형태로 주위에 차고 넘쳐난다. 게다가 그 각각이 지극히 고유하고 극도로 복잡하다. 모든 개인의 돈 스토리를 구성하는 요소는 우리가 속한 공동체, 가족 구성, 인종 등 수없이 다양하다. 예를 들어 나는 중산층 가정 출신 백인 여성이다. 나의 돈 스토리는 성별, 인종, 문화 기대, 소득 계층 등 나와 조건이 다른 누군가의 돈 스토리와는 완전히 다를 것이다.

모든 돈 스토리가 동등하게 시작하지는 않지만 한 가지 공통점이 있다면 셀프스토리가 대부분 그렇듯이 돈 스토리 역시 평생에 걸쳐 감지되지 않은 채 제멋대로 만연한다는 사실이다.

내면의 돈 목소리

숨은 돈 스토리, 에이미는 이 거대한 신념의 빙산과 맞붙어 싸우려고 했다. 텍사스 출신으로 거의 50대를 바라보는 40대 후반 여성인 에이미는 똑똑하고 내성적이다. 그는 성공한 기업을 경영하고, 기업 교육 환경에서 최고 수준의 리더십 역할을 수행하는 등 살면서 훌륭한 업적을 이뤘다. 뛰어난 리더십과 의사소통 능력이 없으면 성취하기 힘든 일이다. 또한 에이미는 자존감을 떨어뜨리고 일상생활을 위협하는 부정적인 관계를 비롯해 인생의 중대한 장애물들을 극복했다. 간단히 말해 에이미는 난사람이다.

그런 맥락에서 에이미가 이미 자신이 직면하고 있는 문제를 아주 명확하게 파악하고 있었다는 건 그리 놀랄 일이 아니었다. 에이미의 머릿속에는 돈 문제로 주구장창 떠들어대는 목소리가 있었다.

에이미는 자신의 머릿속을 계속해서 맴도는 스토리들이 있다며, 사업을 시작한 이후로는 다달이 꼬박꼬박 들어오는 수입이 없어 늘 돈 걱정에 시달린다고 했다.

에이미처럼 돈 걱정에 시달려봤거나 늘 시달리고 있다면, 먼저 심호흡을 하자. 그 다음으로 셀프스토리텔링 단계를 차례차례 짚어볼 때다. 역사상 가장 위대한 대필 작가가 여러분 안에 살면서 여러분이 얼마나 부유해야 하는지 혹은 부유하지 말아야 하는지에 관한 글을 매일 같이 써대고 있기 때문이다.

1단계: 작동 중인 스토리를 포착한다

나는 에이미에게 스토리의 힘을 가르칠 필요는 없었다. 하지만 스토리가 있다는 사실을 안다고 하더라도 작동 중인 스토리를 반드시 포착할 수 있는 것은 아니다. 에이미는 셀프스토리가 자기 발목을 잡고 있다는 발상을 순순히 받아들였지만 그다음에는 어디로 나아가야 할지 망설이고 있었다.

에이미의 머릿속에는 분명히 스토리가 떠돌고 있었고, 나는 좀 더 구체적으로 표현해보라고 권했다. 첫 번째 과제는 스토리를 파악하는 것이었다. 작동 중인 스토리를 포착한 다음 돈에 관한 결핍이나 불안 같은 막연한 느낌보나 좀 더 구체적으로 표현히는 데 도움이 될 만한 단서를 찾아야 했다.

다음번 일대일 상담 시간에 에이미는 명확한 스토리를 찾아왔다. 그는 적어온 목록을 읽으며 "나는 돈 문제에 어두워요. 한 번도 돈이 충분했던 적이 없죠. 다음 고객은 어디에서 올까요?"라고 말했다.

이어서 에이미는 이런 빙산 진술이 어떻게 촉발됐는지 좀 더 자세하게 이야기했다. 그는 가족들과 함께 스키 여행을 가거나 해변으로 놀러가는 것처럼 좀 더 즐거운 일을 하고 싶었다. 하지만 휴가 계획을 생각할 때마다 머릿속 목소리가 '휴가를 가려면 돈이 많이 들 것이고 스스로 그럴 만한 능력이 없다'고 말했다. 주변의 지인들이 여행가는 모습을 볼 때면 어째서 그들처럼 자신은 그렇게 멋진 휴가를 즐길 수 없는지 자문하지 않을 수 없었다. 멋진 휴가를 즐기려면 대체 얼마나 들지 에이미는 궁금증이 일었지만 그 비용을 계산해보는 대신, 그러니까 실제로 가족과 함께 열대지방으로 휴가를 갈 형편이 되는지 조사해보는 대신, 결과적으로 에이미는 아예 고려도 하지 않았다.

에이미는 "나는 평생 충분한 돈을 가지지 못할 거야"라는 스토리 쳇바퀴에 갇혀 있었다.

사실이든 허구이든(뇌는 이 두 가지를 잘 구별하지 못한다는 점을 기억하자) 에이미의 돈 스토리는 '실제로' 이미 갖고 있는 돈을 쓰지 못하게 막으면서 동시에 돈을 '더 많이' 벌지도 못하게 막고 있었다. 에이미의 스토리는 자기충족적 예언이 되고 말았다.

에이미는 돈이 충분하지 않다는 셀프스토리가 돈이 충분하지 않은 근본 원인임을 알 수 있었다. 돈이 스토리이듯이 에너지 역시 스토리다. 저항이 증가하면 돈 에너지는 자유롭게 흐를 수 없다. 스토리가 그 흐름을 막는다. 스토리를 제거하면 막힌 곳을 뚫어 돈이 자유롭고 마음대로 흐르게 만들 수 있다.

스토리를 제거하려면 먼저 수면 아래에 무엇이 있는지 탐구해야 한다. 에이미의 어떤 과거의 스토리가 그의 현재와 미래에 대한 믿음을 떠받치고 있었던 걸까?

2단계: 셀프스토리를 분석한다

에이미가 자신의 돈 스토리를 이상하게 느낀 지점은 바로 그가 부유한 가정에서 자랐다는 사실이었다.

"우리 가족은 빈곤했던 적이 없어요. 항상 좋은 것들을 누렸죠. 하지만 은연 중에 '우리는 돈이 충분하지 않아'라는 분위기가 있었어요."

이런 부조화가 에이미의 신경을 거스르게 했다. 이어서 한층 더 혼란스러운 메시지가 나타나기 시작했다. 그는 계부가 당분간 고기 대신 콩을 먹어야 할 것 같다고 말했던 때를 떠올렸다.

에이미는 "우리는 그 전에는 한 번도 콩을 먹어야 했던 적이 없었어요. 그 말이 무슨 뜻인지도 몰랐죠"라고 말했다.

세월이 흐르면서 그런 모순이 에이미의 내면에 자리를 잡았다. 부유한 가정에서 자란 에이미는 집안 사정이 잠시 안 좋았을 때 계부가 말한 사소한 말 한마디에 영향을 받아 풍요롭지만 뭔가 부족하다는 메시지를 받으며 자라게 됐다. 때문에 에이미는 돈이 있을 때에도 돈에 대한 불안감을 느끼게 됐다.

에이미는 "그런 메시지를 받으면서 자라면 주변에 필요한 것이 무 엇이든 있더라도 뭔가 항상 부족하고 충분하지 않다는 뜻으로 받아 들이게 돼요"라고 말했다.

이제 셀프스토리와 그 출처를 명확하게 이해했으니 새로운 선택 을 할 때가 왔다. 자녀들이 각자의 돈 스토리를 가진 어른으로 자라 나기 시작하면서 에이미는 더욱 확고하게 변화를 다짐했다.

에이미의 과거 어딘가에 지금껏 스스로에게 들려줬던 셀프스토리 와 모순되는 스토리가 분명 있을 것이었다. 우리는 그런 스토리를 찾 아야 했다. 나는 에이미에게 정말로 돈 문제에 밝았던 때가 있었냐고 물었다. 나는 에이미처럼 직장을 그만두고 회사를 차리려면 반드시 상당한 재무 관리 능력이 필요하다고 말했다. 에이미는 다음번 상담 시간까지 옛 기억을 뒤적여서 재무 문제에 정통했던 에이미 스토리 를 찾아오기로 했다. 내 딴에는 두 에이미 사이에 연락이 끊긴 거라 고 판단했다.

우리가 평가해야 하는 4가지 돈 스토리

사람들 대부분이 돈 문제로 불안을 느낄 때가 있다. 돈 스토리는 본질적으로 파악을 하기가 어려운 측면이 있다.

에이미가 발견한 돈 스토리에 얽힌 역설이 여기에 해당한다. 즉 돈 에 대한 불안은 실제로 보유하고 있는 돈의 액수와 무관하다는 사실 이다. 수입과 상관 없이 우리는 저마다 조금씩 차이가 나는 다음의 기본적인 돈 스토리 네 가지를 갖고 있다.

1. 돈을 얼마나 가지고 있는가에 관한 셀프스토리

내게는 저축가인 친구가 있다. 그 친구의 통장 잔액은 억대다. 평범한 사람들이라면 안정감을 느낄 수 있는 액수지만 내 친구는 그 재산을 두고 고뇌한다. 그는 투자를 해야 한다고 스스로에게 말한다. 인플레이션이 화폐 가치를 갉아먹고 있다고 말한다. 그 재산을 의미 있는 방법으로 키울 기회를 놓치고 있다고 말한다. 그래서 끊임없이 돈 문제로 조바심을 내며 망설인다.

친구의 어린 시절을 들여다보면 부모님이 무엇에 가치를 부여했는지 발견할 수 있다. 아마 친구의 머릿속에는 유동성에 관한 스토리가 있을 것이다. 돈을 벌기 위해 돈을 더 많이 쓰는 부모님의 돈 스토리가 남아 있을 것이다. 다시 말해 '부모님'이 생각하는 돈을 다루는 올바른 방법에 관한 스토리가 있을 것이다. 이런 스토리들이 뿌리깊게 남아 친구를 그 자리에서 꼼짝 못 하게 할 가능성이 무척 높다. 부모님의 돈 스토리와 자신의 가치가 부딪혀서 갈등하던 친구는 재무상담사나 투자용 매물을 전문으로 하는 부동산 중개업자에게 전화를 해볼까 망설이지만 끝내는 아무것도 하지 않고, 아무것도 달라지지 않는다.

돈 스토리는 전적으로 상대적이다. 예컨대 가족사를 통틀어 처음으로 25만 달러를 받는 직장에 취직한 사람은 100만 달러를 버는 다른 사람보다 자신의 스토리가 더욱 훌륭하다고 생각할 수 있다.

돈 문제에 시달리는 중이라면, 우선은 지금 가지고 있는 금액에 대한 이해를 부채질하는 여러분의 스토리들을 점검할 필요가 있다.

2. 돈이 얼마나 필요한가에 관한 셀프스토리

모든 것을 다 가진 것만 같은 완벽한 친구가 있다. 아름다운 집, 멋진 가족과 친구들이 있고, 직업도 좋다. 그런데 아이러니하게도 그 '완벽한 생활' 때문에 친구는 조금씩 무너지기 시작한다. 친구는 꽤 괜찮은 연봉을 받고 일도 잘한다. 하지만 친구는 지금의 회사를 다니면서 탐탁지 않은 부분이 많다. 쓸데없는 회의와 보수적인 문화 때문에 신경을 써야 할 때가 많고, 자신의 열정과 재능을 완전히 발휘할 수 없으며 제대로 인정받지 못하고 있다고 느낀다.

그러면서 내 친구는 그 회사에서 10년 넘게 일했다.

친구는 왜 회사를 떠나지 않을까? 왜 다른 회사에 지원하거나 직접 사업을 시작하지 않을까? 친구가 다른 선택지들을 탐색하지 않은 건 아니었다. 다만 친구의 출중한 능력을 높게 평가하는 회사들은 하나같이 자금이 한정된 스타트업이었다. 이는 지금 다니는 대기업을 박차고 나가려면 감봉을 각오해야 한다는 뜻이었다.

다음 단계에서 친구는 스스로에게 다음과 같은 질문을 던졌다.

'그럴 만한 가치가 있는가?'

급여는 이전보다 확실히 적겠지만 조금 더 자유롭고 주체적으로 일하면서 더 큰 기쁨과 성취감을 얻을 가능성이 있다. 그리고 실력을 증명하면 언젠가는 더 많은 급여를 받을 수 있을 것이다.

그러나 친구가 내린 결론은 '아니요'였다.

새로운 일자리는 여러 면에서 충분한 장점이 있었지만 친구에겐 그보다 더 많은 돈이 필요했다. 왜냐하면 자신이 '아버지보다 더 적게 벌기 때문'이었다.

그렇다. 친구는 살아가는 데 돈이 얼마나 필요한지와는 상관없는 스토리에 깊이 빠져 있다. 다시 말해 스스로 '가치 있다'고 증명해야 하는 돈 스토리에 얽매여 있는 것이다.

또한 이는 앞서 에이미가 파헤치고 있는 '얼마나 많아야 충분한가?'라는 돈 스토리와 상통하는 이야기다. 우리가 살아가는 데 필요한 만큼 적당히 돈을 갖고 있음에도 불안함을 느끼거나 시달리는 이유가 여기에 있다.

3. 돈이 어디에서 나오는가에 관한 셀프스토리

직장 문제로 고민하는 한 남성과 이야기를 나누었다. 직장을 계속 다니려면 그는 새로운 도시로 이사를 해야 하는 상황이었다. 그는 지금 사는 곳이 마음에 들었고 당연히 이사를 하고 싶지 않았다.

그는 "하지만 일을 그만둘 수가 없어요. 연봉 조건이 너무 좋거든요. 다른 곳에서는 그만큼 벌 수 없을 거예요"라고 말했다.

그는 자기에게 익숙한 그 돈이 오로지 한 가지 출처, 즉 현재 직장에서만 나올 수 있다고 믿었다. 하지만 그가 버는 돈이 실제로 어디에서 나오는 것일까? 그가 근무하는 회사에서만 나오는 것일까, 아니면 그의 경험과 능력에서 나오는 것일까? 그의 외부에서 나올까, 내부에서 나올까? 그가 고민해야 할 지점은 바로 여기에 있다.

4. 돈을 어떻게 써야 하는가에 관한 셀프스토리

채무도 동일하고, 수입도 동일하고, 기본 지출 사항도 동일한 A와 B가 있다. A는 매주 집으로 와서 청소해줄 사람을 고용하기로 한다.

비용은 일주일에 100달러다. A는 덕분에 청소에 썼던 상당한 시간을 아껴 일이나 운동, 가족과 함께할 시간으로 쓸 수 있게 됐다고 생각한다.

B는 A가 일주일에 한 번 집을 청소할 사람을 고용했다는 말을 들었지만 자신은 그럴 생각이 없다. B는 스스로 집을 깔끔하게 정돈할 수 있으며 청소를 즐긴다. B는 돈 안 들이고 직접 할 수 있는 일에 쓰느니 그 100달러를 모으는 게 낫다고 생각한다.

두 사람 모두 돈을 현명하게 쓰고 있다고 느끼고, 두 사람 모두 돈을 아끼고 있다고 생각한다. 과연 둘 중 누가 옳을까?

그들의 스토리가 그들에게 도움이 된다면 둘 다 옳은 것이다.

이는 사소해보일 수 있지만 민감하고 중요한 문제다. 친구 사이를 갈라놓을 수 있고 결혼생활을 파탄 낼 수 있는 문제다. 부부가 싸우는 가장 큰 문제가 바로 돈이라는 이야기를 들어봤을 것이다.

내 경우에도 그랬다. 돈을 어떻게 써야 하는가라는 문제에 관해서 남편과 나는 완전히 다른 신념을 가진 사람들이다. 이런 신념은 평생 동안 겪은 스토리들을 바탕으로 형성된다.

우리 부부의 가정환경은 비슷했다. 둘 다 중산층 가정에서 컸고 둘 다 크게 부유하지도 가난하지도 않았다. 두 가정 모두 돈이 들어오고 나가는 문제에 성실했다. 그런데 마이클의 스토리들은 돈을 간직하도록 이끄는 성향이 강했던 반면, 내 스토리들은 어부가 낚싯줄을 던져 물고기를 건지는 것처럼 돈을 밖으로 내보내서 무엇이 돌아오는지 보도록 부추기는 경향이 있었다. 이 때문에 크고 작은 상황에서 우리 두 사람의 신념이 충돌해 긴장감을 유발하는 일이 많았다. 각자의 신념을 있는 그대로 바라보고 어디에서 비롯됐는지 이해할 수 있게 된 후에야 비로소 우리는 우리 가족에게 제일 도움이 되는 방향으로 나아갈 수 있었다.

스토리들이 여러분의 인생을 무분별하게 짓밟지 않게 하는 유일한 방법이 바로 분석이다. 표면 아래를 잘 들여다보면서 그 스토리들이 어디에서 왔고 왜 그곳에 있는지 파악해야 한다.

돈 스토리는 정확히 밝히기가 가장 어려운 스토리에 속하지만, 다른 스토리를 분석할 때와 마찬가지로 아래와 같은 질문들로 파헤칠 수 있다.

- 이 스토리가 어디에서 왔을까?
- 이 스토리는 진실인가?
- 왜 그 스토리가 있는가?
- 나는 이 스토리에 어떤 대가를 치러야 하는가?
- 이 스토리가 나에게 도움이 될까?
- 나는 이 스토리에서 어디에 있는가?

돈 스토리 같은 경우 이 과정을 판단하는 입장보다는 호기심으로 접근할 필요가 있다. '올바른' 돈 스토리는 없다. 그저 어떤 스토리는 여러분에게 도움이 되고 어떤 스토리는 도움이 되지 않을 뿐이다.

3단계: 도움이 되는 스토리를 선택한다

에이미는 이후의 상담 시간에 돈 스토리가 집안 대대로 이어져 내려오고 있다는 중대한 깨달음을 얻은 후, 그런 해묵은 스토리를 대체할 바람직한 스토리들을 찾고 있다고 말했다. 하지만 돈에 관한 구체적인 스토리를 찾는 데는 애를 먹고 있다고 했다.

에이미는 돈에 관한 셀프스토리를 분석하고 그런 스토리들이 어디에서 비롯됐는지 확인한 뒤 바로 다음 단계로 넘어갔다. 바로 도움이 되지 않는 스토리들을 대체할 바람직한 스토리를 찾고 선택하는 단계다. 이는 에이미가 예상했던 것보다 더 힘겨운 작업이었다.

어떤 셀프스토리를 평생 스스로에게 들려줘왔는데 순간의 깨달음으로 해묵은 스토리들을 배제했을 때 그 공백을 쉽게 채우기란 힘든 일이다. 인내심을 가지고 다른 시각으로 스토리를 바라보는 데 집중하자.

프리즘 기울이기

우리 가정에서 나는 돈 문제에 '성급하고 헐렁한 사람'으로 찍혀 있다. 내 과거를 돌아보면 돈 문제에 완전히 실패했던 수많은 일화들이 있다.

아파트를 빌리고 집세를 내느라 계속 부업을 해야 했던 일, 뉴멕시코로 이사해서도 미네소타에 있던 남자친구와 장거리 연애를 계속하던 시절, 학자금 대출을 수만 달러 받은 빈털터리 대학원생 주제에 격주로 주말마다 애인을 보려고 비행기 표를 샀던 일, 학자금 지원을 신청했다가 그 돈을 전부 쇼핑에 써버렸던 일, 6년 할부로 자동차를 구입했던 일.

그밖에 일화도 무궁무진하다. 나는 넷플릭스에 청구일이 다가오기 전에 멤버십을 해지했다고 주장하며 예금 계좌가 초과 인출됐으니 7달러를 환불해달라고 강력하게 항의한 적이 있다. 고등학생 때는 양말을 접은 틈에 현금을 끼워 넣는 습관이 있었다. 축구 경기를 보러 가서 간식을 사먹으려고 매점에서 줄을 서고 있다가 양말에서 돈이 떨어져 온데간데없이 사라지는 바람에 팝콘을 사지 못한 적도 다반사다. 이렇게 나는 돈에 관해서 대책 없이 멍청한 짓을 많이 했다.

나는 한쪽면만 본다면 무책임하게 보일 법한 의사 결정도 몇 차례 내렸다. 그런데 그 스토리를 조금만 기울여보면 완전히 다른 빛깔이 비춰진다.

마이클과 내가 처음 집을 산 지 일주일쯤 지났을 때였다. 나는 친구 집에서 즐거운 시간을 보내고 있었다. 친구는 마침 자기 집 맞은편 동네에 괜찮은 집이 매물로 나와 있다고 말했다. 마이클은 몇 년 동안 부동산 투자를 더 많이 하자고 얘기해왔고, 친구가 말한 집은 투자하기에 괜찮아 보였다. 나는 친구들과 함께 걸어가서 매물로 나온 집 창문을 들여다봤다. 마이클에게 전화를 걸어 이야기를 하려고 했지만 그는 바로 전화를 받지 않았다. 나는 부동산 중개업자에게 전화를 걸어 당장 가격 제안을 하겠다고 말했다. 몇 분 뒤에 마이클이 전화를 걸어 왜 전화를 했는지 물었다. 나는 길 건너에 있는 매물에 가격 제안을 했다고 말했다. 처음에 그는 완전히 충격에 빠져 더듬거리다가 내가 제시한 조건을 물었다. 그가 생각하기에노 석설한 소선

들이었다. 마이클은 "두고 보면 알겠지"라고 말했다. 그렇게 우리는 그 집을 구입했고 10년 뒤에 50만 달러를 벌었다.

한 번은 오랫동안 계획했던 리모델링을 진행하려고 돈을 모은 적이 있었다. 당시 아들은 첫 돌을 맞을 무렵이었고 나는 딸을 임신한 지 4개월쯤 됐던 때였다. 나는 야심 찬 기업인들을 위한 독점 행사에 참석하기 위해 뉴욕시로 향했다. 몇 날 며칠 동안 행사를 즐기면서 내게 수많은 꿈이 있다는 걸 상기했다. 그리고 결정적으로 그런 꿈을 실현하기 위한 나만의 시간이 부족하다는 사실을 깨닫기에 이르렀다. 나는 분명히 내 시간이 필요하다고 생각했다.

나는 즉시 행사장을 빠져 나와 마이클에게 전화를 걸었다.

"예금 계좌에 모아둔 돈 있잖아? 그 돈으로 아이를 돌봐줄 사람을 고용하면 어떨까?"

당시에 나는 성장할 수 있다는 분위기에 한껏 도취해 있었다. 그때의 나는 내 직업이 없었다. 내 일은 아이들과 함께 있는 것이었다. 하지만 나는 아이들과 함께 있어줄 누군가를 바로 고용하고 싶었다.

깊이 생각하고 논의한 끝에 우리 부부는 그렇게 밀고 나가기로 결정했다. 일주일에 몇 번씩 나는 동네 카페나 음식점에 가서 뭔가를 만들어보려고 애썼고, 그동안 아이들을 돌봐줄 세라가 우리 집에 오기 시작했다. 위태로운 일이었다. 성공하리라는 보장도 없었다.

그런데 지금은 결과적으로 더 많은 자산을 갖게 됐다. 호텔 연회장에서 기회를 잡아보려고 생각했던 때에 시작된 돈 스토리가 지금의 이 책도 탄생하게 했다.

나는 돈 문제에 정말 성급하고 헐렁할까? 스토리들로 미뤄볼 때 그렇다고 할 수 있다. 그런데 그것이 항상 나쁜 일일까? 내가 갖고 있는 스토리들을 조금만 기울여보면 다른 말을 할 수도 있다. 그것을 놓치지 말자.

황금 같은 스토리

돈 스토리는 양육의 산물이다. 에이미의 돈 스토리 또한 물려받은 것이다. 에이미는 부정적인 돈 스토리들을 한쪽으로 치워야 한다는 것을 알았지만, 무엇으로 그 스토리를 대체할지 알 수 없었다. 효과가 있다고 느낄 만한 돈 스토리가 전혀 없었기 때문이다. 에이미에게는 부유했던 시절의 스토리가 하나도 없었다. 항상 힘들었던 기억만 있었다.

에이미는 고심을 한 뒤 다행히 대체할 스토리를 발견했다. 에이미에게는 고군분투한 끝에 정상에 올랐던 스토리가 많았다. 이때 중심 줄거리가 돈이 아닌 스토리도 적합한 스토리로 활용할 수 있다.

에이미가 주목한 첫 번째 스토리는 처음 집을 떠나 성인으로서 독립적인 삶을 시작했던 시기였다.

"그 무엇도 나를 막을 수 없었어요. 플로리다로 휴가를 가고 싶으면 친구들과 훌쩍 차에 올라 플로리다로 향했죠. 그때도 집세를 내서 돈이 나가긴 했지만 그냥 자유롭게 살았어요. 지금처럼 가만히 앉아서 이번 달 월세를 어떻게 해야 할지 지나치게 걱정하거나 전전긍긍하지도 않았어요. 그냥 떠나버렸죠"

사소한 스토리지만 중요한 발견이었다. 이 스토리는 돈 때문에 휴가를 떠나기가 어렵다고 에이미가 처음에 말한 이야기와 징벌으로 어긋났다. 이는 휴가를 떠나고 싶은지 재차 생각하지 않고 그냥 떠났던 시절 에이미의 스토리다. '지금' 삶에서 그 시절의 패기를 원한다면, 그 시절의 스토리를 스스로에게 다시금 들려주면 된다.

다음으로 에이미가 꺼낸 스토리는 딸들이 지금보다 훨씬 어릴 때 이혼을 했던 스토리였다. 에이미는 이혼이 자신과 두 딸들에게 어떤 영향을 미치게 될지 두려웠다. 그는 우울하고 걱정 많은 싱글 맘이 되고 싶지 않았다. 다행히 이 시기에 재미로 시작했던 사업이 본격적으로 궤도에 오르기 시작했다. 에이미는 딸들이 자랐던 집을 지킬 수 있었다. 생활수준도 유지할 수 있었다. 힘든 시기였지만 에이미의 경제적 능력 덕분에 가족이 잘 버텨냈다.

에이미가 발견한 또 다른 스토리는 진로를 바꿔 기업에 취직하기로 결심했을 때였다. 그는 동료들에게 존경받았고 일을 잘 해냈으며 돈도 잘 벌었다.

마지막으로 에이미는 가족 단위 교육 컨설턴트로 일하는 지금의 일에서 스토리를 몇 가지 발견했다. 고객들이 계속 찾아왔고 에이미가 하는 만큼 돈도 꾸준히 들어온다는 걸 발견했다.

에이미에게는 수많은 스토리가 있었다. 사실 에이미는 돈을 아주 잘 버는 사람이었던 것이다.

모든 스토리를 듣고 나니 그가 돈 문제에 시달렸다는 사실이 의아하게 다가왔다. 하지만 선택이 어려운 이유가 있다. 바람직한 스토리는 숨바꼭질을 좋아하기 때문이다. 바람직한 스토리는 힘겨운 경험이라는 망토로 몸을 감추고 있다. 그래서 어떤 스토리를 선택할지가 매우 중요하다.

에이미가 밝힌 스토리들, 그중 채택된 도움이 되는 스토리들을 바탕으로 새로운 빙산 진술이 모습을 드러내기 시작한다.

"나는 언제나 필요한 만큼 돈을 벌 수 있다."

상황이 불리하게 돌아갈 때가 있더라도 에이미는 자기 가족에게 필요한 돈을 버는 데는 실패한 적이 없었다. 그것은 아름답고 꼭 기억해야만 하는 일이다.

4단계: 엄선한 스토리를 설치한다

이제 이 진술을 새로운 북극성으로 삼아 에이미는 이를 뒷받침하는 스토리들을 계속해서 찾아나갈 것이다. 또한 다시는 그 스토리들을 잊지 않도록 마음속에 확실하게 설치할 것이다. 해묵은 신념을 촉발하는 사건이 다시 일어나더라도(분명히 일어날 수 있다) 에이미는 이에 대비할 것이다.

7장에서 배웠듯이 이런 새로운 스토리를 오래도록 머무르게 하는 아주 구체적인 단계들이 있다. 나는 지금까지 여러분에게 알려준 것처럼 에이미에게도 같은 방법을 주문했다. 아래의 다섯 가지 단계.

1. 스토리를 쓴다. 적어도 한 번은 포착한다.
2. 스토리를 소리 내어 말한다.
3. 힘든 순간에 대비한다.
4. 아주아무 스토리도 시작한다.

5. 결과를 주목한다.

에이미는 바로 착수했다. 그는 나에게 했던 스토리들을 쓰면서 스토리를 기억에 남게 하는 요소인 캐릭터, 감정, 순간, 구체적인 세부 사항을 포함했다. 에이미는 자기 스토리를 소리 내어 딸들에게 들려줬다. 아침마다 스토리들을 떠올렸다. 그리고 가장 심하게 촉발된다고 느끼는 사건이 일어났을 때 엄선한 스토리를 스스로에게 의식적으로 들려주는 가장 어려운 과정도 빼놓지 않았다.

공교롭게도 우리가 셀프스토리텔링 과정을 함께하는 동안에도 촉발 계기는 끊이지 않았다. 하필이면 에이미는 촉발 계기가 특히 자주 나타나는 시기인 연말에 돈 스토리를 다루고 있었다. 크리스마스는 소비가 많아지기 마련인 시기이고 부정적인 돈 스토리를 촉발하는 아주 흔한 계기가 될 수 있다. 에이미에게 딸이 둘 있고 남편의 자녀가 셋이므로 에이미는 다섯 명을 생각해야 했다. 게다가 에이미와 남편은 세 딸을 동시에 대학교에 보내야 했다. '대학'이라는 단어만으로도 에이미는 "나는 절대 충분한 돈을 갖지 못할 거야" 스토리로 곤두박질칠 수 있다.

에이미는 매일 밤 한밤중에 공포에 질려 깬다고 고백했다. 눈이 번쩍 떠지고 심장이 쿵쿵 뛰고 잠에서 깬 지 얼마 되지 않아 머릿속도 복잡해졌다.

다행히 엄선한 스토리들을 적극적으로 설치한 지 몇 주일이 지나 에이미는 변화를 알아차렸다. 그는 나아가 투자 계좌를 개설해서 여유 자금으로 주식 거래를 시작했다. 주식 거래는 그가 항상 하고 싶었던 일이고, 항상 할 수 있었던 일이었다. 이제 그는 주식을 거래하고 있다.

돈에 대한 그의 많은 도전이 전해내려온 스토리 때문이었다는 것을 깨달은 에이미는 자녀들에게도 들려주는 스토리를 바꾸기로 마음먹었다. 에이미는 손에 넣을 수 있는 것이라면 최대한 손에 넣으려고 노력한 자신의 스토리와 대학교를 졸업했을 때 느꼈던 자부심에 관한 스토리를 딸에게 들려주기로 했다. 에이미의 스토리를 들은 딸은 입학시험을 치러 장학금을 타게 됐고 그러한 일련의 과정을 겪으며 에이미는 돈이 부족하다는 해묵은 스토리를 깨고 돈과 기회와 풍요에 관한 새로운 스토리를 만들었다.

우리가 나아갈 곳

우리는 이제 돈이 인류 역사상 가장 중요한 스토리 중 하나라는 데 의견을 같이 나눴다. 돈은 물건이 아니라 스토리다. 이쯤에서 인정하자면, 경제적으로 안정적인 맞벌이 가정의 백인 여성인 내가 돈이 스토리라고 말한다는 건 어쩌면 쉬운 일일 수 있다. 현재 직업이 없거나 빚더미에 파묻혀 있거나, 가족을 먹여 살리기도 벅차거나, 사회 체계 내에서 대대로 인종 차별을 받았거나 이 모든 경우에 해당하는 사람이라면 내 말이 경솔하거나 심지어 무지하게 들릴 수도 있을 것이다. 모든 돈 스토리가 동등하게 시작하지 않는다는 사실은 잘 알고 있다. 하지만 자신에게 도움이 되는 새로운 스토리를 스스로에게 들려줄 수 있는 가능성은 누구에게나 열려 있다.

여러분은 '끌어당김의 법칙'이란 말을 들어본 적이 있을 것이다. 배우 짐 캐리는 1995년 추수감사절 날짜로 천만 달러짜리 수표를 작성해 지갑에 넣고 다니며 매일 보았다고 한다. 놀랍게도 1995년 추수감사절 직전에 그는 영화 〈덤 앤 더머〉로 천만 달러를 벌게 된다.

여러분이 형이상학 영역에서 어떤 입장을 지녔든 간에 돈은 스토리이고, 따라서 그것을 둘러싼 여러분의 에너지만으로 이를 형성하고 바꿀 수 있다는 사실을 기억할 필요가 있다.

이제 여러분은 진짜 비밀을 알고 있다. 여러분의 에너지는 여러분이 스스로에게 들려주는 스토리를 조정하는 것만으로 바꿀 수 있다.

돈 문제는 스트레스를 부른다. 일을 시작한 지 꽤 오래 되었지만 나는 금전 문제로 스트레스를 받았던 경험이 셀 수 없이 많다. 핵심 팀원들과 회의에서 다음 분기를 논의하며 행사 예약과 문의가 왜 이렇게 적은지 고민했다. 그런 순간들은 내 해묵은 스토리들이 무대에 등장하는 즉각적인 신호였다.

"넌 돈 문제에 어두워. 넌 늘 돈을 너무 많이 쓰면서 항상 부족하다고 해."

그런 스토리들이 내 안에 가득 메워져서 판단을 흐려 놓는다. 이럴 때면 일단 내 본능은 '더 많이' 하라고 부추겼다. 더 멀리까지 손을 내밀고, 더 많은 이메일을 보내고 더 많이 제안에 응했으며, 그 과정에서 내 가치를 훼손했다.

우리가 건 영업 전화를 받은 잠재 고객들이 무슨 생각을 했을지는 짐작만 할 뿐이다. 아마도 내가 말할 때 내뿜는 에너지가 더 크게 다가갔을 것이다. 영업의 탈을 쓴 절박한 몸부림이 꼴사납게 느껴졌을 것이다.

그러다가 나는 돈에 관한 셀프스토리를 찾아 나서기 시작했다. 생각해보니 나는 금전적 위험을 많이 감수했던 때에 오히려 가장 큰 금전적 풍요로움을 이끌어냈다. 앞에서 이미 소개했던 스토리들을 비롯한 여러 스토리들이 하나같이 "돈은 들어올 것이다. 계속 하고 싶은 대로 하면 돈이 들어올 것이다"로 끝났다.

특히 기억에 남는 팀 회의가 있다. 우리 팀은 뉴욕시 공유 업무 공간에 있었고 영업 부장이 썩 달갑지 않은 다음 달 목표 수치를 밝혔다. 그가 소식을 전한 뒤 방 안에는 어색한 침묵이 흘렀고 다들 가만히 멈추고 내가 입을 열기만을 기다렸다. 나는 숨을 고르면서 엄선한 스토리 몇 가지를 재빨리 떠올린 다음에 "좋은 고객들이 올 것입니다. 우리는 제대로 하고 있습니다. 분별 있게 제대로 하다 보면 고객들이 올 거예요"라고 대답했다.

그 직후에 우리는 잠시 회의를 중단했고 회의실을 나오면서 각자 이메일을 확인했다. 영업부장이 "와우, 믿기 어렵겠지만 회의를 하는 동안에 문의가 세 건 들어왔어요! 다들 괜찮을 것 같아요!"라고 말했다.

2020년 봄, 하룻밤 사이에 수십만 달러가 사라지는 재정 암흑기를 보내면서도(현장에서 2만 명을 앞에 두고 이야기하는 기조 연설가는 사회적 거리두기 시대에 몸담기에는 썩 좋은 직업이 아니었다) 여전히 나는 내가 언젠가 말하게 될 스토리가 한창 진행되고 있다는 사실을 알고 있었다. 두려움에 휩싸일 이유가 차고 넘쳤고, 금전 문제로 극심한 공포에 시달린 순간도 분명히 몇 차례 있었지만 나는 여전히 평화로움을 느꼈다. 나는 긍정적인 재무 스토리들로 최대한 빨리 황금 길을 깔았다. 스토리들을 반복 패턴으로 배치해서, 잠깐 돌아가더라도 결국엔 내가 도달해야만 하는 에메랄드 시티로 향할 길을 재빠르게 구축했다.

돈에 관한 영적인 대화가 다소 지나치게 느껴질 수도 있다. 하지만 중요한 것은 그런 스토리들이 제공하는 힘을 활용할 수 있다는 것이다. 돈에 관한 진짜 스토리, 여러분에게 **도움이 되는** 스토리들을 이해하고 스스로에게 되뇌는 것만으로도 어마어마한 변화가 일어날 수 있다. 최소한 변화의 출발점이 될 수 있다.

마지막 상담을 마무리하면서 에이미에게 많은 변화가 일어났다는 사실을 알 수 있었다. 통제력이 생겼고 좀 더 여유로워졌다. 무엇보다도 눈에 띄는 변화는 에이미가 사업에서 역대 최고의 나날을 보냈다는 사실이었다. 에이미는 "사방에서 고객들이 몰려오고 있어요. 어찌 된 영문인지는 모르겠지만 계속해나갈 거예요. 내 에너지를 제대로 쓰고 있어요"라고 말했다.

나는 문득 에이미와의 첫 번째 상담 때 썼던 메모를 다시 살펴봤다. 그때 에이미는 빙산 진술 중 하나로 다음의 말을 언급했다.

"다음 고객은 어디에서 올까요?"

아마도 다음 고객은 새로운 스토리에서 올 것이 분명하다.

11장
관계와 사랑
건강한 만남과 인연을 추구하는 스토리

나는 평생 나쁜 스토리들을 믿으면서 살아왔어요.
이제서야 처음으로 좋은 스토리들에 주의를 기울였네요.

−줄리아

관계에서 발휘되는 스토리텔링의 힘은 크다. 삶이란 곧 인간 사이의 관계다. 인간은 스토리로 만들어졌고, 관계라는 것은 관련 인물에 따라 기하급수적으로 증가하는 무궁무진한 스토리들이다.

여러분은 가족, 업무, 우정, 연애 등의 관계를 끝없이 맺으며 살아간다. 어떤 관계든 그 사이에는 최소 두 사람 이상이 얽히며 그중에 한 사람은 바로 여러분일 것이다.

여러분은 지금까지 배워온 내용을 통해 다른 사람과 맺고 있는 관계에 긍정적인 영향을 미칠 수 있게 됐으며, 나아가 세상에도 긍정적인 영향을 미칠 것이다. 이어지는 내용을 통해 관계와 스토리의 의미를 조금 더 깊이 고민해보자.

누구에게나 스토리가 있다

나는 영화 〈업〉의 첫 부분을 볼 때마다 엉엉 울게 된다. 영화 초반부에 노인이 평생의 사랑을 잃는 슬픔을 보면서 코를 훌쩍이고 나면, 곧 나쁜 놈들이 나타나 노인의 집을 빼앗으려 하는 장면이 나온다. 그들은 노인이 평생 사랑했던 사람과 수십 년 전에 함께 색을 칠해 만들었던 우편함을 엉망으로 만든다. 노인은 너무 화가 난 나머지 지팡이로 나쁜 놈을 때린다. 그 일로 노인은 법정에 서게 되고, 재판관은 매번 그에게 불리한 판결을 내린다.

나는 텔레비전에 대고 이렇게 소리를 지르게 된다.

"당신이 그의 스토리를 알기나 해? 그걸 안다면 이해하고도 남을 거야!"

이것은 비단 영화에만 해당되는 말이 아니라 실제 생활에서도 마찬가지다. 서로에게 알려지지 않았고, 서로에게 들려주지 않은 우리 각각의 스토리들이 오래된 관계는 물론이고, 스쳐 지나가는 관계에도 매일 같이 영향을 미친다.

비행기에서 일어난 스토리들

앞에서도 언급했지만 여행은 내 인생에서 큰 역할을 했다. 기본적으로 나는 땅에 있는 시간보다 공중에 있는 시간이 길었고, 그런 시간들이 매번 즐거웠거나 지치지 않았던 것은 아니다.

어느 날 비행기에 탔는데 어떤 여성이 내 자리에 앉아 있었다. 나는 공손하게 자리를 잘못 앉으신 것 같다고 말했다. 그런데 실은 내가 착각한 것이었다. 그는 내 실수에 노발대발하며 너무 화가 난 나머지 자기 친구에게 전화를 걸어 "어떤 정신 나간 여자가 나보고 남의 자리에 앉았대. 자기가 뭐라도 되는 줄 아나봐"라고 말했다. 내가 바로 옆자리에 앉아 있었는데도 말이다.

만약 그가 내가 닷새 동안 열 번이나 비행기에 오른 데다가 스트레스로 정신이 혼미하고 가족들이 너무 보고 싶었던 터라 좌석 위에 붙은 표지를 잘못 읽고 창가석과 통로석을 반대로 봤을 뿐이라는 사실을 알았더라면 어땠을까. 만약 그가 내 스토리를 알았더라면, 혹은 그가 전화를 끊고 나서 그 스토리를 말할 에너지가 내게 남아 있었더라면 그가 좀 더 측은한 마음을 가졌을지도 모른다. 물론 내게 '그'의 스토리를 물어볼 에너지가 있었더라면 그가 그토록 과도한 반응을 보인 이유와 그의 반응이 실은 나 때문이 아니라 그 안에 숨은 훨씬 더 큰 스토리 때문이라는 사실을 이해했을 수도 있다.

하지만 우리 둘 다 그렇게 하지 않았다.

낯선 사람들은 우리 삶의 일부다. 때론 잘 모르는 사람, 앞으로 다시는 볼 일 없는 사람과의 부정적인 상호작용으로 평정심을 완전히 잃을 때가 있다. 온라인상의 접촉도 마찬가지다. 악플러가 던진 부정적인 댓글에 온종일 마음이 심란했거나 심지어는 자기 자신을 의심하게 되는 부당한 의문에 휘말린 적이 있는가?

여러분의 귀중한 에너지를 완전히 무관한 타인에게 내주는 일은 그렇게 많지 않은 일이겠지만 살면서 그런 일이 아예 일어나지 않는 것도 아니다. 기습 공격에 면역이 생기려면, 최상의 방책은 서로 다른 두 수준에서 셀프스토리텔링을 인정하는 것이다.

첫 번째는 그들의 '행동'이 문제가 아니라는 인식이다. 진짜 문제는 그 행동이 여러분이 갖고 있는 스토리들 가운데 어떤 하나를 촉발했다는 사실이다. 예를 들어 여러분이 부른 노래를 유튜브에 올렸는데 어떤 악플러가 악평을 남겼다면, 그 평이 '충분히 훌륭하지 않다'고 여러분 자신을 평가하는 내면의 스토리를 촉발할 수 있다. 그날 비행기에서 만난 여성은 '스스로 완벽하지 않다고 질책하는' 내 마음 깊은 곳의 스토리텔러를 자극했다.

두 번째는 상대방에게도 스토리가 있다는 인정이다. 반대로 여러분이 올린 노래가 악플러의 스토리(자신이 충분하지 않다고 말하는 그들 내면의 스토리텔러도 있을 수 있다)를 촉발해 그가 여태 작업했던 자기 노래를 올리지 못하게 만든 것일 수도 있다. 비행기에서 만난 그 여성은 어쩌면 그가 틀리지 않았는데도 틀렸다고 말하는 사람들에게 둘러싸여서 자랐을지도 모른다.

셀프스토리는 언제나 스스로에게 들리고 있다는 인식은 무심한 순간이 불필요한 나락의 소용돌이로 바뀌는 사태를 막는 첫 번째 단계이자, 나아가 공감과 인내심이 넘치는 세계로 다가가는 첫걸음이다.

스토리와 나를 분리하기

살다보면 까다로운 사람을 상대해야 할 때가 있다. 사람들은 저마다 평생에 걸친 스토리들을 마음속에 간직하고 있고, 그것은 각자 세상에 대응하는 방식에 영향을 미친다. 그 세상에는 직장도 포함된다.

직장에서 여러분은 이를 인지하고 동료들에게서 최대한 많은 스토리들을 찾아내야 한다.

작가 브레네 브라운은 "가까이 들여다보면 사람은 미워하기 힘든 존재다. 다가가라"라고 말했다. 에이브러햄 링컨은 "나는 저 사람이 마음에 들지 않는다. 그러니 저 사람을 좀 더 잘 알아야겠다"라고 말한 적이 있다. 우리 개개인이 살면서 어떤 일을 겪었는지는 서로가 물어보기 전까지 절대 알 수 없으므로 타인에게 좀 더 친절하게 대해야 한다는 문구를 살면서 한번쯤은 본 적이 있을 것이다. 자신의 스토리를 이해하면 사건에 좀 더 긍정적이고 생산적인 방식으로 대응할 수 있게 되듯이, 타인의 내면의 스토리를 이해하는 것 또한 마찬가지다. 특히 직장에서 이는 크게 도움이 될 수 있다.

여러 해 전에 나는 딱히 이유는 알 수 없지만 일관된 관계를 맺기가 어려운 한 여성과 일을 한 적이 있다. 어떤 때 우리는 몇 시간씩 커다란 목표를 향해 나아가며 몰입했고 아주 즐겁게 일하는 듯했다. 그러다가도 며칠 뒤에는 그가 나와 말도 섞지 않으려고 했다. 그는 나와 같은 사무실에 있으면서도 나를 투명인간 취급했다. 그럴 때면 나는 무엇이 잘못됐는지 파악하려고 애쓰며 며칠씩 내가 했던 행동들을 되짚어보곤 했다.

그와 관계 맺기를 힘들어 한 사람은 나뿐만이 아니었다. 이미 포기하고 꼭 필요할 때만 그와 일하는 동료도 많았다. 그들은 그와 거리를 두려 했고 나에게도 그와 가깝게 지내지 말라고 충고했다.

나는 그 충고를 거의 받아들일 뻔했다. 관계 갈등은 내 에너지를 바닥내고 일에도 영향을 미쳤다. 그러던 어느 날, 아주 우연히 그 여성이 내게 어떤 스토리를 들려줬다. 그가 살면서 겪은 신뢰와 배신에 얽힌 스토리였고, 그의 사람됨을 철저하게 바꿔놓은 스토리였다. 그 이후로 나는 그를 좀 더 잘 이해했고, 그가 이전처럼 행동할 때에도 그 행동은 나를 향한 반응이 아니라 그가 가진 스토리가 유발한 반응으로 받아들일 수 있었다. 그렇게 나는 배려와 연민으로 그를 대할 수 있었고, 나아가 이는 우리 둘 사이에 신뢰가 쌓이는 긍정적인 소용돌이를 만들어서 궁극적으로 좀 더 바람직한 업무 관계를 형성할 수 있었다.

스토리의 역할은 이런 것이다. 스토리는 배려와 인내, 전진의 여지를 제공한다. 내면의 스토리를 밖으로 내보이면 크고 작은 오해를 해소하는 데 도움이 되고 처음부터 오해가 생기지 않도록 막을 수도 있다. 업무상 인간관계로 힘들지만 도저히 직장을 그만둘 수는 없다면 셀프스토리를 찾아보자. 이는 동료를 좀 더 잘 이해하도록 도와줄 것이다. 또한 여러분이 상대방의 행동을 내면화하는 경향을 지녔다면 여러분 스스로와 동료의 반응을 분리하는 데도 도움이 된다.

그렇게 자아와 스토리를 분리하면 모든 것이 달라진다.

타인의 스토리로
나의 스토리 풀어내기

셀프스토리텔링 프로젝트 중, 집단 상담 시간에 참가자들은 자기 내면의 변화가 나타나고 있을 뿐만 아니라 다른 사람들의 행동을 보는 방식에도 변화가 일어나고 있다고 말했다. 아버지와 서먹서먹했던 이유부터 언니가 도움을 주지 않았던 이유, 아내가 냉랭했던 이유까지 알게 됐다고 했다. 누군가의 행동이 자신 때문이 아니라 상대방의 스토리 때문이라는 사실을 깨닫고 나면 우리는 커다란 안도감과 완전한 해방감을 느끼곤 한다.

나는 우리 가족이 뉴욕시로 이사하는 문제에 관해 부모님, 특히 아버지와 나눴던 대화를 오래도록 기억하고 있다. 우리가 원래 살던 집 인근은 아이들이 학교를 다니기도 좋았고, 공항까지는 15분밖에 걸리지 않았다. 또한 그곳이 우리의 연고지였고 친척들도 많이 살았다. 그래서 아버지는 우리가 도시로 떠나 생활한다는 것을 도저히 납득하지 못했다.

당시 나는 삼십 대 중반의 기혼 여성이자 두 아이의 엄마이며 대단한 경력과 명석한 판단력을 갖춘 사업가였다. 그럼에도 나는 아버지가 그렇게 완강하게 반대하는 일을 쉽게 착수할 수 없어 고민에 빠졌다.

그때 안전을 선호하는 아버지의 내면에 있는 스토리텔러를 떠올렸다. 안전이 목표라고 말하는 스토리텔러. 위험이 따르는 다른 선택지를 추구하는 대신 현재 직장에 계속 아버지를 붙들어둔 스토리텔러. 우리 가족의 이사 문제는 아버지 내면의 스토리텔러를 자극했다. 나는 내 스토리에 얽힌 아버지의 스토리를 풀어내야 했다. 처음부터 아버지가 전폭적으로 지지해줬다면 좋았겠지만 아버지의 셀프스토리는 그것을 허용할 수 없었다.

이 문제에서 옳고 그름을 논할 수는 없다. 단지 사람마다 서로 나른 셀프스토리들이 있을 뿐이다. 그 사실을 인정하고 존중해야만 효율적으로 전진할 수 있다.

자기 인생에서 해결하고 싶었던 문제가 있다면 거기에는 다른 사람들이 얽혀 있는 경우가 종종 있다. 각자 자신만의 셀프스토리를 가지고 있고 따라서 삶을 어떻게 살아야 하는가에 관해 저마다 관점과 신념을 지니고 있다. 여러분의 스토리를 다른 사람들의 스토리에서 풀어내고 그 둘이 있는 그대로 존재할 수 있는 방법을 찾았을 때 느끼는 해방감은 이루 말할 수 없으며, 노력을 기울일만한 충분한 가치가 있다.

이별은 너무 힘든 일

때로는 인연을 끊는 것 말고는 선택지가 없을 때도 있다.

나는 친한 친구와 대화를 하며 곧 전할 기쁜 소식에 무척 들떠 있었다. 수다를 잠시 떨다가 이내 참지 못하고 나는 친구에게 "나 임신했어!"라고 말했다. 그런 다음 눈썹이 이마 끝까지 올라갈 정도로 함박웃음을 지으며 친구의 반응을 기다렸다.

친구의 얼굴에는 어떤 표정이 스쳐 지나갔다. 그 표정은 혐오, 경멸, 실망에 가까워 보였다. 확실히 행복해보이지는 않았다. 어리둥절해진 나는 "왜 그래?"라고 물었다. 내 치아에 뭐가 끼었는지, 주변의 냄새가 역해서 그랬는지 뭔가 다른 문제가 있는 게 틀림없다고 생각했다. 그렇지 않고서야 친구에게 아이가 생겼다는 소식을 듣고 그런 표정을 지을 리는 없을 것이었다.

그는 어깨를 으쓱하더니 이렇게 말했다.

"아, 임신한 친구들이 그냥 엄마로 살겠다면서 하던 일을 그만두는 경우를 너무 많이 봐서 그래."

그는 "하지만 난 너를 믿어!", "넌 네 꿈을 전부 이룰 수 있을 거야!"라는 말을 덧붙이지도 않았고, 오히려 "방금 넌 네 인생을 망쳤어"라는 말투로 말했다.

이후에는 어떤 대화를 나눴는지 기억이 잘 나지 않는다. 하지만 그가 전부터 자주 그런 소리를 했다는 사실을 깨달은 계기가 되었다는 건 기억한다. 생각해보면 평소 그 친구는 얼핏 듣기에는 위하는 말처럼 보이지만 미묘하게 상처가 되는 말을 자주 했다. 한번은 그 친구와 같이 태국 음식점에 간 적이 있었다. 한창 다이어트를 하면서 식단을 조절하고 있을 때라 주문한 음식을 절반만 먹었더니 그는 마치내가 거식증 환자라도 되는 듯 빈정거렸다. 내가 일적으로 아주 좋은 기회를 잡게 돼 소식을 전한 날에는 비아냥대는 말투로 "우리 같은 소시민들을 잊지 마세요"라고 말했다.

결국 나는 살면서 그런 일을 더는 겪고 싶지 않다고 결심했다. 이미 내 인생 스토리의 일부가 된 사람, 아끼고 함께 어울렸던 사람과 멀어지기란 힘든 일이지만 도리가 없었다. 그와 나, 양자택일의 문제였고 나는 나를 선택하기로 마음먹었다.

시간이 흐르면서 나는 점심식사, 저녁식사, 커피를 함께 하자는 그의 초대에 응하지 않게 됐다. 그에게 화가 났다거나 앙심을 품거나 하지는 않았다. 그서 내 스토리의 한 페이지를 끝낸 기분이었다. 커음에는 그의 제안을 거절하기가 쉽지는 않았지만 나중에는 '나'에게 손을 들어주는 그 기분이 무척 좋았다.

좋은 소식을 전했을 때 얼굴을 찌푸리거나 응원이라는 탈을 쓰고 비판을 가하는 사람들이 여러분 인생에 존재한다면, 여러분의 스토리에서 그들과 함께한 챕터를 끝내도 좋다. 그래도 되고 그래도 괜찮다.

사랑 스토리 다시 쓰기

나는 2019년 늦여름에 뉴욕 라과디아 공항에서 줄리아를 만났다. 막 재개발을 마친 공항은 아름다웠다. 나는 비행기 연착으로 인한 좌절이나 떠돌이 생활에서 비롯되는 서글픔을 잊게해줄 새로운 음식점 바에 앉아 있었다. 몇 자리 떨어진 곳에 앉아 있던 야구 모자를 쓴 젊은 여성이 "실례지만, 어떻게 하면 머리를 그렇게 아름답게 할 수 있어요?"라고 말을 걸었다.

우리는 우연히 만나 칵테일을 즐기는 여행자 두 명이 할 법한 수다를 자유롭게 떨었다. 항공편을 서로 비교했다. 불편했던 공항의 공사 상황을 불평하다가 명작으로 탄생한 터미널에 감탄하다가 그럴 만한 가치가 있었는지 곰곰이 고민하기도 했다. 우리는 얼마 전에 잘랐다는 줄리아의 머리를 어떻게 손질할지도 의논했다. 내가 낀 결혼반지를 알아본 줄리아는 자기도 결혼반지를 갖고 싶다고 고백했다. 우리는 실연과 바람직한 사랑이란 어떤 기분인지도 이야기했다.

그렇게 이야기를 나누다가 줄리아가 탈 비행기가 탑승을 개시했고 이어서 내 비행기도 탑승을 시작했다. 우리는 각자 비행기에 올랐고, 우연한 인연은 그렇게 끝났다.

줄리아는 인상에 깊이 남았다. 나는 그의 열린 마음과 타인에게 사랑을 갈구하는 욕망을 거리낌없이 보여주는 모습이 좋았다. 나는 살면서 수많은 '줄리아들'을 만났다. 사실 우리 모두가 줄리아라고 할 수 있다. 나이, 성별, 성향에 상관없이 누구든 공감할 것이다. 진정한 사랑을 찾기란 고된 일이고 진지하게 받아들여야 한다는 것을.

소셜 미디어가 없었더라면 줄리아와 내가 다시 마주칠 일은 없었을 것이다. 일 년이 넘어 내가 프로젝트를 시작했을 때 줄리아도 이 프로그램에 참가하겠다고 신청해 우리는 그렇게 다시 만났다.

첫 번째 일대일 상담에서 줄리아는 우리가 처음이자 마지막으로 만났던 이후, 그의 연애 인생에 어떤 일이 일어났는지 밀린 이야기를 털어놨다. 한 남자에게 초점을 맞춘 이야기였다.

그는 라이언이었다.

줄리아는 나와 헤어진 뒤 바로 비행기를 탔다. 그리고 줄리아만의 특별한 방식으로 곧바로 옆 자리에 앉은 여성과 대화를 시작했다. 비행기가 목적지에 도착할 무렵 크고 아름다운 사랑을 갈망하는 줄리아에게 완전히 반한 그 여성은 좋은 상대를 떠올렸다. 사흘 뒤 줄리아는 굴 요리 전문 식당으로 걸어 들어갔고, 그곳에서 라이언을 만났다.

줄리아는 금방 라이언의 남다른 면을 알아차렸다. 마치 오랫동안 알아온 사람들처럼 대화가 술술 풀렸다. 줄리아는 원래 첫 번째 데이트에 키스를 하지 않는 사람이지만, 라이언은 작별 인사로 줄리아에게 키스를 했다. 다음날 줄리아는 또 출장을 가느라 공항으로 향했고 두 사람은 떨어져 있는 동안 매일 밤 세 시간, 다섯 시간씩 통화했다. 아무리 통화를 해도 질리지 않았다. 텍사스로 돌아올 무렵 줄리아는 이 사람이라고 확신했다.

그때가 2019년 10월이었고 이후 몇 달 동안 두 사람은 점점 더 사랑을 키워나갔다. 라이언은 일과 사랑에 똑같이 열정적인 사람이었다. 항상 문을 열어주고 늘 줄리아의 손을 잡아주는 라이언은 줄리아가 지금까지 알았던 남자 중 가장 열심히 일하고 의욕적이며 결단력 있는 사람이었다. 줄리아는 내게 "그는 텍사스 명문 대학에서 재정학 학위를 받고 유전에서 일을 시작해 갈망하던 사무직 직위에 올랐어요. 항상 꿈꿔왔던 일이었죠"라고 말했다. 라이언에 대한 줄리아의 자부심이 화면을 뚫고서 전해졌다.

그런데 너무나 완벽했던 것들이 갑자기 모조리 바뀌었다. 석유 산업은 팬데믹으로 커다란 타격을 입었다. 라이언은 직장을 잃었고, 회사 소유였던 트럭과 아파트도 내놔야 했다. 그가 그토록 열심히 일군 모든 것이 하룻밤 사이에 사라졌다. 인생에 대한 기대치가 높고 애인에게 잘해주고 싶은 욕구가 강한 사람에게 경력 파탄은 곧 관계의 종말을 의미했다.

"라이언은 자신이 내가 필요로 하는 남자가 아니라고 생각했어요. 내가 그토록 사랑했던 아름답고 논리적인 머리로 그는 스스로 이런 관계를 지속할 위치가 아니라는 결론을 내렸죠. 그는 나를 보내줘야 했어요."

무슨 일이 일어나고 있는지 줄리아가 제대로 파악하기도 전에 두 사람의 관계는 연인에서 옛 연인으로 바뀌었다.

줄리아는 "내 평생 가장 행복했던 순간이 가장 가슴 아픈 순간으로 바뀌었어요"라고 말했다.

그것은 줄리아가 프로그램에 참가하기 7개월 전 일이었다. 나를 찾아왔을 때 줄리아는 다시 시작할 준비가 된 상황이었다. 그는 사랑하는 사람을 찾을 수 있다고 믿었다. 그런데도 눈에 보이지 않는 장벽이 있는 듯했다. 몇 차례 흐릿한 희망과 사랑의 순간이 찾아왔을 때를 제외하고 평생 줄리아가 사랑하는 사람을 찾지 못하도록 막는 무엇인가가 있었다. 바로 셀프스토리였다.

1단계: 작동 중인 스토리를 포착한다

줄리아가 가장 먼저 해야 할 과제는 당연히 셀프스토리를 포착하는 것이었다. 너무나 뿌리 깊게 얽혀 있고, 저절로 흘러나오면서 대단히 확고한 동시에 그러면서 완전히 간과되고 방치되어 있는 숨은 진술들을 찾는 일이었다. 첫 번째 상담 시간에 줄리아는 자신에게 자주 말하는 문장들을 적어서 가지고 왔다. 그 말들은 역시 바람직하지 않았다.

- 나는 가치가 없어
- 나는 사랑받을 자격이 없어
- 나는 불편한 사람이야

• 나는 쟁취할 가치가 없어

이런 진술들은 건전한 연애 관계로 가는 길을 가로막는 명백한 장애물이었다. 너무나 명백해서 불을 불로 다스리고 싶은, 이 경우로 말하자면 구체적인 스토리 대신 진술을 진술로 다스리고 싶은 충동을 느낄 수밖에 없었다. 이를테면 매일 아침 일기장에 '나는 사랑받을 가치가 있다, 나는 사랑받을 자격이 있다'라고 반복적으로 기록하는 것처럼 말이다.

아니면 잡지에서 오려낸 사진과 이미지로 비전 보드를 만들 수도 있었을 것이다. 해가 저무는 해변에서 멋진 남녀가 서로를 안고 있는 장면을 보면서 자신이 추구하는 관계에 대한 영감을 얻을 수도 있을 것이다.

하지만 지금까지 셀프스토리텔링 과정을 통해 살펴봤듯이, 줄리아가 말한 진술은 훨씬 더 거대하고 불길한 빙산의 일각에 불과했다. 몇몇 문장이나 사진만으로는 그가 탄 배를 평생의 사랑과 함께 영원히 행복하게 살았다는 결말로 몰아갈 수 없었다.

새로운 방법에 기꺼이 몰입하기로 한 줄리아는 심호흡을 하고 자신의 믿음이 가라앉지 않도록 떠받드는 스토리들을 찾아 나섰다. 자기 인식이 뛰어난 성인으로서 줄리아는 어디에서 시작해야 할지 상당히 잘 알고 있는 상태였다.

2단계: 셀프스토리를 분석한다

줄리아를 키운 사람은 아버지쪽 가족이었다. 줄리아가 태어났을 때 아버지는 열여덟 살이었고, 생모는 출산 직후 떠나 줄리아가 스무 살이 되어서야 만날 수 있었다. 아버지, 할머니, 고모 밑에서 자란 줄리아는 퀸스에서 사립 초등학교를 다녔고, 그의 작은 발로 감당할 수 있는 한 최대한 많은 댄스 수업을 들었다.

하지만 그렇게 애정이 넘쳐흐르는 듯 보인 그의 스토리에 반전이 있었다. 젊은 아버지는 다시 사랑에 빠진 뒤 결혼해서 자녀 셋을 더 두었다. 아버지는 새 가족과 함께 브루클린으로 이사했다가 이후에는 뉴욕주 북부로 갔고, 줄리아는 할머니, 고모들과 함께 퀸스에 남았다. 줄리아는 가족을 사랑했고 무척 고맙게 생각했다. 하지만 몇 킬로미터 떨어진 곳에 법적으로는 자기 가족이지만 항상 완전하게 그 일원이 될 수는 없는 그림처럼 완벽한 가족 단위가 있다는 사실을 알 수 있었다. 아버지와 그의 아내는 줄리아를 사랑하고 줄리아를 원했다. 할머니도 줄리아를 사랑하고 원했다. 하지만 그 상황은 줄리아가 스스로 불편한 사람이라고 느낄 수 있는 스토리가 충분히 만들어질 수 있는 환경이었다.

이어서 이전에 오랫동안 연애했던 관계 스토리가 있었다. 줄리아는 몇 년 동안 남자친구 가족의 생일 파티와 직장 행사에 참석했고, 사람들을 사귀면서 좋은 인상을 주려고 무던히 노력했다. 하지만 줄리아의 행사에는 남자친구가 나타나지 않았고, 줄리아와 관련된 그 어떤 행사에도 남자친구는 침식하지 않으려고 했다.

한번은 줄리아 친구의 생일 파티가 열리는 날이었다. 그들은 말리부 와인 사파리Malibu wine safaris, 와인을 마시며 자연을 탐방하는 투어-옮긴이에 갈 예정이었고 몇 주일 동안 계획을 세웠다. 줄리아의 남자친구는 와인을 무척 좋아했고, 줄리아는 남자친구가 가고 싶어 할 것이라고 확신했다. 하지만 막상 그날이 되자 남자친구는 그냥 그럴 기분이 아니라며 거절했다. 줄리아는 간청하고, 애원하고, 울었다. 그는 너무나 간절하게 친구들에게 남자친구를 소개하고 싶었다. 하지만 결국 줄리아는 혼자 갔다.

'나는 사랑받을 자격이 없어. 노력을 기울일 가치가 없는 사람이야.'

이 진술을 말하게 하는 스토리들은 모두 줄리아 안에 있었고, 줄리아는 세부사항까지 생생하게 다시 말할 수 있었다.

3단계: 도움이 되는 스토리를 선택한다

줄리아에게 도움이 되지 않는 스토리들을 찾아냈으니 이제 도움이 되는 스토리를 찾을 순서였다. 나는 줄리아에게 과거에 그가 연애를 하면서 대접받을 자격이 있고, 사랑받을 자격이 있다고 느꼈던 스토리를 찾아보라고 했다.

이는 말은 쉽지만 실제로 하기는 어려운 일이다. 우리 삶에서 강렬하고 긍정적인 스토리들을 찾을 때 빠지기 쉬운 함정은 바로 우리가 발견한 스토리를 무시하는 것이다. 우리는 주의사항을 추가한다. 사건을 사소하다고 치부한다. 스토리를 우리 자신이 아닌 다른 요인,

    3부 ♠ 스토리가 곧 자본이다

예를 들어 단 한 번의 행운이라거나 다른 사람 덕분이었다는 식으로 해석한다.

줄리아는 그 도전에 직면했고, 그 과정에서 "좋은 스토리가 너무 많아요. 왜 그토록 오랫동안 나쁜 스토리만 나 자신에게 들려줬을까요?"라고 말하기도 했다.

하지만 줄리아의 경우 다른 난관이 있었다. 대단한 사랑을 찾았다고 생각했는데 하룻밤 사이에 사라진 경험을 한 적이 있는 사람이라면 잘 알 만한 난관이었다. 줄리아가 찾은 좋은 스토리들, 사랑받는다고 느꼈던 스토리, 사랑받을 가치가 있다고 느꼈던 스토리는 전부 그의 마음을 아프게 했던 장본인인 라이언과 관련이 있었다.

우리는 스토리텔링 갈림길에 서 있었다.

우리가 가졌던 두 번째 만남에서 나는 적절한 단어를 고르느라 애썼고, 단어가 적절하더라도 방향이 틀렸을까봐 걱정했다. 일곱 달 전에 관계가 끝났다고 확실하게 밝힌 남자를 아직도 분명히 사랑하는 한 여성이 있었다. 그리고 나는 그 여성에게 두 사람이 함께 했던 행복한 시절의 스토리를 계속해서 자기 자신에게 들려주라고 재촉하려 했다.

나는 "우리가 선택할 수 있는 길이 두 가지 있어요"라고 말하고는 말을 멈췄다. 나는 주변을 둘러보고, 펜을 씹고, 계속 꼼지락거리며 다음에 무슨 말을 할지 고민했다. 마침내 나는 "우리가 선택할 수 있는 길은 두 가지가 있어요. 하나는 '관계가 끝났으니 나는 이제 더 이상 그 사람에게 아무런 의미가 없다고 스스로에게 말하는 방법이에요. 사랑이 없었고, 우리 사이에 뭔가 잘못이 있었다고, 우리는 결점이 있고, 무가치하며, 쟁취할 가치가 없는 사람이라고 말하는 거죠" 라고 말했다.

줄리아는 고개를 끄덕였다. 실제로 그는 이미 그런 스토리들을 스스로에게 말하고 있었다. 그는 "그가 어떻게 지내는지 상상하곤 해요. 더는 내게 눈곱만큼도 신경을 쓰지 않을 거라고 생각하죠"라고 말했다.

나는 결의에 차서 숨을 쉰 다음 조심스럽게 말했다.

"하지만 그런 스토리는 당신이 앞으로 나아가는 데 아무런 도움이 되지 않을 거예요. 이미 끝난 관계에서 좋았던 스토리를 스스로에게 들려주다 보면 상처를 입을 수 있다는 건 알아요. 하지만 그 편이 좋은 스토리를 지워버리거나 나쁜 스토리로 각색하는 것보다는 나아요. 나쁜 스토리로 바꾼 버전은 '당신'에게 문제가 있다고 말하니까요. 우리에게 그런 스토리는 필요하지 않아요. 당신이 스스로에게 문제가 있다고 생각하도록 이끌 필요는 없으니까요. 당신은 이미 그렇게 하고 있잖아요. 우리에게는 당신이 정말로 사랑을 경험했던 때의 스토리가 필요해요. 당신이 가치 있고 사랑받고 있다고 느꼈던 스토리요. 너무 힘든 일이라는 건 알아요. 하지만 한 번 해 봤으면 좋겠어요. 당신이 공항에 앉아 있는데 완벽한 남자가 다가와 대화를 시작할 날이 언젠가 올 수도 있으니까요. 그 순간에 당신 마음속에 '어차피 이번에도 비참하게 끝날 거야'라는 스토리가 아니라 '맞아! 나는 크고 아름다운 사랑을 받을 자격이 있고 아마도 지금이 그 기회일 거야!'라는 스토리가 들려왔으면 좋겠어요."

그렇게 상담이 끝났다.

어쩌면 내가 완전히 틀렸을 수도 있었다.

어쩌면 나는 상처 입은 여성에게 그의 마음을 아프게 한 남자와 함께했던 가장 좋은 기억들을 되새기라고 실없이 부추기는 것일 수도 있었다.

스토리 이론 관점에서 볼 때는 올바른 방향이었겠지만, 현실적인 관점에서 봤을 때 어쩌면 내가 줄리아에게 고문을 가한 것일 수도 있었다. 그러다 나는 줄리아와 한동안 연락이 닿지 않게 됐다. 그리고 얼마 뒤 줄리아에게서 전할 말이 있다는 연락을 받았다.

나를 먼저 사랑하기

"누군가에게 사랑받으려면 자기 자신을 먼저 사랑해야 한다", "나를 먼저 사랑해야 비로소 다른 사람에게도 사랑을 줄 수 있다"라는 말을 많이 들어봤을 것이다. 관건은 '어떻게?'다. 어떻게 자기 자신을 사랑할 수 있을까? 어떻게 자신이 사랑받을 가치가 있다고 믿을 수 있을까? 뇌신경을 어떻게 다시 배선해야 자기애 흐름이 증가하고 끊임없이 공급되는 자기혐오를 줄일 수 있을까?

"대부분의 사람들이 부정적인 생각을 긍정적인 생각으로 바꾸는 것이 중요하다는 말을 들어봤을 거예요. 그런데 그냥 '생각'이 아니라 '스토리'에 집중하다 보니 그 말이 좀 더 확실하게 다가왔어요. 그저 '긍정적으로 생각해'라고 말하는 데 그치지 않고 실제로 일어났던 일들을 재현하는 거죠 '진짜'로 일어났던 일들이요. 그 안에 힘이 있어요."

직전 상담에서 대화를 나누며 줄리아는 이렇게 말했다.

그리고 한동안 연락이 닿지 못했던 줄리아와 다시 만나게 되면서 그가 연락을 하지 않았던 이유가 스토리 선택이 너무 어려워서가 아니라 스토리를 실제로 선택했고 그것이 효과가 있었기 때문이라는 사실을 알고 나는 누구보다도 깜짝 놀랐다.

줄리아에게 떠오르는 모든 좋은 스토리의 주인공은 라이언이었다. 그리고 두 사람이 더는 함께하지 않는다는 사실이 줄리아의 가슴을 아프게 했다. 자신이 사랑받고, 이해받고, 가치 있고, 인정받는다고 느끼게 한 사람은 라이언이 정말 처음이었다고 판단했다.

줄리아는 "다시는 그를 만날 수 없을 것이라고 생각했지만 그렇다고 하더라도 그는 내가 나 자신에 대해 느껴보지 못한 온갖 감정을 처음으로 느끼게 해준 사람이에요. 그래서 다시 사랑을 시작하더라도 그것이 가능하다는 걸 깨달았죠. 그와 함께한 스토리들을 떠올리며 그 사실을 깨달았어요. 그리고 그 깨달음이 날 바꿔 놓았어요"라고 말했다.

줄리아는 라이언이 코로나바이러스에 감염됐던 스토리를 썼다. 줄리아가 라이언을 돌봤고 라이언은 무척 고마워했다. 두 사람이 처음 만났던 때 스토리도 뇌리에 새겨지도록 했다. 라이언이 처음으로 사랑한다고 말했던 때 스토리도 새겼다. 줄리아는 나쁜 스토리 대신 좋은 스토리를 선택하려고 노력했고, 그 과정에서 스스로에 대한 근본적인 믿음을 바꿨다.

4단계: 엄선한 스토리를 설치한다

줄리아는 일단 새로운 스토리를 발견하면 부지런히 설치했다. 해묵은 부정적인 스토리들을 촉발할 만한 곳에 새로운 스토리들을 삽입했다. 행복한 커플들을 보면 희망과 가능성을 느끼게 됐다. 부정적인 스토리를 촉발했던 '스툴'마저도 다른 계기로 바꾸었다.

"나는 우리 집에 있는 파란색 벨벳 스툴을 정말 좋아해요. 하지만 그 스툴에 앉아 헤어진 다음에는 그걸 볼 때마다 이별을 떠올리게 됐죠."

줄리아는 이를 대신할 엄선한 스토리를 삽입하기 시작했다.

"스툴을 보면서 이별 스토리를 떠올리는 대신, 우리가 함께 스툴에 앉아서 먹었던 식사 스토리를 말하기 시작했어요. 라이언이 이 스툴에 앉아서 '사랑해'라고 말했던 때를 떠올렸죠."

줄리아는 미소를 지으며 말을 이었다.

"무척 멋진 스토리들이 제법 있었어요. 위험하기는 했지만 스스로에게 '좋은' 스토리를 들려주다 보니 머릿속도 다시 정리됐고, 시간이 흐르면서 더 강해졌다고 느꼈어요. 기분이 나아졌죠. 그 사랑은 진짜였고, 나는 그런 사랑을 받을 자격이 있고, 다시 그런 사랑을 찾게 될 거라고 믿게 됐어요."

그해가 저물어갈 무렵 줄리아는 어떤 결과를 맞이하게 되든 간에 라이언에게 연락하기로 결심했다. 그는 "크리스마스가 다가왔으니 마지막으로 좀 더 노력해보기로 했죠. 스토리들에서 자신감을 얻은 덕분이었어요"라고 말했다.

놀랍게도 대화는 잘 풀렸고, 두 사람은 며칠 뒤에 만나 커피를 마시기로 약속했다. 만남 역시 잘 풀렸다. 줄리아는 두 사람이 헤어진 뒤 자신이 상상했던 라이언의 감정, 즉 그는 아무렇지도 않게 자신을 잊었을 것이라는 생각이 사실과 달랐음을 깨달았다. 라이언 역시 줄리아만큼이나 가슴 아파하고 외로워했던 것이다.

줄리아가 영원히 잃었다고 생각했던 두 사람의 관계는 금방 복원됐다. 금세 두 사람은 파란 벨벳 스툴에 나란히 앉게 됐고, 라이언은 크리스마스에 가족들을 소개하겠다며 줄리아를 집으로 초대했다.

무슨 일이 있어도
그 후 오래오래 행복했습니다

줄리아와 라이언은 여전히 열렬히 사랑하고 있다. 물론 새로운 일자리, 새로운 일정, 불확실한 시대에 적응해야 하는 과정 등 난관도 남아 있다. 하지만 줄리아는 처음 만났을 때와 완전히 다른 사람이 된 것 같았다. 그는 자신 있게 "그때의 나로는 돌아가지 않을 거예요"라고 말한다. 부재중 전화나 한순간의 좌절과 같은 촉발계기로 줄리아가 '그는 나를 사랑하지 않아' 스토리에 잠기는 일은 더 이상 없었다.

"나는 극심한 소용돌이에 휘말리기 쉬운 사람이에요. 감성적인 사람이죠. 이런 특성은 큰 장점이기도 하지만 오랫동안 제게 커다란 난관이기도 했어요. 그래도 이제 이런 스토리들 덕분에 내 힘을 되찾은 기분이에요.”

줄리아가 계속 그럴 것이라고 믿는 한, 상황이 바뀌더라도 그의 새로운 스토리는 바뀌지 않을 것이다.

마지막 상담 시간에 나는 줄리아가 처음에 써왔던 진술들을 그에게 읽어줬다.

“나는 가치가 없어”.

“나는 사랑받을 자격이 없어”.

“나는 불편한 사람이야”.

“나는 쟁취할 가치가 없어.”

그런 다음, 이런 말을 들으니 기분이 어떤지 물었다. 줄리아는 잠시 말이 없다가 숨을 내신 뒤 대답했다.

“정말 슬프네요. 정말로요. 서글퍼요. 하지만 내가 그런 슬픔을 받아들이고 그렇게 부서진 조각들로 새로운 것을 만들어낼 수 있었다니 강해졌다는 느낌이 들어요.”

나는 줄리아가 처음 그 말을 했던 때와 마찬가지로 여전히 그것이 진실처럼 느껴지는지 물었다.

“내 인생에서 정말 오랫동안 큰 부분을 차지하고 있었던 말들이라서 여전히 무겁게 느껴지는 건 사실이에요. 하지만 방금 당신에게 그 말을 들었을 때는 난생처음으로 그것들이 지나간 일처럼 느껴졌어요. 여전히 무겁게 느껴지는 말이지만 이제는 내가 아닌 다른 사람의 이야기처럼 느껴져요. 처음으로 그 말들을 뒤로 하고 홀홀 떠나는 기분이 드네요.”

12장
가족과 양육
꿈을 심어주는 스토리

우리에게 없는 것을 자녀에게 물려줄 수는 없다.
그러므로 내가 딸에게 준 가장 큰 선물은
내가 나 자신에게 계속해서 공을 들였다는 사실이다.

-메리앤 윌리엄슨

위의 문구는 1992년에 출간되어 오프라 윈프리의 찬사를 받으면서 엄청난 유명세를 얻게 된 책 『사랑으로 귀환A Return to Love』에서 발췌한 것이다. 나는 30년 전에 출간된 책을 읽으며 그 안에 실린 단어 하나하나를 곱씹었다. 특히나 위의 문장은 그대로 책에서 튀어나와 두 아이의 엄마인 내 마음을 꿰뚫었다.

살면서 다양한 상황과 역할을 경험하며 축적해온 스토리들은 하나하나 의미가 있고 주의깊게 살펴봐야 하는데 그중에서도 부모로서의 역할과 능력에 관련된 스토리는 좀 더 각별히 신경 써야 할 필요가 있다.

어린이에게 부모나 보호자의 역할은 가늠하기 힘들 정도로 매우 중요하며 그 어떤 관계보다도 중요한 스토리가 많이 얽혀있다고 할 수 있다.

내면의 스토리는 가족 및 양육 문제에 있어 성인뿐만 아니라 아이들에게도 좋은 도구가 된다. 아이들이 스스로에게 더 바람직한 스토리를 들려주고 나아가 그 스토리를 다른 사람들에게도 들려주며 영향을 미치기 때문이다.

미숙함에 유연하게 대처하기

출산 후 퇴원 준비를 하면서 아이를 데려가야 한다는 생각에 부단히도 걱정했던 기억이 아직도 생생하다. 간호사를 붙잡고 "제가 아이를 어떻게 돌봐야 하는지 모르는 건 알고 계시죠? 우리가 데려가도 되는 게 확실한가요?"라고 호소하고 싶을 지경이었다. 아이를 키우는 일은 정답이 없다. 그래서 그 어떤 경우보다 확신이 서지 않고 조심스러워진다.

일과 경력에 대한 대화를 사람들과 나누다 보면 종종 가면 증후군 자신의 성공이 실력이 아니라 운이라고 생각하며 스스로를 과소평가하고 불안해하는 심리-옮긴이에 대해 생각해볼 때가 있다. 이는 양육에 대한 주제에서도 마찬가지다. 스스로의 미숙함을 잘 알고 있기 때문에 또 다른 존재를 길러내야 한다는 문제에서 더욱 조심스러워질 수밖에 없는 것이다.

우리 마음속 깊은 곳의 스토리 빙산은 표면 아래에 숨어 있다. 우리가 수십 년 동안 노력한 뒤에도 결코 완전히 사라지는 법이 없다. 소셜 미디어와 언론, 주변의 완벽한 부모들, 자신의 어린 시절 스토리들까지 더해지면 과연 양육의 에메랄드 시티는 어떻게 도달할 수 있을까? 이 때도 숨은 스토리를 철저히 드러내고 자신만의 방식으로 유연하고 능력 있는 스토리텔러가 되어야 한다는 걸 잊지 말아야 한다.

1단계: 작동 중인 스토리를 포착한다

내 주변에는 아이에게 예술 작품 같은 점심 도시락을 만들어주거나, 텔레비전에 나올 법한 생일 파티를 열어주는 엄마들이 있었다. 그에 비해 나는 간식 챙기는 것을 깜빡하거나, 운동회를 할 때는 영상통화로 대신하거나, 현장 학습 때도 한번도 따라가지 못했다. 나는 그런 세세한 사건들을 생생하게 기억해왔다. 그러면서 줄곧 내가 나쁜 엄마이고, 이기적이며, 다른 엄마들처럼 하지 못하고 있으니 뭔가 잘못하고 있는 거라고 자책을 하게 됐다.

2단계: 셀프스토리를 분석한다

어릴 적 크리스마스 때 찍은 사진 속에는 직접 만든 크리스마스 의상과 대대로 내려온 비법 레시피로 만든 크리스마스 쿠키, 형제자매들과 함께 만든 장식품들이 등장한다. 가족이 다 같이 캐럴을 부르는 비디오도 매년 찍었던 이 전통은 추수감사절 다음 토요일에 시작해 12월 26일까지 이어졌다.

나는 아이를 학교에 꼬박꼬박 데려다주는 주변 엄마들론 모자라서 그 엄마들보다도 더 완벽한 우리 엄마 스토리까지 스스로에게 들려줬다. 엄마가 실제로는 완벽하지 않았다는 것을 알고는 있지만, 내가 부모로서 부족하다는 증거를 찾을 때 특히 가족과 함께한 크리스마스 때 스토리들이 기억 속에 많이 남아 있었다.

성인이 되어 내 가정을 꾸리게 되면서 이 스토리들은 달콤했던 기억에서 내가 결코 달성할 수 없을 것만 같은 스토리로 기준이 바뀌었다. 어린 시절의 추억이 크리스마스를 멋지게 보내야 훌륭한 부모가 될 수 있다고 생각하게 만든 스토리였다는 걸 깨닫고 나서 나는 나만의 스토리를 시작하기로 결심했다.

3단계: 도움이 되는 스토리를 선택한다

나만의 방식으로 엄마가 되는 걸 방해하는 스토리들과 맞서기로 한 나는 크리스마스 시즌을 앞두고 다른 스토리를 선택하기로 결심했다. 하지만 기존의 스토리를 '대체'하기에 충분한 콘텐츠가 부족했던 터라 아예 처음부터 새로운 스토리를 만들기로 했다.

일전에 북극 체험에 관해 들어본 적이 있었다. 간단히 말해 산속에 있는 어떤 장소로 가서 노면 선자를 ㅏ면 이떤 입구를 끼ㅏ 산타이 작업실로 데려다주는 서비스였다.

나는 상당한 비용의 결제 금액을 확인하고 카드를 꺼내며 결심했다. '이 스토리를 확보하는 노력에 들어가는 비용은 아끼지 않겠노라고.'

마침내 그날이 왔을 때 우리 부부는 아이들에게 옷을 입혀 차에 싣고 노면 전차가 있는 산속으로 운전하기 시작했다. 입장권에는 늦지 말라는 경고가 분명하게 적혀 있었다. 전차는 신속하게 출발하기 때문에 늦은 사람은 여행을 할 수 없게 된다는 주의사항이 적혀 있었다. 나는 그 문구를 크게 걱정하지는 않았다. 가 본 적이 있었던 산이었고, 이동 시간은 넉넉히 1시간 30분 정도 걸리는 거리였다. 그런데 예상과는 달리 GPS에서 목적지까지 시간이 더 걸린다는 안내 음성이 흘러나왔다.

"목적지까지 2시간이 걸릴 예정입니다."

이대로라면 우리는 전차 시간에 맞춰 도착할 수 없었다. 우리 아이들은 북극에 갈 수 없을 것이었다. 대체 어쩌다가 내가 일을 이 지경으로 만들었을까? 나는 평소보다 살짝 속도를 내면서 운전하고 있는 남편을 바라보고 뒷좌석에 앉은 아이들도 번갈아 들여다봤다. 아이들은 북극이 어떤 모습일지, 가서 무엇을 하게 될지 즐겁게 얘기하고 있었다.

그때 나는 생각했다. 아이들은 아무것도 몰랐다. 아이들은 북극 체험이 무엇인지 전혀 모르니 원래 체험 프로그램 내용과 조금 다르다고 해도 모를 것이었다. 내가 형편없는 엄마라서 우리가 놓쳐버리고 말 체험 말이다!

그래서 나는 재빠르게 스토리를 준비했다.

'짜잔! 드디어 북극에 도착했어! 낯설지는 않지? 가정용품 판매점과 비슷하게 생겼으니 말이야. 안으로 들어가면 산타 모자를 고를 수 있단다. 진열대마다 가득 놓여 있거든. 하나를 골라서 머리에 쓰면 미리 불을 밝혀둔 크리스마스트리가 줄지어 세워져 있고 너희는 그 사이를 걸을 수 있어. 그곳이 바로 북극 숲이야! 그 숲에는 불이 들어오는 눈사람과 순록이 머리를 까딱이면서 줄지어 서 있어. 얘들아, 정말 신기하지 않니?

그런 다음에는 요정들의 작업장을 지나갈 수 있어. 목재들이 잔뜩 있는 곳이지. 우와! 저 목재들을 봐. 목재가 끝도 없이 쌓여 있어! 아, 요정들은 가족들과 시간을 보내려고 집에 갔어. 그래서 지금은 볼 수가 없는 거야. 요정들은 이곳에 없지만 장난감을 만들 나무들을 보렴.

그다음은 크리스마스 조명 기구 코너, 그러니까… 축제 작업장이야. 조명들이 이 세상을 얼마나 환하게 밝히고 즐겁게 만드는지 봐봐!

갈수록 더 재밌어져! 일단 산타 모자 값을 내고 나오면 길을 따라 내려가 산타의 커피숍으로 갈 수 있어. 저게 뭐냐고? 아, 산타 할아버지도 스타벅스를 좋아하셔. 너희들은 마시멜로를 넣은 어린이용 핫초콜릿 두 잔과 눈사람 쿠키나 북극 케이크 팝을 받을 수 있어.

북극에 사는 이웃들은 크리스마스 캐럴을 부르는 사람들을 좋아한다는 거 알고 있니? 맞아! 우리는 캐럴을 부르면서 북극 동네 길을 걸어 다닐 수 있어. 그다음에는 우리 차 트렁크에서 담요를 꺼내고 유명한 북극 공원에 가서 드러누워 별을 올려다보면서 반드시 이뤄지는 특별 북극 소원을 빌 *거야*.'

그렇게 나는 준비를 마쳤다. 마이클은 속도를 올렸고 나는 전차가 떠나버린 후에 우리가 도착했을 경우에 대비해 가장 가까운 가정용품 판매점 위치를 검색했다.

그러나 다행히도 나는 이 스토리를 아이들에게 얘기하지 않아도 됐다. 교통량이 적은 데다가 마이클이 운전을 잘했고 노면 전차는 위협만큼 제 시각에 딱 맞춰 출발하지 않았기 때문에 우리는 늦지 않게 전차를 탈 수 있었다.

4단계: 엄선한 스토리를 설치한다

그렇게 해서 참여한 진짜 북극 체험은 성공적이었다. 그날 밤 차창 너머로 보이는 별과 뒷좌석에서 자는 두 아이를 바라보면서 집으로 돌아오는 길에 나는 생각했다. 정말 중요한 것은 단순히 돈을 주고 사는 체험이나 직접 구운 쿠키를 만드는 전통이 아니라, 그 과정을 통해 만들어지는 스토리라는 것을 깨달았다.

그해에 나는 친척들과의 모임에서 엄마가 애정 어린 눈길로 지켜보는 가운데 형제자매들과 함께 수십 년 동안 만들었던 장식품을 보관한 상자를 꺼냈다. 우리 아이들은 상자에서 장식품을 하나씩 꺼내면서 이에 얽힌 스토리를 들려달라고 했다. 그래서 나는 아이들에게 스토리를 들려줬고, 그 과정에서 우리는 함께 또 새로운 스토리를 만들었다.

여러분이 다시는 되풀이하고 싶지 않은 스토리와 함께 자랐든, '나는 그렇게 할 수 없다'고 느끼는 스토리와 더불어 자랐든 간에 여러분에게는 도움이 될 스토리가 분명히 있다. 여러분이 배려했거나 인내했거나 관대했거나 사랑했거나 결의에 찼던 때의 스토리들이 있다. 분명한 경계를 그었던 때의 스토리나 힘에 부쳤지만 옳은 일을 했던 때의 스토리가 있다.

훌륭한 부모를 만드는 건 바로 그런 스토리들이다. 훌륭한 부모는 자신의 삶에 충실하며 최선을 다한 스토리를 가지고 있는 사람들이기 때문이다.

침대 맡 스토리

지금까지는 성인인 여러분이 스스로에게 들려주는 스토리에 관해 다뤘지만, 여기서는 잠시 어린이들이 얼마나 스토리를 사랑하는지 생각해보는 시간을 가지려고 한다. 아이들은 우리 어른들보다도 훨씬 더 스토리를 사랑한다.

전작 『스토리의 과학』에서 나는 『잘 자요, 빵빵 친구들』에 집착하는 아들의 이야기를 소개했다. 그 동화책을 너무 많이 읽어서 지긋지긋했던 내가 묘안을 냈던 게 바로 어린 시절 반딧불이 스토리다. 아들에게 나는 『잘 자요, 빵빵 친구들』을 읽어주는 대신 엄마가 어릴 적에 잡았던 반딧불이 이야기를 들려줬고, 이후 아이는 새로운 이야기에 빠져들었다.

아이들은 스펀지처럼 스토리를 빨아들이며 스토리는 큰 힘을 갖고 있다. 그런데 우리는 좀처럼 아이들에게 스토리를 들려주지 않는다. 아이들을 재울 때면 침대 맡에서 책을 읽어주면서도 중요한 교훈을 가르치려고 할 때는 마법 같은 스토리 대신, 그저 단순한 문장이나 규칙에 기댄다.

이제 여러분은 지금까지 배운 스토리에 관한 지식을 활용해서 아이들을 바람직한 스토리로 무장시킬 수 있다.

파스타 대모험

아들이 다섯 살 때 한 친구에게 저녁에 동네 식당에서 파스타를 같이 먹자는 초대를 받았다. 나는 식사를 겸해 친구와 노는 자리라고 단순하게 생각했지만, 아들 입장에서는 처음으로 가족이 아닌 사람과 함께 하는 외출이었기에 긴장감을 감추지 못했다.

한 번도 가보지 않은 곳에 가서 한 번도 해보지 않은 일을 해야 한다는 것은 아들에게 두려운 일이었다. 무엇보다도 파스타 자체가 아들에겐 긴장의 대상이었다. 어떤 종류의 파스타가 나올지, 처음 먹어보는 파스타가 나오면 어떻게 해야 하는지, 어떤 형태의 파스타를 만나게 될지가 아들에게는 큰 근심거리였다.

아들이 집을 나서기 몇 시간 전부터 나는 모든 것이 괜찮을 것이라고 장담하듯 말했고, 아들을 친구 가족의 자동차에 태우면서도 최대한 안심을 시켰다. 차가 출발하자 아들은 열린 창밖으로 내게 손을 흔들었다.

다행히 그날의 외출은 성공적이었다. 그 파스타 집에는 장난감 집과 온갖 게임은 물론, 아들이 제일 좋아하는 파스타를 비롯한 다양한

3부 ♠ 스토리가 곧 자본이다

종류의 파스타가 있었다. 그날 밤 침대 맡에서 나는 아들에게 파스타 집에서 있었던 스토리를 낱낱이 이야기하도록 했다. 전작 『스토리의 과학』에서 제시했던 틀을 빌리자면, 스토리 시작인 '기준'(저녁 약속에 대한 긴장)부터 실제로 파스타 저녁 약속에 간 '폭발'에 이르기까지 전부 말하도록 했다. 그리고 마지막으로 새로운 경험은 즐거울 수 있다는 사실을 어떻게 배웠는지에 해당하는 '새로운 기준'도 얘기하도록 했다. 우리는 그 경험에 〈파스타 대모험〉이라는 명칭을 붙였다. 이 재미있는 스토리는 행복하게 끝났고, 아들은 단잠에 빠졌다.

몇 주일 뒤 아들은 유치원 면접에 응했다. 이는 새로 입학하는 어린이를 대상으로 면접을 실시해 어느 반에 가장 잘 맞을지 결정하는 과정이었다. 면접일 아침에 나는 아들과 함께 접수를 했다. 파스타 대모험에 이어 이번 면접도 아들에게는 처음 있는 일이었다.

그렇지만 이번에 우리에게는 손 닿는 곳에 스토리가 있었다. 대기실에 앉아 아들의 이름이 불리기를 기다리면서 나는 아들에게 파스타 대모험의 긴장되는 시작부터 즐거웠던 마지막 스토리까지 다시금 이야기해달라고 했다. 아들은 어떤 파스타가 나올지 몰라서 걱정스러웠다고 말했다. 말하면서도 웃겼는지 살짝 미소를 지으면서 장난감 집 스토리와 제일 좋아하는 파스타를 원 없이 먹을 수 있었다는 스토리도 얘기했다.

"그리고! 파스타 위에 고기를 올려달라고 하지도 않았어요. 그냥 버터랑 소금만 올린 걸로 먹었어요."

아들은 중간에 곁눈질로 내 눈치를 보기도 했지만 내가 아랑곳 않고 귀를 기울이자 이야기를 끝까지 이어갔다. 나는 아들이 스스로 재

있었다고 느낀 부분을 직접 이야기하면서 활기를 찾는 모습을 곁에서 바라봤다.

바로 그 순간, 아들의 이름이 호명됐다. 아들은 의자에서 일어나 내게 미소를 짓더니 인터뷰실로 들어갔다. 10분 뒤에 방에서 나온 아들은 내게로 뛰어와 인터뷰가 얼마나 재밌었는지 말하느라 바빴다.

그날 밤 잠자리에 들기 전 나는 아들에게 파스타 대모험 스토리와 유치원 면접 스토리를 처음부터 끝까지 그의 입으로 소리 내서 말하도록 했다.

그 후에도 아들에게 새로운 과제가 주어졌고, 전처럼 다소 긴장한 모습이었지만 아들은 내게 이렇게 말했다.

"조금 긴장되지만 이제는 새로운 일이 재미있을 수 있다는 걸 알아요."

아들이 무척 자랑스러웠고 이것은 스토리가 자리를 잡았다는 증거이기도 했다. 나는 아들에게 "걱정하지 마. 새로운 일은 즐거워!"라고 말하는 정도로 그칠 수도 있었다. 아들이 겁먹은 듯한 모습을 보일 때마다 나는 주문을 외듯이 그 말만 반복할 수도 있었을 것이다.

하지만 나는 아들에게 '새로운 일은 즐겁다'라는 다소 추상적인 생각을 생생하고 기억하기 쉬우며 **구체적인 대상으로 바꾸는 스토리**를 들려주는 방법을 택했다. 이제 아들은 새로운 사건에 직면했을 때 두려움을 느끼며 뒷걸음질 치는 반응을 보이지 않는다. 대신 새로운 일을 겪었을 때 실제로 즐거움을 느꼈던 스토리들을 말할 수 있게 됐고, 이로써 새로운 상황에 접근하는 방식을 완전히 바꾸게 된 것이다.

아이들과 상호작용할 때 부모를 비롯해 모든 사람들이 알아둬야 할 점이 있다. 바로 '아이들에게 요점만 간단히 전달하는 법은 스토리를 들려주는 방법만큼 효과적이지 않다'는 사실이다.

스토리는 기억하기 쉽다. 스토리는 기억에 잘 남는다. 스토리에는 감정이 가득 담겨 있다. 스토리는 아이들이 훗날 사용할 수 있는 도구이며 세상을 보는 시야를 넓혀준다. 아이들이 무섭게 느끼는 대상이 실은 그보다 훨씬 큰 대상의 일부분이라는 사실을 일깨워줄 수 있다.

스토리를 들려줄수록 아이들은 자기 자신을 보는 방식의 틀을 짜고, 자신만의 노란 벽돌 길을 건설하는 토대를 마련할 수 있다.

궁극적인 유산: 스토리

한번은 강연이 끝난 뒤에 어떤 어르신이 찾아와 강연 내용을 업무에 적용할 수 있었다며 고마움을 전했다. 그러면서 다음과 같은 질문을 건넸다.

"다 큰 자식들에게 스토리를 들려줘도 될까요? 각자 가정이 있고 할 일이 있어서 무척 바쁜 아이들인데 과연 내 말을 들을지 잘 모르겠어요."

장성한 자녀에게도 스토리를 들려주는 것이 매우 중요하다. 자녀들이 아무리 나이를 먹더라도 그들의 스토리를 여러분이 직접 들려주는 것은 필요한 일이다. '너는 할 수 있어'라고 단순하게 말하지 말고 자녀가 정말 회복력을 발휘했던 스토리를 직접 들려주는 것이 더욱 효과적이다. '너는 항상 호기심이 넘쳤어'라고만 말하지 말고 실제로 호기심을 드러냈던 스토리를 들려줘야 한다. '네가 생각하는 것보다 너는 훨씬 더 강해'라고만 말하지 말고 실제로 믿을 수 없는 힘을 발휘해 결과를 이룩했던 순간을 목격했을 때의 스토리를 직접 들려주자.

추억의 뒤안길을 되돌아보는 실없는 짓을 하기엔 자녀들이 너무 바쁜 것처럼 보이더라도 **스토리를 들려주자.** 자녀에게 '관점'이라는 가장 큰 선물을 줄 수 있기 때문이다. 누군가가 성장하는 모습을 지켜봐준다는 것, 스스로는 확인할 수 없었던 내 모습을 바라봐준다는 것. 그건 너무나 큰 의미를 지닌다.

스토리를 털어놓을 공간

스토리텔링 프로그램 참가자 중 한 명이었던 리사의 경우, 자신에게 도움이 되는 스토리는 고사하고 자신의 발목을 잡는 스토리가 무엇인지 찾는 것조차 어려워했다. 마음 안에 숨은 스토리가 있다는 사실은 알았지만 그 속에서 어떤 스토리를 선택하거나 바깥으로 끌어내는 작업에는 고전을 면치 못했다.

시간이 흐를수록 우리는 문제를 알아챌 수 있었다. 리사는 지금까지 스토리를 말하는 법을 배운 적이 없었던 것이다. 프레젠테이션이나 홍보처럼 격식을 갖춘 화법이 아닌, 사람들과 둘러앉아 어떤 사건에 대해 자연스럽게 이야기를 나누지 못했던 것이다. 리사는 이렇게 토로했다.

"남편은 훌륭한 스토리텔러예요. 저녁식사 자리에서 남편이 이야기를 시작하면 아이들이 가만히 앉아서 남편의 말 한 마디, 한 마디를 놓치지 않으려고 하죠. 그러다가 내가 이야기를 시작하면 몇 마디를 꺼내기도 전에 사람들 눈이 하나같이 흐릿해져요."

그러다가 리사는 아주 중요한 사실을 알아냈다.

"남편은 어릴 적에 가족들과 둘러앉아서 이야기를 많이 나눴대요. 학교에서 돌아오면 그날 있었던 일을 가족들에게 이야기 하면서 연습을 하게 된 거죠."

수수께끼가 풀린 기분이었다. 리사는 교양 있는 성인 여성이었지만 스토리텔러로는 완전 초보였던 것이다.

리사의 이야기를 들었을 때 나는 문득 어떤 사실을 알아차렸다.

어릴 적 엄마는 내 얘기를 귀 기울여 들어줬다. 나는 초등학교 4학년 때 학교에서 일어난 별의별 일들을 다 얘기했다. 5학년 때 브라이언이라는 아이가 했던 실없는 짓들도 얘기했다. 앞서 언급한 브룸볼 얘기는 말할 것도 없다. 중학교에 들어가면서 점점 복잡해지는 스토리들을 엄마는 하나도 빼놓지 않고 들어줬다.

고등학교 때는 연설 팀 소속으로 주말마다 대회에 나갔다. 일요일 아침에 일어나면 나는 거실로 나갔고, 엄마는 이미 커피를 들고 소파에 앉아 이야기를 들으려고 기다리고 있었다. 엄마는 수준 높은 이야기뿐만 아니라 모든 세부사항까지 모조리 듣고 싶어 했다. 우리는 몇 시간씩 거실에 앉아 있곤 했고, 엄마는 내가 모든 이야기를 말할 수 있도록 기회를 줬다.

귀 기울여 들어주는 엄마가 있다는 것은 멋진 일이지만 리사와 대화를 나눈 뒤 나는 이 사실을 한층 더 절실하게 깨달았다. 엄마와 얘기하는 시간을 가지면서 나는 내 스토리들을 소리 내어 말할 수 있었고 좋은 스토리들을 강화할 수 있었으며 나쁜 스토리를 처리하는 데도 도움이 됐다. 내가 원하는 목표를 이룰 수 있을지 의심하게 될 때면 스토리 습관이 그것을 극복하고 장벽을 돌파하는 데 도움을 줬다.

엄마는 내 스토리를 귀 기울여 들어줬을 뿐만 아니라 진심으로 이야기를 듣고 싶어 했고, 그 시간을 즐거워했으며 그 과정에서 나를 항상 격려해줬다. 노란 벽돌 길에 놓을 벽돌을 나는 그때부터 모을 수 있었던 것이다.

리사와 상담을 진행한 후, 이러한 사실을 깨달은 나는 스스로 아이들에게 스토리를 털어놓을 공간을 제공하고 있는지 자문했다. 조금 더 노력이 필요하다고 판단했다. 아이들이 스토리를 공유할 시간과 공간을 부모로서 만들어줘야 했다. 단순히 아이들의 스토리를 듣는 데 그치는 것이 아니라 아이들에게 스토리가 지닌 힘을 알려주고, 스토리를 말하는 연습의 장을 마련해줘야 한다고 생각했다.

여러분의 삶 주변에 아이들이 있다면, 그들에게 스토리를 들려달라고 하자. 어쩌면 여러분은 그들의 미래를 바꿀 수 있을지도 모른다.

스토리를 말하고 세상을 바꾸라

《석세스》 잡지의 최고 스토리텔링 책임자라는 새로운 역할을 맡게 된 후, 내가 처음으로 한 일은 잡지에 실릴 여성 직업인 10명을 선정하는 작업이었다. 나는 곧 진행하게 될 새로운 팟캐스트에서 그들 각각을 인터뷰해 원고를 작성해야 했다. 나는 아이들이 학교에 간 사이 집에서 이 일을 할 생각이었고, 침실 벽장에서 화상 통화로 팟캐스트를 녹화해야 했다.

힘에 부치는 일이었지만 너무나 신났다. 우리가 만나볼 여성들은 아주 대단했고, 그들과 대화를 나눌 수 있어서 무척 영광이었다. 그 중에서도 특히 나에게 특별했던 한 사람이 있다. 가장 먼저 떠오른 이름이자 잡지 표지에도 싣고 싶었던 여성, 바로 미스티 코플랜드다.

미스티는 흑인 여성 최초의 아메리칸발레시어터미국 뉴욕에서 창단된 세계적인 발레단-옮긴이 수석 무용수다. 그가 제안을 승낙했을 때 나는 정말 기뻤다. 최고의 발레리나를 만날 수 있다는 기쁨과 엄마로서 엄청난 점수를 딸 것이라는 기대감 때문이었다. 발레리나 꿈나무이기도 한 내 딸은 미스티의 엄청난 팬이다. 딸아이는 미스티의 힘과 우아함에 푹 빠져 있으며 그가 나오는 광고와 기사만 보면 가던 발걸음을 멈출 정도다.

딸아이가 1학년을 마쳤을 때 나는 깜짝 선물로 〈백조의 호수〉 관람권을 준비했다. 그 공연에서 딸아이는 난생처음 자기 눈으로 미스티 코플랜드가 춤추는 모습을 볼 수 있었다. 우리는 링컨 센터 극장 맨 뒤에 앉았다. 공연은 딸이 잠자리에 들 시간이 지나서 시작했고 우리는 중간 휴식 시간이 됐을 때 떠나야 했지만, 여섯 살짜리가 보기에도 이 여성은 너무나 아름다웠다.

공연을 보고 나서 레오타드와 형광 노란색 발레리나 스커트를 입은 딸아이는 집으로 가는 내내 춤을 추면서 뉴욕의 밤길을 걸었다. 딸이 빙글빙글 돌면서 뛰어내린 인도가 마치 그만의 노란 벽돌 길처럼 보였다.

침실 벽장에서 화상으로 진행한 인터뷰는 훌륭했다. 미스티는 어퍼웨스트사이드에 있는 자신의 집에서 인터뷰에 응했다. 막 연습을 마친 미스티의 검은 곱슬머리가 무심하게 얼굴을 감싸고 있었다. 미스티는 대화를 할 때도 무대에 섰을 때처럼 여유롭고 우아했다.

인터뷰 말미에 발레를 하는 내 딸이 당신에게 인사를 할 수 있다면 무척 영광으로 생각할 것 같다고 하자 그는 흔쾌히 허락했다. 나는 딸을 불렀고, 딸은 순식간에 모퉁이를 돌아 벽장으로 들어왔다. 곧 온라인 발레 수업이 시작할 시간이라 딸은 이미 머리를 단정하게 돌돌 말아 올린 모습이었다.

딸이 화면을 보다가 긴장해서 손을 흔들고 인사하면서 자기 이름을 말하기 직전에 나는 딸의 얼굴에 얼핏 스치는 표정을 봤다. 이는 자신의 우상, 너무나 근사하고 너무나 화려한 여성, 도저히 도달할 수 없는 바람직한 기준을 세운 여성을 만났다가 사실 그도 평범한 여자라는 것을 깨달은 표정이었다.

자기와 다름없는 여자 말이다.

자신을 동경하는 발레 꿈나무들을 만나본 적이 있는 미스티는 벽장에서 진행하는 화상 통화라는 어색한 상황에서도 딸에게 발레리나 대 발레리나로 질문했다. 작별 인사를 하고 선반에 매달아 둔 조명을 끈 다음 거실로 나오자 딸은 우상이 부르는 자기 이름을 들었을 때만 느낄 수 있는 기분에 도취해 뛰어다니고 있었다.

나는 딸아이에게 물었다.

"무슨 생각을 했어?"

"진짜 끝내줬어요!"

"그랬지? 퍽 좋은 사람이지?"

"네! 진짜 좋은 사람이에요!"

그리고 나는 미스티를 만나고 뭔가 의외라고 생각한 게 있었는지 물었다. 딸아이가 움직임을 잠시 멈춘 후, 고개를 옆으로 살짝 돌렸다. 길고 우아한 목선이 드러났다.

"음..."

딸은 천천히 생각에 잠겨 말문을 열었다. 생각을 정리해서 말로 바꾸는 작업을 하고 있는 것 같았다.

"내가 생각했던 모습이 아니었어요."

딸은 미스티의 외모가 자기와 다르고 미스티의 여정이 자신의 여정과 다르다는 사실을 이미 알고 있었다. 따라서 이는 단순히 미스티와 자신이 다르다는 것을 말하는 게 아니었다. 이 말의 진의는 화려한 의상을 입지 않고 아파트에 앉아 있는 미스티가 평범한 여자, 즉 자신과 똑같은 평범한 여자라는 걸 깨달았다는 뜻이었다.

미스티는 슈퍼스타이면서 인간의 희망과 고뇌를 느끼는 평범한 인간이다. 딸아이와 나는 멋진 발레리나들도 평범한 여자들이라는 이야기를 계속 나눴다. 연습할 때 땀을 흘리고, 올림머리에서 머리카락이 삐져나오고, 열심히 일하고 쉬며 그들 또한 친구와 가족이 있고 평소에는 평범한 옷을 입는다는 이야기들 말이다. 대화를 마친 뒤 발레리나 꿈나무는 발레 수업을 들으러 자기 방으로 뛰어갔다.

짧은 순간이었지만 그날 스토리가 탄생했다. 자신을 학교 친구나 회사 동료, 소셜미디어의 인플루언서 등 누군가와 비교하는 날이 왔을 때에 대비할 수 있는 스토리다. 남들이 빛나는 모습에만 몰두하고 그 무대 이면은 잊었을 때 대비할 수 있는 스토리다. 다시 말해 미스티 또한 평범한 여자라는 사실을 깨달은 스토리는 딸아이에게 좋은 무기가 되어줄 것이다.

세상을 바꾸는 일은 여기에서 시작한다. 만약 다음 세대가 기분이 울적할 때 기운을 북돋아주고, 낙심했을 때 격려해주는 스토리들을 완비하고 자란다면 어떤 일이 가능할지 상상해보자. 만약 다음 세대의 세상에 부정적인 스토리가 아니라 긍정적인 스토리가 활보한다면 어떤 일이 가능할지 상상해보자. 다음 세대가 이미 배운 스토리로 무장하고 있어서 스스로 무가치하다는 의심과 감정의 소용돌이에 직면하지 않아도 된다고 상상해보자. 그러면 한 세대에 속한 모든 사람이 자기 안에서 빛을 발견하고 나아가 다른 사람들의 빛을 믿을 수 있게 될 것이다. 얼마나 아름다운 세상인가.

우리부터 시작해야 한다.

우리가 미리 들려줘야 한다.

옛날로 돌아가서 과거를 다시 쓸 수는 없다.

하지만 지금 시작할 수는 있다.

여러분은 자녀를 위해 스토리를 찾고 만들어서 들려줄 수 있다. 다른 아이들에게도 스토리를 들려줄 수 있다. 다른 부모들에게 스토리를 선물해서 간극을 채울 수 있도록 도울 수도 있고 그들 자녀의 진짜 모습을 살짝 귀띔할 수도 있다. 아이들이 자기 스토리를 털어놓아서 처리하고 확고하게 다질 수 있도록 활짝 열린 공간을 마련해서 얘기를 들어줄 수 있다.

내 안의 숨은 바람직한 스토리를 찾아내고 계속해서 공유하다 보면 자신은 물론 주변에도 선한 영향력을 선사할 것이다.

13장
에메랄드 시티
모든 길은 스토리다

우리를 우리답게 만드는 것은 단순히
우리 몸을 이루는 원자, 분자, DNA에 그치지 않습니다.
우리가 스스로에게 들려주는 스토리들이 우리를 만듭니다.
우리가 느끼는 고통, 우리가 지닌 희망,
우리가 품고 살아가는 꿈에 관한 스토리들이요.

–세스 고딘

이제 오즈의 마법사에 푹 빠져 살던 소녀와 함께 시작한 이 이야기의 대단원을 내릴 시간이다. 나를 잠시 혼란에 빠뜨리기도 했던 오즈의 마법사 공연은 성공적으로 마무리되었다. 마지막 커튼콜이 끝난 뒤 엄마와 나는 로비로 가서 배우들을 만나고 동네 유명인들에게 사인을 받았다.

허수아비 역을 맡은 배우와 엄마가 아는 사이여서 기뻤다. 나는 엄청난 감명을 받았고, 그 배우는 내가 입은 파란색과 흰색 체크 원피스를 보더니 내 옆에 쭈그리고 앉아 "도로시 만나볼래?"라고 물었다. 두 눈이 휘둥그레진 나는 신나서 고개를 끄덕였다. 그는 나를 번쩍 들어 무대 뒤로 데려갔다.

그가 나를 데리고 극장 뒤쪽 복도를 통해 계단으로 내려가는 동안 그의 의상에서 삐져나온 지푸라기를 발견했던 순간을 지금도 기억하고 있다. 우리는 '여자 탈의실'이라 적힌 문 앞에 멈췄다. 그는 나를 보며 허수아비 분장 눈썹을 치켜올리더니 한껏 목소리를 내며 연기를 하는 것처럼 문을 두드렸다.

"도로시, 너를 만나고 싶어 하는 사람이 있어."

문이 천천히 열리자 친절한 젊은 여성이 등장했다.

그는 도로시처럼 갈색 머리카락을 양 갈래로 늘어뜨린 채 파란 리본을 달고 있지 않았다. 그냥 포니테일로 단정하게 묶고 있었다.

그는 나처럼 파란색과 흰색 체크무늬의 도로시 원피스를 입고 있지도 않았다. 그냥 청바지와 티셔츠를 입은 채였다.

빨간 루비 구두도 역시 신고 있지 않았다. 그냥 운동화였다.

그 젊은 여성은 나를 쳐다봤다. 나는 허수아비를 쳐다봤고, 그는 때맞춰 이렇게 대답했다.

"킨드라, 이 사람이 도로시야."

그 여자 배우는 미소를 지으며 나와 도로시 대 도로시로 수다를 떨기 시작했다. 나는 평생의 수수께끼를 푸는 기분으로 그를 바라보며 대화를 나누었던 것을 기억한다.

나는 '언니가 도로시라고요? 그냥 나처럼 평범한 소녀 같아 보여요'라고 말하고 싶었다. 그리고 이내 생각했다.

'내가 언니가 될 수도 있을 것 같아요.'

어렸을 땐 그저 도로시 분장을 한 배우와 만났던 재미있는 에피소드 정도에 그쳤던 이 이야기가 이제는 내게 더 큰 의미를 지니게 됐다. 인생에서 비교의 먹구름이 몰려온다고 느끼거나, 자기회의라는 빙산이 수평선에 나타난 것처럼 느껴질 때 어른의 삶을 사는 나는 이 강력한 스토리를 스스로에게 들려주며 나를 다시 일으켜 세우고 다른 사람 앞에서 당당히 나설 수 있는 도구로 활용한다. '할 수 없을 것 같다'는 생각이 들 때마다 나는 항상 도로시를 떠올린다. 무대 위의 도로시도 의상과 신발을 벗으면 나처럼 평범한 소녀였다는 사실을 분명하게 기억해낸다.

동화 『오즈의 마법사』에서 도로시는 자기 문제를 피해 도망쳤기 때문에 오즈에 가게 됐다. 도로시는 완벽한 '무지개 너머 어딘가'를 찾고 있었다. 원하는 대로 일이 풀리는 장소, 심술궂은 늙은 이웃이나 사악한 마녀를 겁낼 필요가 없는 곳을 찾고 있었다.

하지만 사과를 던지는 나무들이나 잠들어버리게 만드는 꽃밭처럼 의욕을 꺾고 두려움을 심어주는 존재들은 언제나 어디에서든 나타난다.

우리는 이런 두려움에서 완전히 벗어날 수 없지만 두려움에 직면해서 무엇을 할지 선택하는 일은 할 수 있다.

이때 우리는 스스로에게 들려줄 스토리를 선택할 수 있다. 변화를 원한다면 스스로에게 들려줄 바람직한 스토리를 골라야 한다.

우리가 도달하고자 하는 목적지, 그곳으로 향하는 길을 노란 벽돌 길이라고 한다면 그 길은 스토리들로 이뤄져 있다. 벽돌 하나하나가 제각각 다른 스토리이고 별개의 순간들이다. 그런 스토리들이 전부 바람직하지는 않다. 전부 유익하지는 않고 전부 도움이 되지도 않는다.

몇몇 벽돌은 물려받은 것들이기도 하다. 어떤 벽돌은 우연이고, 어떤 벽돌은 숙명의 바람을 타고 오고, 어떤 벽돌은 불운에 쌓여있다. 다시 말해 썩 좋지 않은 스토리들도 있다.

하지만 그중에서도 분명 좋은 스토리들이 있다.

우리가 그것을 잘 선택하고 활용한다면 조금 더 앞으로 나아갈 수 있다. 스토리는 행운의 벽돌이자 황금 같은 기회의 벽돌이다. 친절과 희망의 벽돌이며 난관에 잘 대처하고, 기술을 습득하고, 힘들게 지혜를 얻은 벽돌이다. 웃음과 사랑, 기쁨의 벽돌이다. 때때로 너무 사소해서 하찮다고 느끼거나 꼭꼭 숨어 있어 찾는 데 어려움을 겪을 수도 있다.

하지만 스토리는 우리 내면에 분명히 존재한다.

우리 모두에게 스토리가 있다. 그저 찾아야 할 뿐이다.

스토리라는 벽돌 각각을 어떻게 보고 설계하고 배치할지 선택해야 한다. 인생의 간극을 좁혀가는 노란 벽돌 길을 놓을 수도 있고, 한자리에서 빙글빙글 맴도는 길을 만들고 말 수도 있다.

선택은 여러분의 몫이다.

여러분만의 에메랄드 시티를 꿈꾸고 있다면, 그 길에 도달할 수 있는 방법을 찾고 있다면, 궁극적으로 원하는 삶을 기대하고 있다면 여러분 안에 숨어 있는 스토리를 관찰해야 한다는 걸 잊지 말길 바란다. 종종 의식을 할 수 있거나 그러지 못하는 스토리도 있을 것이다. 계속해서 연습하고 습관을 들여 내면의 스토리텔러를 자극해야 한다. 그런 다음 좋은 스토리를 선택해야 한다. '나는 안 될 거라'는 생각에 맞서는 스토리의 힘을 반드시 활용해야 한다.

삶의 다양한 영역에서 부침을 겪고 있다면, 목표의 갈림길에 서 있다면 마음속에 숨어 있는 '나만의 스토리'를 얼른 깨우길 바란다.

만약 내가 다시 내 가슴속 소망을 찾아 나선다면

우리 집 뒷마당만 찾아볼 거예요. 만약 그곳에 없다면

애초에 잃어버리지도 않은 것일 테니까요.

-도로시, 『오즈의 마법사』

감사의 글

책을 쓰는 과정은 흥미롭지만 한편으로는 무척 고독한 경험이다. 나는 이 책의 상당 부분을 가족 곁에서 몇 시간이나 떨어진 인적 드문 황량한 마을에 있는 집에서 홀로 썼다. 책이 나오기까지는 독자들에게 이 글을 전하겠다는 희망을 바탕으로 수많은 사람들과 화상 통화와 이메일, 전략 회의를 끝없이 이어가야 한다. 이 작업을 도와준 우리 팀에게 무척 고맙게 생각한다.

먼저 책을 쓸 공간을 마련해주고 작업하는 내내 칭찬을 아끼지 않은 우리 가족, 남편 마이클과 사랑스러운 아이들에게 고마움을 전한다. 지금 내게 나 자신을 더욱 믿을 수 있게 도와줄 무언가가 필요하다면, 그저 우리 가족 셋을 바라보는 것만으로 충분할 것이다.

스토리텔링 프로젝트 참가자들이 없었더라면 이 책은 결코 세상에 나오지 못했을 것이다. 마음속 깊은 곳으로 용감하게 뛰어들어 스스로에게 들려주는 스토리들을 열심히 찾고, 또 좋은 결과를 보여준 참가자 분들에게 감사의 말을 전한다. 우리가 함께했던 시간은 내 인생에서 가장 보람찬 경험으로 남아 있다.

이 책의 초안을 읽고 추천사를 써준 분들에게도 감사를 전한다. 마음 깊이 동경하고 존경하는 사람들이 전해준 격려의 말은 힘든 시간을 보내고 있었던 내게 매우 소중하고 감사하게 다가왔다.

나의 에이전트 캐시 슈나이더. 우리가 만난 5년 동안 정말 많은 일이 있었고, 너무나도 많은 변화가 일어났지만 그에게 감사하는 내 마음만은 영원히 바뀌지 않을 것이다. 슈나이더를 비롯해 크리스 프레스티아, 줄리앤 티나리, 해나 스트라우스까지 JRA 팀 전원을 포함해 함께해주신 모든 분들의 노고에 감사드린다.

댄 클레먼츠와 통화했던 날 아침을 기억한다. 우리는 직접 만나 책에 대해 이야기하려고 약속을 잡았다. 클레먼츠가 뉴욕행 비행기에 타기 불과 몇 시간 전, 우리는 일정을 취소하기로 결정했다. 우리가 다소 과하게 반응하는 것일 수도 있을 거라 생각했고 적어도 몇 주 뒤에는 다시 만날 예정이었다. 그때는 2020년 3월 13일이었다. 우리는 아직도 직접 만나지는 못했지만, 그렇다고 해서 진행이 더뎌지는 않았다. 창작 활동을 펼치기 어려웠던 시기에 내가 이 프로젝트를 실현하고 책을 쓸 수 있도록 도와준 클레먼츠에게 고마움을 전한다.

앞에서 이미 언급했지만 이 책에 필요한 조사를 도와준 내 아들 안홀에게 정말 고맙다는 말을 하고 싶다. 아들이 뉴욕시에 사는 쥐에 관한 조사 자료를 출처까지 갖춰서 들고 와 내 침실로 들어왔던 날을 잊을 수가 없다. 너무나 자랑스럽고 정말 고마웠다.

담당 편집자 팀 버가드. 이 프로젝트를 한없이 믿어주고 수많은 전화 통화와 대화를 거쳐 자부심을 느낄 수 있는 책으로 완성해준 버가드에게 감사한다. 베키를 비롯한 하퍼콜린스 리더십 팀 전체 구성원에게도 이토록 힘겨운 시기에 파트너가 되어주어 정말 고맙다는 말을 전하고 싶다. 이 책을 많은 사람에게 알리고자 수고한 마크, 엘레나를 비롯한 포티어PR 팀에게도 고마움을 전한다.

내가 무대와 소셜 미디어에서 스토리를 말할 수 있도록 돕고, 사업을 운영하면서 정서적으로 안정될 수 있도록 도와주는 내부 팀원 티퍼니, 토리, 앤드리아에게 감사한다. 사소한 것 하나하나 도맡아 챙겨준 시수 에이전시의 로런과 페이지에게도 고마움을 전한다. 그리고 원격수업이 진행되는 와중에 내가 글을 쓸 수 있도록 아이들을 돌봐준 섀너에게 진심으로 감사하다.

마지막으로 나를 격려하고 지지하고 응원해준 사랑하는 친구와 가족들에게 고마움을 전한다. 내가 더 바람직한 스토리를 선택해야 할 때 최고의 스토리에는 늘 여러분이 등장한다.

1장 타고난 스토리텔러 스토리는 어디서 시작될까

1 Michelle Scalise Sugiyama, "The Forager Oral Tradition and the Evolution of Prolonged Juvenility," *Frontiers in Psychology* 2 (2011), https://doi.org/10.3389/fpsyg.2011.00133.

2 Polly W. Wiessner, "Embers of Society Firelight Talk Among the Ju/'hoansi Bushmen," *Proceedings of the National Academy of Sciences* 111, no. 39 (September 2014): 14027–14035, https://doi.org/10.1073/pnas.1404212111.

3 D. Smith et al., "Cooperation and the Evolution of Hunter-Gatherer Storytelling," *Nature Communications* 8 (2017), https://doi.org/10.1038/s41467-017-02036-8.

4 B. Geurts, "Making Sense of Self Talk," *Review of Philosophy and Psychology* 9 (2018): 271–85, https://doi.org/10.1007/s13164-017-0375-y; Amy Morin, C. Duhnych, and F. Racy, "Self -reported Inner Speech Use in University Students," *Applied Cognitive Psychology 32* (2018): 376–82, https://doi.org/10.1002/acp.3404.

2장 목적지를 좌우하는 스토리 스토리는 어떻게 현실을 창조할까

1 P. J. Zak, "Why Inspiring Stories Make Us React: The Neuroscience of Narrative," *Cerebrum* 2015, no. 2 (2015).

2 Brian Boyd, *On the Origin of Stories: Evolution, Cognition, and Fiction*

(Cambridge, MA: Harvard University Press, 2009).

3 Michael Kosfeld et al., "Oxytocin Increases Trust in Humans," *Nature* 435, no. 7042 (2005): 673–76, https://doi.org/10.1038/nature03701.

4 Julio Gonzalez et al., "Reading 'Cinnamon' Activates Olfactory Brain Regions," *NeuroImage* 32, no. 2 (May 2006): 906–12, https://doi.org/10.1016/j.neuroimage.2006.03.037.

5 Veronique Boulenger et al., "Subliminal Display of Action Words Interferes with Motor Planning: A Combined EEG and Kinematic Study," *Journal of Physiology- Paris* 102, nos. 1–3 (2008) 130–36, https://doi.org/10.1016/j.jphysparis.2008.03.015.

6 Simon Lacey, Randall Stilla, and K. Sathian, "Metaphorically Feeling: Comprehending Textural Metaphors Activates Somatosensory Cortex," *Brain and Language* 120, no. 3 (2012) , 416–21, https://doi.org/10.1016/j.bandl.2011.12.016.

7 Aimee Groth, "The Mental Strategies Michael Phelps Uses to Dominate the Competition," *Business Insider*, June 16, 2012.

8 R. Rosenthal and L. Jacobson, "Pygmalion in the Classroom," *Urban Review* 3 (1968): 16-20.

9 P. D. Blanck et al., "Measure of the Judge: An Empirically-Based Framework for Exploring Trial Judges' Behavior," *Iowa Law Review* 75, no. 3 (1990): 653–84.

10 David Keith Fitzhugh, "Pygmalion in the Athletic Training Room: A Qualitative Case Study Approach" (PhD diss., University of Tennessee, 2004).

11 L. A. Learman et al., "Pygmalion in the Nursing Home: The Effects of Caregiver Expectations on Patient Outcomes," *Journal of the American Geriatrics Society* 38 no. 7 (1990): 797–803, https://doi.org/10.1111/j.1532-5415.1990.tb01472.x.

12 Dov Eden, "Leadership and Expectations: Pygmalion Effects and Other Selffulfilling Prophecies in Organizations," *Leadership*

Quarterly 3, no. 4 (1992): 271–305, https://doi.org/10.1016/1048-9843(92)90018-B.

13 A. Vaish, T. Grossmann, and A. Woodward, "Not All Emotions Are Created Equal: The Negativity Bias in Social-Emotional Development," *Psychological Bulletin* 134, no. 3 (2008): 383–403, https://doi.org/10.1037/0033-2909.134.3.383.

14 A. M. Paul, "Your Brain on Fiction," *New York Times*, Sunday Review section, March 17, 2012.

3장 스토리를 고르고, 인생을 바꾸라 스토리를 왜 다시 써야 할까

1 Stephanie Yang, "New York Rats Emboldened by Lockdowns Have a New Enemy: Sundrop," *Wall Street Journal*, July 27, 2020.

2 Melanie Gray and Dean Balsamini, "Giant New York Rats Overtaking Central Park and the UWS," *New York Post*, November 21, 2020.

4장 포착 숨어 있던 스토리 빙산을 발견한다

1 "How Large Was the Iceberg That Sunk the *Titanic?*" The Navigation Center of Excellence, US Department of Homeland Security, https://www.navcen.uscg.gov/?pageName=iipHowLargeWasTheIcebergThatSank TheTITANIC.

2 "Ninety Percent of an Iceberg Is Below the Waterline," USGS image, https://www.usgs.gov/media/images/ninety-percent-iceberg-below-waterline.

3 OnePoll survey for Wrangler, December 2016.

4 J. C. Norcross and D. J. Vangarelli, "The Resolution Solution:

Longitudinal Examination of New Year's Change Attempts," *Journal of Substance Abuse* 1, no. 2 (1988–1989): 127–34, https://doi.org/10.1016/s0899-3289(88)80016-6.

5   The Conference Board, *The Job Satisfaction Survey*, 2014.

5장 분석 발견한 스토리를 구석구석 살펴본다

1   R. Yehuda et al., "Holocaust Exposure Induced Intergenerational Effects on FKBP5 Methylation," *Biological Psychiatry* 80, no. 5 (September 1, 2016): 372–80, https://doi.org/10.1016/j.biopsych.2015.08.005; B. Dias and K. Ressler, "Parental Olfactory Experience Influences Behavior and Neural Structure in Subsequent Generations," *Nature Neuroscience* 17 (2014): 89–96, https://doi.org/10.1038/nn.3594.

2   Amy Morin, *The Verywell Mind Podcast*, March 1, 2021.

7장 설치 다시 쓴 스토리를 부려먹는다

1   "Matthew McConaughey—The Power of 'No, Thank You,' Key Life Lessons, 30+ Years of Diary Notes, and The Art of Catching Greenlights," *The Tim Ferriss Show*, Episode 474, October 19, 2020.

2   K. M. Krpan et al., "An Everyday Activity as a Treatment for Depression: The Benefits of Expressive Writing for People Diagnosed with Major Depressive Disorder," *Journal of Affective Disorders* 150, no.3 (September 2013): 1148–51, https://doi.org/10.1016/j.jad.2013.05.065; A. N. Niles et al., "Randomized Controlled Trial of Expressive Writing for Psychological and Physical Health: The Moderating Role of Emotional Expressivity," *Anxiety Stress Coping* 27, no. 1 (2014): 1–17, https://doi.org/10.1080/106

15806.2013.802308.

3   P. A. Mueller and D. M. Oppenheimer, "The Pen Is Mightier Than the Keyboard: Advantages of Longhand over Laptop Note Taking," *Psychological Science* 25, no. 6 (2014): 1159–68, https://doi.org/10.1177/0956797614524581.

4   G. Lupyan and D. Swingley, "Self-directed Speech Affects Visual Search Performance," *Quarterly Journal of Experimental Psychology* 65, no. 6 (2012): 1068–85, https://doi.org/10.1080/17470218.2011.647039; E. Kross et al., "Self-talk as a Regulatory Mechanism: How You Do It Matters," *Journal of Personality and Social Psychology* 106, no. 2 (February 2014): 304–24, https://doi.org/10.1037/a0035173.

5   S. Milne, S. Orbell, and P. Sheeran, "Combining Motivational and Volitional Interventions to Promote Exercise Participation: Protection Motivation Theory and Implementation Intentions," *British Journal of Health Psychology* 7, no. 2 (May 2002): 163–84, https://doi.org/10.1348/135910702169420.

8장 비즈니스와 경력 성공을 부르는 스토리

1   "How to Explain Gaps in Your Employment Record," Cutting Edge, October 16, 2020, https://cuttingedgepr.com/how-to-explain-gaps-in-your-employment-record/.

2   G. Oettingen and D. Mayer, "The Motivating Function of Thinking About the Future: Expectations Versus Fantasies," *Journal of Personality and Social Psychology* 83, no. 5 (2002): 1198–1212, https://doi.org/10.1037/0022-3514.83.5.1198.

3   Lisa D. Ordonez, Maurice E. Schweitzer, Adam D. Galinsky, and Max H. Bazerman, "Goals Gone Wild: The Systematic Side Effects of Overprescribing Goal Setting," *Academy of Management Perspectives*

23, no. 1 (2009): 6–16, https://doi.org/10.5465/amp.2009.37007999.

4   Michael Shayne Gary, Miles M. Yang, Philip W. Yetton, and John D. Sterman, "Stretch Goals and the Distribution of Organizational Performance," *Organization Science* 28, no. 3 (2017): 395–410, https://doi.org/10.1287/orsc.2017.1131.

5   "Ryan Lochte," Wikipedia, https://en.wikipedia.org/wiki/Ryan_Lochte.

6   "How Do You Define Success?" *SUCCESS Stories with Kindra Hall* podcast, April 13, 2020, https://open.spotify.com/episode/6JgH0C6aBvF6BkBIHLK4qq?si=029145f7a5d54b55.

지은이 킨드라 홀 Kindra Hall

세계적인 기조연설가이자 스토리텔러다. 《석세스》 매거진에서 스토리텔링 책임자로 활동하며 성공한 사람들의 이야기를 취재하고 세상에 알리는 일을 하고 있다. 그의 최근 작업과 연구는 개인의 삶을 설계하고 목표를 이루는 데 스토리텔링의 힘을 어떻게 활용할 수 있을지에 초점을 맞추고 있다. 저서로 비즈니스 스토리텔링의 공식을 소개한 『스토리의 과학』이 있으며 《월스트리트 저널》 베스트셀러로 선정된 바 있다. 현재 남편, 사랑스러운 아들딸과 함께 뉴욕시에서 생활하고 있다.

옮긴이 이은경

연세대학교에서 영어영문학과 심리학을 공부했다. 식품의약품안전처에서 영문에디터로 근무하며 바른번역 아카데미를 수료한 후 현재 바른번역 소속 번역가로 활동하고 있다. 『너의 마음에게』, 『진정한 나로 살아갈 용기』, 『석세스 에이징』, 『인생을 바꾸는 생각들』, 『아이코니스트』, 『불평등 트라우마』, 『아무것도 하지 않는 하루 15분의 기적』, 『우리는 어떻게 마음을 움직이는가』 등 다수의 작품을 번역했다.

인생의 무기가 되는
히든 스토리

펴낸날 초판 1쇄 2022년 5월 25일
초판 2쇄 2022년 6월 24일

지은이 킨드라 홀

옮긴이 이은경

펴낸이 이주애, 홍영완

편집장 최혜리

편집3팀 김하영, 유승재

편집 양혜영, 박효주, 박주희, 문주영, 홍은비, 장종철, 강민우, 김혜원, 이정미

디자인 윤신혜, 박아형, 김주연, 기조숙, 윤소정

마케팅 김예인, 최혜빈, 김태윤, 김미소, 김지윤, 정혜인

해외기획 정미현

경영지원 박소현

펴낸곳 (주)윌북 출판등록 제 2006-000017호

주소 10881 경기도 파주시 회동길 337-20

전화 031-955-3777 **팩스** 031-955-3778

홈페이지 willbookspub.com **전자우편** willbooks@naver.com

블로그 blog.naver.com/willbooks **포스트** post.naver.com/willbooks

페이스북 @willbooks **트위터** @onwillbooks **인스타그램** @willbooks_pub

ISBN 979-11-5581-485-7 03190